DUDEN

POCKET TEACHER GESCHICHTE

Abi

6., aktualisierte Auflage

Wilhelm Matthiessen

Dudenverlag
Berlin

Der Autor
Dr. Wilhelm Matthiessen hat Geschichte, Politische Wissenschaften, Philosophie und Germanistik studiert und arbeitet als Seminarlehrer am Luitpold-Gymnasium in München. Autor von Lehrwerken und Fachaufsätzen, Herausgebertätigkeit.

Bibliografische Information der Deutschen Nationalbibliothek
Die Deutsche Nationalbibliothek verzeichnet diese Publikation in der Deutschen Nationalbibliografie; detaillierte bibliografische Daten sind im Internet über http://dnb.dnb.de abrufbar.

Bibliographisches Institut GmbH, Mecklenburgische Straße 53, 14197 Berlin

Redaktionelle Leitung: Simone Bahrenberg
Redaktion der Karteikarten: Christa Becker
Herstellung: Uwe Pahnke
Umschlaggestaltung: Büroecco, Augsburg
Layout / technische Umsetzung: LemmeDESIGN, Berlin
Sachzeichnungen: Udo Kipper, Darmstadt, Rainer J. Fischer (†), Berlin
Druck und Bindung: Heenemann GmbH & Co. KG
Bessemerstraße 83–91, 12103 Berlin
Printed in Germany

ISBN 978-3-411-87206-0

Inhalt

Vorwort

Liebe Leserin, lieber Leser!

Der POCKET TEACHER ABI Geschichte eignet sich als Wegbegleiter durch die gesamte Oberstufe bis zum Abitur. Er hilft nicht nur beim Endspurt vor dem Abitur, sondern ebenso gut bei Hausaufgaben und Referaten, bei der Vorbereitung von Klausuren und Tests. Selbst wer glaubt, schon fit zu sein, kann hier mit Gewinn noch einmal ein Kapitel querlesen und sein Wissen auffrischen. Vor allem aber werden die Zusammenhänge übersichtlich und anschaulich präsentiert. Dazu tragen auch die zahlreichen Grafiken und Schaubilder bei, die den Text durch anschauliche Beispiele oder Zahlenübersichten illustrieren und vertiefen.

Der POCKET TEACHER ABI Geschichte schlägt begehbare Schneisen in das Geschichtswissen von der Antike bis in unsere Zeit, damit diese überschaubar und verständlich wird, Interessen geweckt und Denkanstöße gegeben werden. Schwerpunkt ist das Geschichtswissen vom Beginn des 19. Jh.s an. Aber auch die unmittelbare Gegenwart findet Erwähnung.

Der POCKET TEACHER ABI bietet Fachwissen in Form von Daten, Fakten, Namen, Grafiken und Karten, setzt es aber auch in Reihenfolgen und Zusammenhänge.

Dass Geschichte nicht nur aus Fakten besteht, sondern auch Standpunkte und Wertungen fordert, ist sicherlich im Bewusstsein. Der Pocket Teacher Abi Geschichte versucht an den sensiblen Punkten der Historie die Urteilsfindung zu erleichtern, indem er Standpunkte, Bewertungsprobleme und Diskussionskreise anführt.

Schnelle Hilfe bei eigenen Problemlösungen bietet das Register

am Ende des Bandes. Dort finden sich u. a. wegweisende Friedensabkommen und Konferenzen jeweils unter dem Namen des Ortes, (Beispiel: Sèvres, Friede von). Das Gleiche gilt für entscheidende Kriegsereignisse. Personen, die im Register genannt sind, sind um ihre Lebensdaten ergänzt.
Farbige Pfeile im Text (▶) verweisen auf andere Stellen im Buch, an denen sich weiterführende Informationen finden.
Eine farbige Linie am jeweils linken Textrand markiert die Stellen, an denen vor allem Daten zum raschen Überblick zusammengestellt sind.
Eine spezielle Erweiterung in dieser Auflage sind die heraustrennbaren Karteikarten im Anhang. Diese 20 Karten stellen eine Vorauswahl an Themen dar, welche für die Abiturprüfung relevant sein können. Die Rückseiten wurden freigelassen, damit Sie dort Ihre eigenen Notizen machen können.
Entsprechende Vorlagen für weitere Karteikarten gibt es auf **www.duden.de/pocket-teacher-abi** zum Herunterladen und Ausdrucken.

Individuum und Staat im antiken Griechenland

1.1 Die Entwicklung der Demokratie

Erhielt die griechische Kultur wichtige Impulse aus dem asiatischen Raum, aus Afrika, Ägypten, Mykene und aus dem Zweistromland, so begründete das antike Griechenland selbst Traditionen europäischer Denkhaltungen und politischer Ordnungsvorstellungen, die bis in unsere Zeit hineinwirken.
Der Begriff „Demokratie" erscheint erstmals im Griechenland der Antike. Der Geschichtsschreiber Herodot (484–425 v. Chr.) erwähnt die Einführung der Demokratie in Athen durch Kleisthenes. Perikles, attischer Politiker (ca. 500–479 v. Chr.), definiert die Staatsform dahin gehend, dass „der Staat nicht auf wenige, sondern auf die Mehrheit ausgerichtet ist". Gemeinhin wird Demokratie als Herrschaft des Volkes bezeichnet, abgeleitet vom griechischen „demos" (Volk) und „kratein" (herrschen). Zum Mythos des Begriffs Demokratie gehört die ideologisch geprägte Vorstellung, dass diese Verfassungsform eine europäische Erfindung darstelle, die sich vor allem in Abgrenzung zum despotischen Asien entwickelt habe.
Während nach modernem Verständnis ein Staat aus Staatsgebiet, Staatsvolk und Verfassung besteht, war die griechische Polis ein Personalverband, wobei der Gebietsumfang eine geringe Bedeutung besaß. Im Selbstverständnis der Bewohner einer Polis waren Staat und Gesellschaft nicht getrennt, vielmehr umfasste die Polis Verwaltung, Politik und ethnischreligiöse Vorstellungen und definierte sich über Autonomie (politische Selbstständigkeit) und Autarkie (wirtschaftliche Selbstständigkeit).
Zwei Grundformen von Politik sind zu unterscheiden: einerseits die direkte Demokratie als die Herrschaft aller wahl- und ent-

scheidungsberechtigten Bürger in direkter Abstimmung, andererseits die indirekte Demokratie, die von gewählten Gremien repräsentativ ausgeübt wird. Die Attische Demokratie stellte eine direkte Demokratie dar, in der die Bürger der Stadt in viele Entscheidungen unmittelbar eingebunden waren. In der Antike war die Demokratie jedoch nur eine Herrschaftsform neben anderen, z. B.:

- Monarchie (Herrschaft eines Königs)
- Aristokratie (Herrschaft des Adels)
- Tyrannis (Einzelherrschaft, die die traditionelle Staatsführung ohne Legitimation ablöst)
- Timokratie (Herrschaft der Besitzenden)
- Plutokratie (Herrschaft der Vermögenden)
- Oligarchie (Herrschaft der Wenigen)

In der Praxis überschnitten sich die Herrschaftsformen häufig. Schon von ihrem Beginn an gab es Kritik an der Demokratie: Die Philosophen Aristoteles (384–322 v. Chr.) und Platon (427–347 v. Chr.) standen der Attischen Demokratie kritisch und distanziert gegenüber, da sie ihnen der Willkür des leicht zu manipulierenden Volkes unterworfen zu sein schien.

Die Krise Athens im 6. Jh. v. Chr.

Athen mit seiner Region Attika befand sich im 6. Jh. v. Chr. in einer schweren wirtschaftlichen und sozialen Krise, die zum einen auf die Bevölkerungsexplosion, zum anderen auf die Verarmung der Landbevölkerung zurückzuführen war. Die aus Kleinasien eingeführte Geldwirtschaft führte zu einer Verschuldung der Kleinbauern und vertiefte die soziale Kluft zwischen den armen und wohlhabenden Bevölkerungsgruppen. Dadurch wurde auch das Verteidigungssystem Athens infrage gestellt, da die Kriegsausrüstung von den Bürgern selbst beschafft werden musste. Vor allem der verstärkte Bedarf an Hopliten (Schwerbewaffnete), die im Kampfverband der Phalanx (geschlossene Schlachtenreihe) die adeligen Einzelkämpfer in ihrer militärischen Bedeutung ablösten, bedeutete einen letztlich nicht zu bewältigenden finanziellen Aufwand für die ärmeren Bürger der Polis.

Solons Reformen

Der Aristokrat ***Solon*** (640–561 oder 558 v. Chr.) behob soziale Missstände, indem er 594 v. Chr. veranlasste, dass verarmte Bauern von den Hypotheken und von der Schuldknechtschaft befreit wurden. Als weitere Neuerungen veranlasste Solon:

- die Einteilung der Bevölkerung in vier Vermögensklassen,
- den Bruch mit dem Prinzip der aristokratischen Herkunft als Voraussetzung für politische Beteiligung,
- die Erweiterung der Beteiligungsrechte für die unteren Schichten,
- die Errichtung einer Timokratie (Herrschaft der Besitzenden).

Nicht mehr die Adelsabstammung war ausschlaggebend für die politische Mitbestimmung, sondern das Vermögen. Solon legte fest, dass nur die erste Vermögensklasse (Klasse der Grundbesitzer und Großkaufleute) Zugang zum Amt der Archonten (höchste Beamte des Staates) und zum Areopag (Adelsrat) hatte. Die niederen Beamtenstellen bekleideten die Bürger aus der zweiten (Klasse der reichen Bauern und Kaufleute) und dritten Vermögensklasse (Klasse der mittleren Bauern und Handwerker). Diese konnten auch in den Rat der 400 gewählt werden, der die Volksversammlung einberief und die Tagesordnung festlegte. Für die vierte Klasse (Klasse der Lohn- und Gelegenheitsarbeiter) gab es nur in der Volksversammlung die Möglichkeit zur politischen Mitwirkung.
Gleichzeitig wurde in Solons Reformen ein enger Zusammenhang zwischen Heeres- und Gesellschaftsstruktur deutlich: Von den Besitzverhältnissen, nicht von der Abstammung, hing ab, wer eine kostspielige Kriegsausrüstung zu erwerben hatte.
Die Reformen zeigten eine positive Wirkung, indem

- die allgemeine Rechtssicherheit, vor allem der unteren und mittleren Vermögensschichten, gestärkt wurde,

- sich alle Vermögensschichten politisch beteiligen konnten,
- sich die Gesellschaft als reformier- und änderbar, nicht als starr erwies.

Die Reformen des Kleisthenes

Kleisthenes setzte 508/507 v. Chr. eine grundlegende Reform der Sozialstrukturen durch. Er ging dabei von der Isonomie, der Gleichheit aller Bürger vor dem Gesetz, aus.
Drei Landstriche, Stadt, Küste und Binnenland, prägten Attika. Jeden dieser Landstriche teilte Kleisthenes in je zehn Regionen. Hierdurch schuf er eine einheitliche, von der sozialen Herkunft unabhängige Bürgerschaft. Grundlage für die neue politische Ordnung wurden die Demen, Bezirke mit lokaler Selbstverwaltung. Diese wurden in 30 Trittyen zusammengefasst, die wiederum jeweils in zehn Phylen (militärische und religiöse Ordnungseinheiten) unterteilt waren. Eine neue Phyle bildete jeweils drei Trittyen aus Stadt, Küstengebiet und Binnenland. Es entstand ein neues politisches Gemeinwesen, das sich auf Verwaltungseinheiten, nicht mehr auf gentilisch strukturierte Adelsherrschaften stützte. Die Bürgerschaft erhielt die Gerichtshoheit, die Heliaia (Volksgericht), die 6000 Mitglieder umfasste und in zehn Einzelgerichtshöfe eingeteilt war. Das höchste Archontenamt blieb der ersten und zweiten Steuerklasse vorbehalten. Die neue Phylenordnung schwächte die Macht des Adels.

1.2 Die Attische Demokratie unter Perikles

Am Übergang des 6. Jh.s zum 5. Jh. kam es zu Konflikten zwischen den griechischen Stadtstaaten und dem Perserreich. Grund war u. a. der Herrschaftsanspruch der Perser über die griechischen Städte in Kleinasien. Zwar wurde Athen durch die Perser erobert und zerstört, im Zuge des Wiederaufbaus führte jedoch der Aristokrat Perikles, der die Politik in Athen 462–429 v. Chr. maßgeblich lenkte und leitete, die Demokratie des Stadtstaates zu seiner Vollendung. Über 30 Jahre dauerte das „Goldene Zeitalter" Athens.

Neuerungen unter Perikles

- Einführung der Tagegelder, der Diäten, als Ausgleich für den Verdienstausfall von Bürgern, die an Versammlungen teilnahmen oder Ämter übernahmen. Attische Bürger konnten seit 451 v. Chr. nur Einwohner sein, die zwei attische Elternteile besaßen.
- Zentrales Organ der Attischen Demokratie war die Volksversammlung; zu ihr hatte jeder Vollbürger Zugang. Jede Stimme besaß gleiches Gewicht (Isegorie).
- Der Rat der 500 (Boulé) bereitete die Volksversammlung vor, indem er z. B. die Tagesordnung erstellte, und führte deren Beschlüsse durch. Seine Mitglieder wurden für ein Jahr erlost und besoldet.
- Die Beamtenkollegien (z. B. militärische Führer, Strategen oder Verwalter der Finanzkassen) wurden für ein Jahr gewählt oder per Los bestimmt. Sie unterlagen einer strengen Kontrolle durch die Volksversammlung und waren weisungsgebunden. Jeder Bürger konnte einen Beamten anklagen; dieser konnte auch während seiner Amtszeit abgesetzt werden.
- Die Gerichtsbarkeit oblag dem Volksgericht, in das jährlich per Losentscheid 6 000 Richter aufgenommen wurden.
- Ein besonderes Verfahren war der Ostrakismos (von griech. ostraka = Tonscherben, beschrieben mit Namen von zu verbannenden Personen), das durch Kleisthenes eingeführte Scherbengericht. Es bot die Möglichkeit, Politiker, denen man misstraute, für zehn Jahre in die Verbannung zu schicken. Da die Gerichte reine Laiengerichte darstellten, waren sie durch Redner oder sogenannte Demagogen, die politische Elite Athens, durchaus zu beeinflussen.
- Der Areopag war bereits 462 v. Chr. im Zuge der Reformen des Ephialtes entmachtet worden.

1

Flottenbauprogramm

Das Flottenbauprogramm unter Themistokles (ca. 525–459 v. Chr.) verhalf der untersten Gesellschaftsschicht der Athener, den die Schiffsbesatzungen stellenden Theten, zu mehr Bedeutung. Dies stärkte die demokratischen Strukturen in Athen.

Grenzen der Attischen Demokratie

- Lediglich 10 % der Bewohner Athens waren im Vollbesitz der politischen Rechte. Frauen, Metöken (Einwanderer) und Sklaven besaßen keine Bürgerrechte. Von 200 000 Einwohnern zählten nur 30 000 als Vollbürger.
- Die Idee der unveräußerlichen Menschenrechte war in der Antike noch unbekannt; nur innerhalb der athenischen Polis war der Bürger frei.
- In der Polis trennte man streng zwischen „Oikos" (Bereich des Wirtschaftlichen und Sozialen) und „Polis" (Angelegenheiten des Stadtstaates); aus diesem Grund wurde kaum eine öffentliche Sozial- und Wirtschaftspolitik verfolgt.
- Die Durchsetzung und Entfaltung der politischen Macht nach außen erfolgte in der Attischen Demokratie mittels eines Tributsystems (Attischer Seebund) und durch den aggressiven Einsatz der Kriegsflotte.

Die Attische Demokratie als Vorbild für moderne Demokratien?

Hier ist zu differenzieren:

- Das wahlberechtigte Volk von Athen hatte die Gesetzgebungskompetenz inne, übte die Gerichtsbarkeit aus und verfügte damit über eine beispiellose Machtfülle.
- Die Demokratie in Athen war in ihren Entscheidungen durchaus beeinflussbar; sie konnte damit auch in Tyrannei des Volkes umschlagen.
- Die Demokratie der Antike verfügte weder über Parteien noch über ein Parlament. Die starke politische Beteiligung aller Bür-

ger ließ sich wohl auch nur in einem überschaubaren Gemeinwesen, das ca. 200 000 Menschen umfasste, verwirklichen.

Die Entwicklung der Demokratie von der Antike bis zur Moderne

- **508/507–322 v. Chr.** Blütezeit in Athen
- **1787** Die Vereinigten Staaten von Amerika als erste Demokratie der Moderne
- **1820–1926** Erste Demokratisierungswelle in Europa: Etablierung von 29 Demokratien
- **1945–1960** Zweite Demokratisierungswelle: Etablierung weiterer 36 Demokratien
- **1974–1990** Dritte Demokratisierungswelle: 30 neue demokratische Staaten
- **Heute** Ca. 120 Demokratien weltweit

1.3 Ursprünge modernen Denkens im antiken Griechenland

Die griechische Philosophie bewirkte das Abrücken von mythologischen Erklärungsversuchen zugunsten rationaler Vorstellungen. Sie vollzog den Übergang vom Mythos zum Logos (Weltvernunft, Sprache, Wort, Wahrheit und Vernunft). So erfuhr das griechische Denken seit dem 6./7. Jh. v. Chr. einen eindrucksvollen Wandel. Bestimmte bis zu dieser Zeit der Mythos das Denken der Menschen (▶ S. 289, Geschichte des Begriffs „Europa“, Mythologischer Ursprung), so gewann unter dem Einfluss der Philosophie das rationalkritische Denken an Bedeutung. Gegenstände der Philosophie waren und sind:

- Die Frage nach dem Urgrund und dem Urgesetz
- Die Frage nach Sein, Erkenntnis und wahrer Erkenntnis
- Die Beschäftigung mit der Natur des Menschen und der Bedeutung der Ethik

Vorsokratiker

- Ein Zentrum der vorsokratischen Philosophie war Milet. Auch Thales (624–547 v. Chr.), ein Vertreter der ionischen Naturphilosophie, stammte aus dieser Stadt. Er sah den Ursprung aller Dinge im Wasser und glaubte, dass die Erde vom Wasser getragen werde. Aufgrund von genauen Himmelsbeobachtungen und mathematischen Erkenntnissen war Thales auch ein genialer Praktiker: Er ließ Flüsse umleiten, erklärte Erdbeben mit der Theorie einer auf Wasser schwimmenden Welt und sagte die Sonnenfinsternis von 585 v. Chr. voraus.
- Anaximander (610–550 v. Chr., Milet) sah im Unbestimmten und Unendlichen den Ursprung allen Seins.
- Anaximenes (575–525 v. Chr.), ein Schüler Anaximanders, suchte den Urgrund allen Seins im Luftmeer, das ohne Grenzen scheint und Feuer, Blitz und Regen schafft.
- Heraklit (550–480 v. Chr.) erkannte im Wandel und Vergehen das Grundprinzip des Kosmos; ihm wird der Satz „panta rhei“ (Alles fließt) zugeschrieben.
- Empedokles (492–432 v. Chr.) führte das Seiende auf die vier Elemente Erde, Wasser Feuer und Luft zurück.
- Leukipp (5. Jh. v. Chr.) begründete die Atomlehre der Antike. Er glaubte, dass alles Stoffliche aus unteilbaren Atomkörpern zusammengesetzt sei.

Sophisten

Als nach den Perserkriegen der Wohlstand wuchs, entstand eine Gruppe von Gebildeten, die Bildung und Beredsamkeit gegen Entgelt lehrten: die Sophisten (Lehrer der Weisheit). Sie führten den Relativismus, die Hinterfragung der Sachverhalte, in die Philosophie ein. So unterschieden sie z. B. das natürliche Recht und die vom Menschen verfügte Satzung. Sie hinterfragten die überkommenen Wertesysteme, aber auch Sprache, Religion, Moral, Staat und Gesellschaft und entwickelten so einen wissenschaftlich-rationalen Zugriff auf die Deutung der Welt. Diese Betrachtungsweise kennzeichnet unser Denken bis in die Gegenwart.

Die Klassik der griechischen Philosophie

Mit ***Sokrates von Athen*** (470–399 v. Chr.), ***Platon*** (427–347 v. Chr.) und ***Aristoteles*** (384–324 v. Chr.) erreichte die griechische Philosophie ihren Höhepunkt. Sokrates gilt als der Begründer einer autonomen philosophischen Ethik. Platons Ideenlehre mit den vermuteten immateriellen, ewigen und unveränderlichen Wesenheiten bestimmte das Denken ebenso bis in die Neuzeit wie das philosophische System des Aristoteles. Das Werk des Letzteren setzt sich aus Büchern zur Logik, Naturwissenschaft, Metaphysik, Ethik und Ästhetik zusammen. Aristoteles' Schriften wurden im Mittelalter sowohl durch die Araber als auch über die Vermittlung des Islam im christlichen Europa überliefert, gelesen und rezipiert.

1

Die Ausbreitung der griechischen Kultur – Hellenismus

Der Sieg des Makedonenkönigs *Alexander* (356–323 v. Chr.) über die Perser, die Ausdehnung seiner Macht bis nach Indien und seine Herrschaft über den ostgriechischen Mittelmeerraum samt Ägypten ebnete der griechischen Kultur den Weg in diesem Raum. Auch wenn das riesige, nicht gefestigte Reich Alexanders nach seinem Tode in die Diadochen(Nachfolger)-Reiche zerfiel, war der Einfluss griechischer Lebensart, Kunstauffassung und Architektur in den von Alexander dem Großen eroberten Gebieten unverkennbar.

Griechische Münzen, aber auch die griechische Sprache stellten eine Voraussetzung für den Hellenismus (von griech. hellas = Griechenland) dar. Der Hellenismus war keine Einheitskultur, sondern eine differenzierte Lebensart. Griechisch wurde Hof- und Verwaltungssprache, die Sprache der Oberschichten und die Gemeinsprache (koine). Im Museion von Alexandria, einer Art Hochschule, erreichten die Wissenschaften eine Blüte. Das Wissen der Antike wurde in der dem Museion angeschlossenen Bibliothek, dem Serapeion (nach der hellenistischen Gottheit Serapis), Alexandrias gesammelt und wissenschaftlich verwaltet.

2 Individuum und Staat im Imperium Romanum

2.1 Prinzipien republikanischen Denkens

Den Römern gelang es im Verlauf des 6. Jh.s, die etruskische Königsherrschaft abzuschütteln und 509 v. Chr. die Republik einzurichten. Dabei handelte es sich um keine Demokratie, sondern um eine Oligarchie, eine Herrschaft von herausragenden, besitzenden Männern. Zu Ende des 6. Jh.s legten die „Gentes", die angesehenen Geschlechter und Schichten, den Grundstein für ihre Vorrangstellung. Aus der Elite der Gentes entwickelte sich die Schicht der Patrizier. Diese kontrollierten mithilfe eines Klientel- und Patronagesystems die Entscheidungen des Staates.
Die Republik beruhte auf einem ausgewogenen System einzelner miteinander rivalisierender Staatsorgane. Die Verfassung war eine Mischung aus monarchischen (Konsulat), aristokratischen (Senat) und demokratischen (Volksversammlung) Elementen.
Die Sorge für die „res publica", das Allgemeinwohl, lag beim Senat. Dieser bestand aus 300 Mitgliedern, die von den Zensoren aus dem ehemaligen Magistrat ausgewählt wurden. Die eigentlichen Regierungsgeschäfte oblagen den Magistraten.
Dazu gehörten

- die beiden Konsuln, die für die Gesamtpolitik und die Heeresführung verantwortlich waren,
- die acht Quästoren als Helfer der Konsuln,
- die beiden Zensoren, die zuständig für die Vermögensschätzung, die Aufsicht über die Sitten und die Auswahl der Senatsmitglieder waren,
- die vier Ädilen, denen die Verwaltung unterstand,
- die Prätoren (wechselnde Anzahl), die für Rechtsprechung zuständig waren,

- der Diktator, der nur in Notzeiten für höchstens sechs Monate den Oberbefehl über das Heer übernahm; er durfte nicht länger im Amt verweilen als der Konsul, der ihn ernannt hatte,
- die zehn Volkstribune, die dem Plebs (Volk) entstammten; sie besaßen das Vetorecht gegenüber den übrigen Regierungsbeamten und genossen das Privileg der Immunität (Schutz vor Anklage). Diese Interessenvertreter der Bürger gegenüber dem Magistrat gehörten nicht zum ordentlichen Magistrat, wurden aber der Ämterlaufbahn zugeordnet.

Der „cursus honorum" (Ämterlaufbahn) ermöglichte den Aufstieg im Staat: Zu einer staatlichen Karriere musste man nacheinander das Amt des Quästors, des Ädilen, des Prätors und schließlich des Konsuls durchlaufen.
Der Macht der Magistrate wurde eingeschränkt durch
- das Prinzip der Annuität (Beschränkung der Amtszeit auf ein Jahr),
- die Kollegialität (Besetzung eines Amtes durch zwei Inhaber),
- das gegenseitige Vetorecht der Amtsinhaber und
- die Befugnisse der Volkstribunen.

Drei Volksversammlungen wählten Magistrate und die Volkstribune:
- Zenturiatskomitien (nach Vermögen gegliederte Versammlungen)
- Tributkomitien (nach Wohnbezirken gegliederte Versammlungen)
- Versammlungen der Plebejer

Die Macht der Volksversammlungen war eher gering. Nur die Magistrate durften mit den Volksversammlungen verhandeln oder sie einberufen. Die Versammlungen entschieden über die Magistratsvorschläge mit Ja oder Nein, Debatten waren nicht zugelassen.

2.2 Expansion Roms zur antiken Weltmacht

Unter der Führung seiner Aristokratie eroberte Rom in mehreren Phasen den gesamten Mittelmeerraum bis an die Grenzen Asiens. Die ***Punischen Kriege*** (264–146 v. Chr.) sicherten die Vormachtstellung und Herrschaft im westlichen Mittelmeerraum.

- Bis 237 v. Chr. Ausweitung der Macht Roms auf Italien sowie die Provinzen Sizilien, Korsika und Sardinien
- Bis 190 v. Chr. Hinzugewinnung von West- und Südspanien; Kontrolle von Makedonien, Pergamon, Rhodos als Gegengewicht zu den hellenistischen Mächten; Kontrolle von Nordafrika und Sicherung der Vormacht gegenüber Karthago
- Bis 133 v. Chr. Expansionswelle: Ausdehnung auf die Provinzen Africa (146 v. Chr.) und Asia (133 v. Chr.)
- Bis 51 v. Chr. Kontrolle über die Provinz Gallien
- Bis 27 v. Chr. Expansion in Nordafrika und Kontrolle der Provinzen Cyreneike, Ägypten, Syrien

Krise der Republik

Die Erweiterung des Römischen Reiches bot der Aristokratie von Rom die Möglichkeit zur Bereicherung. Durch Handel und Sklavenwirtschaft mehrte die Oberschicht ihr Vermögen, während die zur Heeresfolge verpflichteten Kleinbauern ihre Höfe nicht mehr bewirtschaften konnten. Die Oberschicht hatte mit den Statthalterschaften in den neuen Provinzen Bereicherungsmöglichkeiten und politische Karrieren in Aussicht. In Italien vermehrten die Großgrundbesitzer ihr Landvermögen, während viele Kleinbauern verarmten und zu Besitzlosen (proletarii) wurden.

Die Krise der Republik hatte Reformdiskussionen zur Folge. 133 v. Chr. versuchte der Volkstribun Tiberius Gracchus eine Bodenreform durchzusetzen, wurde jedoch erschlagen. Als sein Bruder Gaius Gracchus ähnliche Ziele verfolgte, indem er begüterte Nichtsenatoren, die Ritter, förderte und die Rechte der Bundes-

genossen stärken wollte, wurde auch er ermordet. Es standen sich die Optimaten, die die Führungsrolle des Senats unterstützten, und die Popularen, die Gesetze ohne den Senat über Volksabstimmungen erreichen wollten, gegenüber.
Der römische Konsul Gaius Marius (156–86 v. Chr.) setzte mit Unterstützung der Popularen eine Heeresreform (104–100 v. Chr.) durch, indem er aus dem römischen Milizheer ein stehendes Heer formte, in das er auch Besitzlose aufnahm. Zur Altersversorgung erhielten die ausscheidenden Soldaten nach ihrer Dienstzeit ein Stück Land. Damit verfügten die großen Militärführer über eine Truppe, die sich auch gegen Rom und den Senat richten konnte und vom Senat als große Gefahr betrachtet wurde.
Zum ersten Alleinherrscher machte sich der Optimat Sulla (138–78 v. Chr.), der als Diktator regierte, ohne das Amt wie vorgesehen nach einem halben Jahr abzugeben: Er vereinte unrechtmäßig die Befugnisse beider Konsuln (die Staats- und Heeresführung sowie die Aufsicht über religiöse Fragen) auf sich. 78 v. Chr. starb Sulla, nachdem er aus nicht geklärten Gründen die Ämter zurückgegeben hatte. Pompeius (106–48 v. Chr.) wurde als Konsul ohne Kollegen der neue mächtige Mann in Rom. In den Bürgerkriegen (49/48 v. Chr.) setzte sich Julius Cäsar durch, der die Diktatur auf Lebenszeit übernahm. Seine Ermordung im Jahr 44 v. Chr. konnte die Republik nicht mehr retten.

Der Prinzipat

Augustus (ursprünglich Gaius Octavus, 63 v. Chr. bis 14 n. Chr.), ein Verwandter und Adoptivsohn Cäsars, ging in den letzten Jahren der Republik als Sieger aus den Machtkämpfen nach Cäsars Tod hervor. Es zeigte sich, dass ein solch großes und disparates Reich nicht mit dem politischen System und den Methoden einer Republik verwaltet und regiert werden konnte. Marius, Sulla und Julius Cäsar hatten den Boden für die neue Regierungsform des Prinzipats bereitet.

Machtbefugnisse des Prinzeps

Die Herrschaft des Augustus beruhte auf einer Häufung von bereits existierenden Ämtern, die er als Alleinherrscher innehatte, und der damit verbundenen Macht. Unter „princeps senatus" verstand man ursprünglich das Senatsmitglied, das in der Liste der Senatoren an erster Stelle erwähnt wurde. Dieser Titel wurde in der Augusteischen Zeit auf den Mann übertragen, der an der Spitze des Staates stand und eine kaisergleiche (der deutsche Begriff „Kaiser" leitet sich von Cäsar ab und knüpft an die Tradition der römischen Cäsaren, Nachfolger Cäsars, an) Stellung innehatte.

Die Macht des Prinzeps beruhte

- auf der Autorität (auctoritas) und der Vorrangstellung des Ersten im Senat (princeps senatus),
- auf der Befehlsgewalt über die Legionen (imperium proconsulare maius) – die Soldaten gehörten zur persönlichen Klientel der Cäsaren –,
- auf den Rechten eines Volkstribuns (tribunicia potestas),
- auf dem Recht eines Konsuls (imperium proconsulare), ohne dass der Kaiser das Amt selbst besetzte,
- auf dem Anspruch, ein Heilsbringer zu sein,
- auf dem Ehrennamen Augustus (religiöse Autorität),
- auf dem religiösen Vorrang des Präfectus Morum (oberster Sittenwächter), der die neuen Priester ernannte,
- auf der Autorität des Pontifex maximus (Oberpriester), des Oberhaupts des gesamten römischen Götterkults,
- auf dem Vorsitz im kaiserlichen Beirat (consilium princeps).

Wichtige Aspekte für den Zusammenhalt des Römischen Reiches

Die Ausgaben des Staates wurden bestritten aus dem Privatvermögen (patrimonium), der kaiserlichen Kasse (fiscus) und der republikanischen Kasse (aerarium Saturni). Von Rom aus wurde das Reich durch Statthalter in den Provinzen regiert. Als verbindende Klammer zwischen den Reichsteilen fungierte der prächtig in Szene gesetzte Kaiserkult. Die Städte wurden durch die

Magistrate und die städtischen Räte in kommunaler Selbstverwaltung regiert. Die Ausbreitung der städtischen Kultur trug auch zu einem kollektiven Bewusstsein darüber bei, einer kulturellen, wirtschaftlichen und politischen Einheit zugehörig zu sein: Zu den gemeinsamen Zivilisationsstandards gehörten Straßen, Wasserleitungen, Foren, Gerichts- und Verwaltungsgebäude sowie Tempel, Arenen für Pferderennen, Amphitheater für Gladiatorenkämpfe, Theater, Thermen und Häfen.

2.3 Krise des Römischen Reiches im 2. Jh. n. Chr.

Im 2. Jh. n. Chr. geriet das Römische Reich zusehends in die Krise. Gründe dafür waren:

- Der Rückgang des kleinbäuerlichen Besitzes zugunsten des Großgrundbesitzes (latifundien)
- Eine zum Teil inflationäre Geldentwertung
- Die Bereicherung der „nobilitas“ (Aristokraten, Reiche) durch den Ankauf des „ager publicus“ (Land, das besiegten Völkern weggenommen worden war)
- Die Bedrohung von außen, vor allem an der Nord- und Ostgrenze: durch Germanen, Goten, Markomannen, Franken, Alamannen, Sassaniden, Parther
- Die Krise in der Führung, die sich durch rasch wechselnde, rivalisierende Soldatenkaiser offen zeigte

Reichsreform unter Diokletian (284–305 n. Chr.): vom Prinzipat zum Dominat

Diokletian veranlasste etliche Reformen, die zur Stabilisierung des Reiches beitrugen, jedoch gleichzeitig eine Einschränkung der Freiheit bedeuteten.

- Errichtung einer absoluten Herrschaft: Stärkung der kaiserlichen Macht
- Reichsreform
  - Aufteilung des Reiches in einen West- und Ostteil mit zwei

  Oberkaisern (augusti) und zwei Unterkaisern (caesari): vier Tetrarchen (Teilkaiser)
  - Verkleinerung der Provinzen: Präfekturen, Diözesen; Provinzen als neue Gliederung
- Heeresreform
  - Trennung von Militär- und Zivillaufbahn
  - Wehrbauern (limatanei) sichern die Grenzen
  - Hauptarmee als mobiles Heer im Hinterland (comitatenses)
  - Leibwache des Kaisers (Prätorianer) zur Sicherung der Macht des Kaisers
- Wirtschaftliche Maßnahmen
  - Festsetzung von Preisen (durch ein Preisedikt)
  - Erhöhung der Steuern
  - Erhöhung der staatlichen Aufträge
  - Steuerliche Belastung der Provinzen
- Gesellschaftliche Maßnahmen
  - Schollenbindung der Kolonen (Pachtbauern auf kaiserlichen und privaten Gütern)
  - Schaffung von Zünften, die die Zugehörigkeit zu Berufen als verbindlich und erblich definieren

Diese Maßnahmen stabilisieren das Reich, bringen aber auch eine starke Veränderung der Gesellschaft mit sich, durch
- die Einschränkung der vertikalen Mobilität,
- die daraus folgende gesellschaftliche Verkrustung,
- die Bürokratisierung,
- Schwarzmarktbildung,
- umständliche Instanzenwege,
- die Verstärkung der staatlichen Zwänge,
- Korruption.

Die Zwangsherrschaft des Diokletian sicherte dem Römischen Reich noch rund 150 Jahre den Bestand. Die *Tetrarchie* bewährte sich jedoch nicht; Kaiser Konstantin wurde im Jahr 313 wieder Alleinherrscher, ohne allerdings die Verwaltungsteilung des Reiches aufzugeben. Die mittelalterliche Gesellschaftsordnung wurde in vielem durch die spätantike Gesellschafts- und Herrschaftsstruktur bestimmt.

Das Imperium Romanum der Spätantike

Das Römische Reich bildete eine Einheit, ohne wirklich einheitlich zu sein. Es war ein Bund zwischen Städten und Regionen unter der Führung Roms. Eine starke Integrationsfunktion kam dem Kaiserkult zu, aber auch der gemeinsamen römischen Lebensart innerhalb eines (nicht einheitlichen) Wirtschaftsraums, der durch die *Pax Romana* (römischer Friede) geschützt wurde. Der Limes (Grenzbefestigungen in Germanien und Rätien, an der unteren Donau, in Afrika und Asien) und die Legionen Roms konnten in den ersten beiden Jh. n. Chr. Schutz gewährleisten.
260 beendete Kaiser Gallienus die Christenverfolgung, die sein Vater, Kaiser Valerian, betrieben hatte. Nach dem Sieg Kaiser Konstantins über Maxentius erfuhr die Toleranz gegenüber allen Religionen durch das sogenannte Toleranzedikt eine Bestätigung. Ohne das Heidentum zu unterdrücken, förderte Konstantin das Christentum. 391 n. Chr. verbot Kaiser Theodosius alle heidnischen Kulte und erhob das Christentum zur Staatsreligion.

Spätrömisches Reich und Ende

- **391 n. Chr.** Einführung des Christentums als Staatsreligion
- **395 n. Chr.** Reichsteilung in einen lateinisch-römisch geprägten Westteil und einen griechischen Ostteil
- **476 n. Chr.** Das Jahr, in dem der Germanenfürst Odoaker den letzten Kaiser Romulus Augustulus der Herrschaft entsetzt, gilt als offizielles Ende des Weströmischen Reiches
- **330/395–1453 n. Chr.** Weiterbestehen des Oströmischen Reiches als Byzantinisches Reich, das sich als Erbe des Weströmischen Reiches betrachtet; 1453 Eroberung Konstantinopels durch die Türken

2.4 Das kulturelle Erbe der Antike

Die Antike, die Geschichte Griechenlands und des Römischen Reiches, wurde in der späteren Geschichte Europas immer wieder zum Bezugspunkt. Hier einige Beispiele für den Einfluss der Antike:

Römisches Reich (ca. 500 v. Chr. bis ca. 500 n. Chr.)

- Die Römer selbst übernahmen von den Griechen u. a. Götterwelt, philosophische Modelle, Elemente der Rhetorik, Vorstellungen von Architektur und Kunst und gaben damit diese Tradition weiter.
- Vor allem das römische Recht, das von Kaiser Justinian (ca. 482–565) kodifiziert wurde, bestimmte während des Mittelalters und in der Neuzeit stark die Rechtskultur.

Mittelalter (ca. 500–1500) und Neuzeit (ab ca. 1500)

- Die Karolinger griffen in der „karolingischen Renaissance“ das Erbe der Antike auf. Die Adaption der Antike im Mittelalter vollzog sich nicht ohne Probleme, war doch seit 391/392 jede Form des heidnischen Gottesdienstes verboten. 398 wurde auf dem Konzil zu Karthago gefordert, dass von den Bischöfen keine heidnischen, also nicht christlichen Autoren gelesen werden sollten. Kritik an der Lektüre heidnischer Texte äußerten auch Martin von Tours (316–397) und Papst Gregor der Große (ca. 540–604). Der Kirchenvater Augustinus (354–430) plädierte jedoch dafür, das an der griechischen Philosophie Brauchbare zu übernehmen. Da er Gemeinsamkeiten von neuplatonischer Schule und Christentum erkannte, leitete er eine Auseinandersetzung mit den Neuplatonikern und Platos Philosophie ein. So wurde einerseits die Beschäftigung mit der „heidnischen“ Antike als gefährlich eingeschätzt, andererseits avancierte Aristoteles schon im Hochmittelalter zu „dem“ Philosophen.
- Mit *Renaissance* (franz.: Wiedergeburt) bezeichnet man die

Wiederentdeckung der Antike in Europa. Die Renaissance nahm im 13. Jh. ihren Ausgang in Italien und breitete sich in den folgenden drei Jahrhunderten über ganz Europa aus. Sie ist gekennzeichnet von einer intensiven Auseinandersetzung mit und Aneignung von antiker Philosophie, Kunst, Literatur, Architektur und politischer Idee. Ein neuer Kunststil entwickelte sich, aber auch das neue Bild vom selbstverantwortlichen Menschen.

- Die Beschäftigung mit der Antike setzten auch die mittelalterlichen Universitäten voraus. Sie waren Körperschaften, gebildet durch den Zusammenschluss von Personen: in Paris durch Professoren und Studierende, in Bologna eine autonome Rechtskörperschaft, die durch Studenten gebildet wurde. In Paris und Bologna entstanden im 12. Jh. die ersten Universitäten, anschließend in Oxford (1167), Cambridge (1208), Salamanca (1218) und später in Prag (1348). Das Curriculum bestand aus den sieben freien Künsten Logik, lateinische Grammatik, Rhetorik, Geometrie, Arithmetik, Astronomie und Musik.
- ***Humanismus*** war ursprünglich die Bezeichnung für das Studium der Grammatik, Rhetorik und Poetik an der Universität in Florenz. Ausgehend von Italien benennt Humanismus im weiteren Sinne eine Betrachtungsweise, die um eine freie Entfaltung der Persönlichkeit des Menschen (human = menschlich) bemüht ist. Die Humanisten studierten die antiken Autoren und beschäftigten sich mit Sprache, Geschichte und Literatur. Die Zentren waren zunächst Mailand, Venedig und Florenz. Humanismus als Epochenbezeichnung wird für den Zeitraum vom 14. bis 16. Jh. verwendet. In dieser Zeit traten verschiedene Familien als Förderer der Kunst hervor: in Mailand die Sforza, in Florenz die Medici, in Venedig waren es die Staatsoberhäupter, die Dogen.
- Die Blütezeit des klassischen Athens und die staatlichen Systeme der Antike wurden Ausgangspunkt politischer Theorien und politischer Vorstellungen seit dem 13. Jh.

Das Römische Reich als Vorbild für Europa?

Das Römische Reich wird heute häufig als Vorbild für ein gemeinsames Europa angesehen. So gehören zum römischen Vermächtnis:

- die Vorstellung von einer einheitlich geprägten Zivilisation, die sich in einer effektiven Infrastruktur und komplexen Stadtanlagen (Straßen, Sanitäranlagen, Aquädukte, Foren, Theater, Bäder, Verwaltungsgebäude) äußert,
- das römische Recht als Basis der Rechtsprechung,
- eine gemeinsame Verkehrssprache,
- das lateinische Christentum der Spätantike.

Bestimmung des Römischen Reiches

- Das Römische Reich erstreckte sich über die geografischen Grenzen Europas hinaus, da auch Nordafrika sowie Teile der arabischen Halbinsel und Asiens zum römischen Herrschaftsgebiet gehörten.
- Erst 212 n. Chr. wurde allen freien Bewohnern des Reiches das römische Bürgerrecht verliehen. Somit war die Voraussetzung für eine rechtlich gleichgestellte Bevölkerung geschaffen.
- Nationalstaaten und Nationalbewusstsein fehlten ebenso wie
- ein gemeinsamer Wirtschaftsraum.
- Die Reichsteilung von 395 n. Chr. wirkte im Bewusstsein fort, weshalb man von nun an von einem weströmisch-lateinischen und einem oströmisch-griechischen Kaiserreich spricht.

Für ein gemeinsames Europa kann das Römische Reich also kein direktes Vorbild abgeben, aber es wirkte traditionsbildend und fungierte bis in die Neuzeit als historisierte Utopie für neue politische Konzeptionen.

Die Entwicklung des Reichsgedankens im Mittelalter

3

3.1 Die Entstehung des frühmittelalterlichen Europas (4.–8. Jh.)

Vom 3. bis in das 8. Jh. n. Chr. verschmelzen auf dem Boden des Römischen Reiches Christentum sowie spätrömische kulturelle, gesellschaftliche, wirtschaftliche und administrative Strukturen mit den Glaubens-, Herrschafts- und Ordnungsvorstellungen der germanischen Völker zu einer neuen Einheit, die sich erstmals im Frankenreich der Merowinger als geschichtlich folgenreich erweist.
Der Sieg der Hunnen über die Ostgoten 375 n. Chr. löste eine verstärkte Bewegung der germanischen Völker (z. B. Goten, Vandalen, Wenden, Franken) in das Römische Reich aus, die sogenannte Völkerwanderung; allerdings waren die germanischen Völker schon seit Jahrhunderten in Unruhe und Bewegung gewesen. Nun drängten sie in das römische Staatsgebiet. Auf dem Gebiet des Weströmischen Reiches entstanden verschiedene Germanenreiche: die der Ost- und Westgoten, der Sueben und Wandalen. Lediglich die Franken gründeten ein Reich, das, wenn auch auf einem wesentlich kleineren Territorium, an das Römische Reich anknüpfte und den Kern eines mittelalterlichen Europas bildete.

Das Frankenreich unter Merowingern und Karolingern

486 eroberte der Frankenkönig Chlodwig mit seinem Sieg über den letzten römischen Statthalter Syagrius das Gebiet zwischen Loire und Somme. Er übernahm dabei die bestehende Verwaltungsstruktur und eine Bevölkerung, die es gewohnt war, Steuern zu zahlen.

Das Reich der Merowingern

Das Reich der Merowinger, der Königsdynastie, die sich vom sagenhaften Stammvater Merowech herleitete, bildete den Ausgangspunkt des Frankenreiches, das die Hausmeier, seit 751 n. Chr. Reichsverwalter der Merowinger, als Herrscher übernahmen. Die Grundlagen der Herrschaft der Franken und das Geheimnis ihres Erfolges lagen

- in der Verbindung von fränkischer und römischer Kultur,
- in der Verschmelzung von kelto-romanischer und germanischer Bevölkerung,
- im Akzeptieren zweier paralleler Rechtssysteme,
- in der Übernahme der spätrömischen Stadtkultur (auf einfacherem Niveau),
- in der Übernahme des katholischen Glaubens durch Chlodwig und die Franken,
- in der Übernahme der spätrömisch geprägten Wirtschaftsstruktur.

Die Herrschaft der Merowinger beruhte auf ihrer Stellung als fränkische Könige: Sie waren durch die Heeresversammlung gewählt und besaßen damit die oberste militärische und richterliche Gewalt. Sie entstammten einer königlichen Sippe, der man sakrale Fähigkeiten zuschrieb, z. B. die Fähigkeit, Kranke zu heilen (Königsheil). Zudem bezogen sie Macht aus der Schutzherrschaft über die Kirche. Vom oströmischen Kaiser Anastasios erhielt Chlodwig im Jahr 508 den Titel „Konsul und Patrizius".

Der Aufstieg der Karolinger

Die den Merowingern als Herrschaftsdynastie nachfolgenden Karolinger waren ursprünglich Hausmeier, d. h. mit großer Kompetenz ausgestattete Reichsverwalter der Merowinger, die sie 751 ablösten.
Unter *Karl dem Großen* entstand ein westeuropäisches Großreich, das von der Nordsee bis Mittelitalien, von den Pyrenäen bis an die Elbe und die pannonische Grenze reichte. Karl stützte

sich auf die fränkische Tradition, auf die Verbindung mit dem Papsttum in Rom und nicht zuletzt auf seine militärischen Erfolge. Unter ihm wurde das Frankenreich zur dominierenden Großmacht. In seinem Reich setzte er eine neue Ordnung durch: Zwar galt das Gesetz für alle Untertanen, doch sollten auch die Bräuche der einzelnen Völkerschaften berücksichtigt werden. Königsboten (missi dominici) bereisten das Frankenreich, um als Vertreter des Königs die lokalen Herrscher zu überwachen. In den Grenzgebieten (z. B. sorbische, dänische Mark) regierten Markgrafen, die mit großen Vollmachten ausgestattet waren. Im Jahr 800 wurde Karl in Rom zum Kaiser gekrönt. Damit begründete er das weströmische Kaisertum wieder, das dem oströmischen ebenbürtig sein sollte und sich als Nachfolger des Römischen Reiches verstand. Karl knüpfte an die Tradition der römischen Kaiser an und sah sich selbst als Schutzherr von Papst und Christenheit sowie als übergeordneter Herrscher im Westen.

Reich und Reichsidee unter den Sachsenkaisern

Auch nachdem das Frankenreich nach dem Tod Karls zerfallen war, lebte der Gedanke des Kaisertums weiter. 911 übernahm Konrad I. die Krone des Ostfrankenreiches und es kam zur Bildung eines neuen „deutschen“ (von germ. diut = Sprache, Volkssprache) Königtums, gestützt auf die Herzogtümer Sachsen, Schwaben, Bayern, Franken und Lothringen. Aber erst der Sachsenherzog Heinrich, der Nachfolger Konrads, konnte seine monarchischen Ansprüche durchsetzen.

Einheit von weltlicher und kirchlicher Herrschaft

Seit dem sächsischen Kaiser Otto I., dem Großen (reg. 936–973), war das römische Kaisertum fest an das Papsttum gebunden. Um 1160 entstand unter Papst Alexander III. die Theorie von der „Translatio imperii“, wonach die Kaiserkrönung Karls im Jahr 800 als Übertragung des Kaisertums von den Römern bzw. den Griechen auf die Franken durch den Papst zu deuten war. Damit beanspruchte der Papst die Verfügungsgewalt über das Kaiser-

tum. Auf den Metallbullen zur Beglaubigung seiner Urkunden erhob Otto III. mit der Umschrift „Renovatio imperii Romani" die Wiederherstellung des Römischen Reiches zum Motto.
Unter Otto I. wurde die Kirche in den Dienst der Verwaltung und Regierung des Reiches gestellt. Abteien und Bistümer wurden an Geistliche vergeben, die am Königshof tätig waren. Äbte und Bischöfe nahmen Aufgaben in der Politik und Verwaltung wahr. Diese als Reichskirchensystem bezeichneten politischen Organisationsgrundsätze stellten eine enge Verbindung von Reich und Kirche her.

Der Investiturstreit – Beginn der Trennung von Kirche und Staat

Der *Investiturstreit* (Streit um die Amtseinsetzung von Geistlichen) seit der Mitte des 11. Jh.s leitete die Trennung von geistlicher und weltlicher Macht ein, ein Prozess, der keineswegs geradlinig verlief und erst in der Neuzeit abgeschlossen wurde.
Der Machtanspruch des Kaisers war bis in das 11. Jh. universal. Kaiser Heinrich III. setzte auf der Synode von Sutri (1046) drei Päpste ab und einen eigenen Kandidaten ein. Bestimmten die Kaiser bis in das 11. Jh. aus eigener Machtvollkommenheit Bischöfe und Äbte, so kritisierte die kirchliche Reformbewegung, die vom Kloster Cluny (gegründet 1010) ausging, die Investitur durch Laien (d. h. den König) als Einmischung und Unterwerfung der Kirche unter die weltliche Macht. Der Verkauf und Kauf von Kirchenämtern wurde als „Simonie" (nach Simon Magus, einer Figur aus der Apostelgeschichte des Neuen Testaments) geächtet. Die Päpste des 11. Jh.s versuchten den Reformgedanken umzusetzen.

Verlauf des Investiturstreits

- Kaiser Heinrich IV. setzte 1070, in der Tradition seines Vaters Heinrich III., jedoch die Bestrebungen der Reformkirche übersehend, den Erzbischof in Mailand ein. Daraufhin forderte Papst Gregor VII. (gewählt 1173) eine kanonische Wahl durch Vertreter der Kirche und belegte Heinrich 1076 mit dem Kirchenbann, als dieser dem päpstlichen Wunsch nicht nachkam. Im Gegenzug bezeichnete Heinrich Gregor als unrechtmäßigen Papst und enthob ihn seines Amtes. Gregor bannte daraufhin Heinrich und löste alle Untertanen vom Treueid.

- Die fürstliche Opposition in Deutschland stellte Heinrich IV. das Ultimatum, den Bann innerhalb eines Jahres zu lösen, ansonsten würde ein neuer König gewählt.
- Durch den ***Bußgang nach Canossa*** (1077) gelang es Heinrich IV., den Papst, der auf der Reise nach Deutschland war, zur Aufhebung des Kirchenbanns zu bewegen.
- Dennoch folgten jahrelange propagandistisch, militärisch und politisch geführte Auseinandersetzungen und Kriegszüge, die erst von Heinrich V., dem Sohn Heinrich IV., durch das ***Wormser Konkordat*** 1122 beendet wurden.

Am Ende setzte der Papst die kanonische Wahl durch, der König aber wies den Bischöfen die weltliche Macht zu und hatte so Einfluss auf die Bischofswahl. Das Königtum, seiner sakralen Bedeutung beraubt, hatte an Ansehen verloren, war aber in seinen weltlichen Aufgaben und Kompetenzen gestärkt. Als Ergebnis zeigte sich, dass geistliche und weltliche Macht eigene Bereiche darstellten, wobei die geistliche Macht die höhere Autorität beanspruchte. Aber auch dem Staat wurden eigene Funktionsbereiche zugestanden. Zwar musste der Staat geistlichen Fürsten weltliche Macht überantworten, diese waren dann aber an staatliche Interessen gebunden. Eine Trennung von Kirche und Staat ist ein wesentliches Merkmal moderner Staatsgebilde.

3.2 Grundlagen des mittelalterlichen Reiches

Das Mittelalter kannte zunächst keinen Staat im modernen Sinn. Der Staatsverband des Mittelalters konnte weder für die innere noch für die äußere Ordnung souverän sorgen und war auch nicht allein in der Lage, Recht zu setzen. Den Herrschern fehlten eine komplexe Bürokratie und eine gegliederte Verwaltung ebenso wie geschlossene Herrschaftsgebiete. Die trotz dieser Einschränkung existente Macht der deutschen Könige und Kaiser im Hochmittelalter basierte auf mehreren Säulen:

- Auf der konkreten militärischen Macht, die auf der Gefolgschaft des Heeres und der Herrschaft über besiegte Völker beruhte
- Auf dem Lehenswesen. Die Verleihung von Ämtern und Land überließ Amtsträgern die damit verbundenen Einnahmen. Das Prinzip der Vasallität beruhte auf Gegenseitigkeit: Der Lehensmann erhielt Nutzungsrechte an Amt und Land gegen die Pflicht, seinem Herrn unbedingte Loyalität entgegenzubringen und ihm Heeresfolge zu leisten. Die Vasallen oder Lehensleute durften das Land an sogenannte Aftervasallen weiterverleihen.
- Auf der Vorstellung, die Amtsgewalt von Gott übertragen bekommen zu haben (rex dei gratia). Diese Idee steht im Widerspruch dazu, dass ein König durch seine Vasallen bestätigt werden musste.
- Auf einer engen Verbindung zum katholischen Christentum. Otto I. (reg. 936–973) zog beispielsweise die Geistlichkeit zur territorialen Verwaltung und Herrschaftsausübung (Reichskirchensystem) heran. Allerdings funktionierte dieses System nur bei einer Einigkeit zwischen Papst und Kaiser, der Papst konnte also nicht den Gehorsam seiner Bischöfe einfordern. Die Wahl des Königs erfolgte durch ein privilegiertes Gremium. Allerdings gründete das deutsche Königs- und Kaiserrecht auf keinem reinen Wahlrecht, sondern berücksichtigte auch die erworbenen Erbrechte einer Familie (Erbwahlrecht). So war einerseits nur derjenige wählbar, der aufgrund seiner dynastischen Herkunft Erbansprüche anmelden konnte, andererseits bildete sich seit dem 12. Jh. ein wahlberechtigtes Fürstenkollegium (das sogenannte Kurfürstenkollegium) heraus, das allein wahlberechtigt war.

Die Entwicklung einer Reichsverfassung

1232 Das „Statutum in favorem principum" (Bestimmungen zugunsten der Fürsten) von Friedrich II. stärkt die Macht der Fürsten im Reich, gewährleistet dem Kaiser aber auch deren Solidarität.

1273 Bei der Wahl Rudolphs von Habsburg zum deutschen König tritt das Kurfürstenkollegium erstmals als geschlossener Wahlkörper auf.

1338 Im Kurverein von Rhense (Zusammenschluss der Kurfürsten ohne Böhmen in Rhens, Rhein-Lahn-Kreis) wird zum ersten Mal die Mehrheitswahl in Abwehr päpstlicher Ansprüche für rechtmäßig erklärt.

1356 Die Goldene Bulle regelt die Königswahl und gesteht dem Kurfürstenkollegium ein Beratungsrecht zu. Dazu zählen die Erzbischöfe von Köln, Mainz und Trier sowie der Pfalzgraf bei Rhein, die Herzöge von Sachsen und Brandenburg und der König von Böhmen. Seit der Goldenen Bulle wird das Recht zur Kaiserwahl mit der Wahl des deutschen Königs erworben. 1452 findet die letzte Kaiserwahl in Rom statt.

3.3 Das Reich vom 15. Jh. bis zu seinem Ende

Reformversuche zu Ende des Mittelalters

Die deutschen Kaiser und Könige konnten, im Gegensatz zum zentralistisch ausgerichteten englischen und französischen Königtum, wenig eigene Rechte installieren, sodass ihre Machtbefugnisse abnahmen, da die Landesherren die Macht an sich zogen. Die Kaiser und Könige gründeten ihre Macht auf ihren eigenen territorialen, landesherrlichen Besitz, auf die sogenannte Hausmacht, die sie zur Reichspolitik einsetzten.
Seit dem 13. Jh. entwickelten sich aus den früheren Hoftagen die Reichstage. Hier erschienen die Reichsstände, die sich in drei Kollegien gliederten:

1. Kurfürstenkollegium:	Kurfürsten
2. Reichsfürstenrat:	Reichsfürsten
3. Städtekollegium:	Reichs- und Bischofsstädte, reichsunmittelbare Städte

Die Reichstage mussten gewohnheitsrechtlich bei Kriegen und bei der Erhebung von Steuern zustimmen, wirkten aber auch bei aktuellen Themen mit, z. B. bei Glaubensfragen. Da keine zentrale Exekutive existierte, war der Kaiser bei der Durchführung seiner Beschlüsse auf die Landesfürsten und die Städte angewiesen.
Auf den ***Reichsreformtagen von Worms*** (1495) und ***Augsburg*** (1500) erfolgte eine Reform der Reichsverfassung. Es wurde ein Reichskammergericht eingesetzt und ein unbefristeter ewiger Landfriede verkündet. Zudem wurde ein Reichsregiment aus 20 Mitgliedern bestellt, das schließlich an der fehlenden Regierungsgewalt scheiterte. Bestand jedoch hatte die Einteilung in Reichsteile.

Ende des Reiches

Auf dem Augsburger Reichstag von 1654 wird der ***Westfälische Friede*** zum „Fundamentalgesetz des Heiligen Römischen Reiches". Der 1663 nach Regensburg einberufene Reichstag tagt als „immerwährender Reichstag" bis zum Ende des Reiches 1806 fort.
Mehr als 300 selbstständige Staaten, zum Teil weder wirtschaftlich noch politisch lebensfähig, gehörten bis 1806 offiziell zum Reichsverband. Zwar tagte der Reichstag seit 1663, die Institutionen des Reiches existierten aber teilweise lediglich im Hintergrund, ohne Machtausübung. Ihre Funktionalisierung durch die Teilstaaten war kompliziert, umständlich und erforderte große juristische Kenntnisse.
Das Reich hatte jedoch auch in der Zeit seines Bestehens, von 911 bis 1806, eine komplexe Herrschaftsform aus einigenden und divergierenden Kräften gebildet und politische sowie wirtschaftliche Entfaltung ermöglicht.
Offiziell endete das Heilige Römische Reich Deutscher Nation

im Jahr 1806 mit der Niederlegung der römischen Kaiserwürde durch Kaiser Franz II. Ursache war die Gründung des ***Rheinbundes*** unter dem Protektorat ***Napoleons,*** wodurch der Anspruch eines Kaisertums für alle Deutschen nicht mehr haltbar war. Vorangegangen waren ***Mediatisierung*** und ***Säkularisierung*** und somit eine radikale Umgestaltung des politischen Machtgefüges innerhalb der Grenzen des Reiches (▶ S. 71).

3.4 Die Bedeutung des mittelalterlichen Reiches für die Neuzeit

Die staatlichen Mächte des heutigen Europas verstehen sich als eine vom Christentum geprägte Gemeinschaft, auch wenn politische Rivalitäten und Auseinandersetzungen dieser Vorstellung in der Realität dem häufig zuwiderlaufen.
Auch wenn das Mittelalter als „dark ages", als dunkles Zeitalter, bezeichnet und mit einem kulturellen Rückschritt assoziiert wird, so war es doch die Grundlage moderner politischer Ordnungsformen.

- Der ***Investiturstreit*** (1077–1122) leitete die Auflösung der Verflechtung von Kirche und Staat ein: Es entstanden Landeskirchen, die den Papst als Oberhaupt ansahen, aber auch ein eigenständiges Bewusstsein entwickelten. Die letztendliche Trennung von Staat und Kirche erfolgte in Europa weitgehend im Zuge der Entstehung moderner Demokratien im 18. und 19. Jh.
- Dem Kaiser oder König mit universalen Ansprüchen standen mächtige Territorialfürsten gegenüber, die reichsständisch organisiert die Macht der Herrscher einschränkten – dieses System stellte einen Vorläufer moderner föderalistischer Ordnung dar.
- Bereits im Mittelalter entwickelte die feudale Gesellschaft eine Gewaltenteilung durch die Trennung von fürstlicher und ständischer Gewalt, auch wenn die ständischen Parlamente nicht die komplexen Aufgaben moderner Parlamente wahrnehmen konnten.

4 Aufklärung und Französische Revolution

4.1 Entstehung der absoluten Herrschaft

Der Begriff der „absoluten Monarchie“ geht auf den französischen Juristen Jean Bodin zurück. Er sah die Macht des Königs als unbeschränkte. Der König war lediglich Gott verantwortlich, er konnte Gesetze erlassen, aufheben, und war keiner Kontrolle unterworfen. Der Engländer Thomas Hobbes begründete den Absolutismus aus dem Herrschaftsvertrag, den die Menschen mit dem Staat schließen, da sie – von Natur aus egoistisch – sonst nur nach dem eigenen Wohl streben würden.
Die Staaten und Länder Europas hatten seit dem Mittelalter mit konkurrierenden Einrichtungen zu kämpfen, die die Handlungsfähigkeit des Staates maßgeblich einschränkten.

- So beanspruchten Ständeparlamente, aber auch Regionen, eine eigene Gerichtsbarkeit und Hoheitsrechte.
- Eine wirkungsvolle Exekutive fehlte ebenso wie zentrale Verwaltungseinrichtungen.
- Die ständischen Vertretungen engten den Staat in seiner Handlungsfähigkeit häufig ein.
- Der Adel beanspruchte formelle wie informelle Mitsprache bei politischen Entscheidungen.
- Staatsämter wurden nach Herkunft und Zugehörigkeit zum Adel, weniger nach Leistung vergeben.
- Die großen europäischen Kriege hatten enorme Kosten verursacht, zum Teil auch die Grenzen von Politik und staatlicher Herrschaft aufgezeigt. Auch daraus erwuchsen neue Anforderungen an die staatliche Gewalt.

Aufstieg Ludwigs XIV. und sein Machtsystem

„L'État, c'est moi!" umreißt den Machtanspruch des französischen Königs *Ludwig XIV.*, der 1661 die Regierung übernimmt. Der absolute Herrscher zieht alle bestehenden Rechte an sich und versucht andere um die Macht konkurrierende Sonderinstanzen (Adel, Ständeparlamente) auszuschalten. Dabei hilft ihm ein aufwändiges Heer an Spitzeln, Boten und Informanten.

Hoheit über die Kirche

Die Aufhebung des Toleranzedikts von Nantes (1598) im Jahre 1685 bedeutete das Ende der Religionsfreiheit für die Hugenotten. Trotz Verbots verließen Hunderttausende das Land. Seit dem Konkordat von 1515 ernannte der König die Bischöfe und sicherte sich damit großen Einfluss.

Kontrolle von Staat und Verwaltung

Zentrum der Herrschaft von Ludwig XIV. wurde das außerhalb von Paris liegende Schloss Versailles. Der Adel folgte dem König, wurde aber entmachtet, weil er keiner wirtschaftlichen Tätigkeit nachkommen durfte und einem streng auf die Person des Königs ausgerichteten Hofzeremoniell unterworfen war. Der Adel folgte schon deshalb dem König nach Versailles, um nicht das Privileg der Steuerbefreiung zu verlieren.
Mit einem komplizierten Regierungssystem suchte Ludwig XIV. Staat und Verwaltung zu kontrollieren:

- Die Generalstände wurden nur noch unregelmäßig einberufen (1614, 1788) und damit der Einfluss der Stände zurückgedrängt.
- Staatsbeamte wurden ausschließlich vom König ernannt.
- Der König stand der Zentralverwaltung vor. Diese umfasste die Ministerien für Finanzen, Auswärtige Angelegenheiten, Marine und Kolonien, Angelegenheiten des königlichen Hauses. Dazu kamen der Kanzler zuständig für Justiz, der Großsiegelbewahrer, der die königlichen Anordnungen siegelt und der Generalkontrolleur der Finanzen.

- Auch Bürger können in hohe Staatsämter einrücken, sodass Befähigung in Konkurrenz mit Adelsvorrechten trat.
- 33 bürgerliche Intendanten führen die königlichen Beschlüsse in den Provinzen aus und lösen die Gouverneure ab.
- 17 Parlamente haben als Gerichtshöfe die Gesetze zu registrieren und dürfen bei Widersprüchlichkeit Einspruch einlegen (= Remonstrationsrecht): Prozesse, die die Parlamente zu führen hatten, konnte der König an das Hofgericht ziehen.

Das Heer

Das Heer, ein stehendes, kaserniertes Heer, umfasste in Friedenszeiten 120 000 Mann, in Kriegszeiten bis zu 400 000 Mann. Der Oberbefehl über das Heer stand dem König zu. Das stehende Heer verschlang gewaltige Summen des Staatshaushalts.

Wirtschaft

Das wirtschaftliche System des Absolutismus, der ***Merkantilismus***, bezeichnet ein vom Staat gefördertes Wirtschaftssystem, das den Export fördern und den Einfluss des Staates sichern soll. Zu den Maßnahmen gehörten

- Ausbau von Wegen, Straßen und Kanälen,
- Förderung der Luxusgütermanufakturen (Waffen, Glas, Seide),
- Errichtung von staatlichen Porzellanmanufakturen,
- Gründung von Handelsgesellschaften,
- Verfolgen einer Kolonialpolitik (z. B. in Nordamerika).

Bedeutung und Grenzen des Absolutismus

Der französische Absolutismus wurde zum vorherrschenden politischen System in ganz Europa und stellte mit

- der Konzentration der staatlichen Gewalt,
- dem Zurückdrängen der politischen Nebenkräfte (z. B. Adel),
- dem Versuch, ein einheitliches Staatsgebiet zu schaffen,
- der Zentralisierung der Verwaltung,
- der wirtschaftlichen Förderung des Bürgertums

eine wichtige Vorstufe des modernen Staates dar.

Die Grenzen des Systems sind z. B.:

- Machtmissbrauch durch die absolutistischen Herrscher,
- fehlende Kontrolle durch ein Parlament bzw. fehlende Mitsprache der Regionen,
- übersteigerter Herrschaftsanspruch (Gottesgnadentum),
- fehlende politische Beteiligung der Bevölkerung,
- Entfremdung von Herrscher und Untertanen,
- Festhalten an Adelsprivilegien,
- Unvermögen einer effektiven Wirtschaftslenkung,
- enorme finanzielle Belastung des Staatshaushalts und der Steuer zahlenden Bürger.

4.2 Intentionen der Aufklärung

Die europäische Aufklärung ist eine der folgenreichsten geistigen Bewegungen der modernen europäischen Geschichte. Sie stellte ein philosophisches System zur Verfügung, das Philosophie, wissenschaftliche Erkenntnis und politische wie gesellschaftliche Zustände mithilfe der menschlichen Vernunft hinterfragte. Der deutsche Philosoph Immanuel Kant definierte: „Aufklärung ist der Ausgang des Menschen aus seiner selbstverschuldeten Unmündigkeit." Die Aufklärung stellte keine geschlossene Philosophie oder Reformbewegung dar, sondern umfasste, ausgehend vom Rationalismus, verschiedene, zum Teil widersprüchliche Denksysteme und Vorstellungen. Zeitlich reichte sie von der „Glorious Revolution" (1688) bis über die Französische Revolution hinaus. Ihren Ausgang nahm sie von England; von da griff sie nach Frankreich und Deutschland über.

Bedeutende Vertreter

Die philosophischen Grundlagen der Aufklärung wurden von René Descartes, Baruch Spinoza, Anthony Shaftesbury und Gottfried Leibniz gelegt, naturwissenschaftliche Anwendung fand sie in den Theorien von Isaac Newton und in der Rechtslehre des

Niederländers Hugo Grotius. Descartes hatte die Eigenständigkeit des subjektiven Denkens als Kennzeichen des Menschen proklamiert: „Cogito, ergo sum. Ich denke, also bin ich." Grundlage seines Denkens bildeten Zweifel und Skepsis gegenüber Traditionen, Überlieferungen und Autoritäten. Dennoch war die Aufklärung nicht atheistisch, sondern gottgläubig: „Wenn es Gott nicht gäbe, müsste man ihn erfinden", meinte Voltaire. Daraus spricht aber auch der Deismus, der davon ausgeht, dass Gott die Welt erschaffen, sie aber sich selbst überlassen habe.
Weitere wichtige Vertreter der Aufklärung sind die Engländer Francis Bacon, Thomas Hobbes, George Berkeley, David Hume und John Locke, weiterhin Denis Diderot und Jean d' Alembert, die Herausgeber der wichtigsten Enzyklopädie ihrer Zeit.
Die Aufklärung war zunächst auf den engen Kreis der Gelehrten, auf das gehobene und gebildete Bürgertum und den niederen Adel und Klerus beschränkt. Ihre Verbreitung fand die Aufklärung in Briefwechseln, durch Akademien und Buchveröffentlichungen. Im 18. Jh. verbreiteten sich Ideen der Aufklärung zunehmend in Salons wohlhabender Frauen, in denen die neuesten Ideen und Entwicklungen diskutiert wurden.

Wesensmerkmale

Grundsätzlich steht die Aufklärung für: Vernunft, Fortschritt, Humanität, Toleranz, Freiheit, Selbstbestimmung, Erziehung, Wissenschaft und Technik.
Kritiker warfen der Aufklärung eine Überbetonung von Vernunft und Rationalismus und eine Vernachlässigung der Gefühle vor. Damit reduziere sie die Wirklichkeit um wesentliche Elemente. Ihr Glaube an Fortschritt, Vernunft und Erfolg der Erziehung wurde als positivistisch und irrational beurteilt, ebenso übersehe sie die Geschichtlichkeit von Prozessen. Schiller bezeichnete in seinem Drama „Die Räuber" sein Zeitalter, das 18. Jh., als das „tintenklecksende Säkulum", als ein Zeitalter, das nur resümiere, schreibe, reflektiere, aber nicht handle.

4.3 Die Aufklärung als geistiger Wegbereiter der Französischen Revolution

Der Begriff Revolution (lat.: revolutio = Umwälzung) bezeichnet die radikale Veränderung bestehender Verhältnisse, zum Beispiel in den Bereichen Staatswesen, Politik, Gesellschaft, Wirtschaft und Technik. Gedanklich vorbereitet wurde die Französische Revolution durch die politische Philosophie der Aufklärung. 1690 formulierte John Locke seine Vorstellungen von bürgerlicher Freiheit, Widerstandsrecht, Gesellschaftsvertrag, Gewaltenteilung in seiner Hauptschrift „Zwei Abhandlungen über die Regierung". Die Darstellung entstand in unmittelbarer Auseinandersetzung mit der „Glorious Revolution" von 1688, die mit der unblutigen Absetzung König Jakobs II. von England und der Einsetzung Wilhelms von Oranien durch das englische Parlament endete.

1748 erarbeitete ***Charles de Montesquieu*** in seinem Hauptwerk „Vom Geist der Gesetze" eine Theorie der Gewaltenteilung, die eine Trennung von legislativer, exekutiver und judikativer Gewalt vorsah. ***Jean-Jacques Rousseau*** lehnte die bisherige Vorstellung von einem vorstaatlichen Naturrecht ab und sah stattdessen in einem Herrschafts- und Gesellschaftsvertrag die Grundlage für den Staat, der die Wiederherstellung der Menschlichkeit zur Aufgabe habe. Um staatliches Zusammenleben zu garantieren, aber auch um Einzelwillen und Gesamtwohl in Einklang zu bringen, ging Rousseau von einem „volonté générale" aus, der sich aus dem Willen des Volkes auf dem Wege der Abstimmung in einer direkten Demokratie ergebe. Eine repräsentative Demokratie lehnte Rousseau ab. Rousseaus Lehre enthält auch die theoretische Basis für totalitäre Staatssysteme, da der Einzelwille sich dem Gemeinwohl unterordnen und folglich ohne Berücksichtigung bleiben müsse. Der Gedanke der Volkssouveränität findet sich bei Rousseau, basierend auf der Annahme von der Identität von Regierenden und Regierten, in seiner reinsten Form.

Grundsätzlich glaubte Rousseau an die Erziehbarkeit des Menschen, wie er sie in seinem Erziehungsroman „Emile" formulierte. Die Menschen sind frei geboren; die Gesellschaft übt schädlichen Einfluss auf die Menschen aus, indem sie ihre natürlichen positiven Anlagen verschüttet. Erziehungsziel müsse es sein, die positiven Anlagen des Menschen zu fördern, indem man ihm große Freiheiten lässt und Laster von ihm abhält.
Adam Smith forderte in „Der Wohlstand der Nationen" (1776) Freiheit von Handel und Gewerbe. Indem der Einzelne versuchte, das Beste für sich zu erzielen, zu Glück und Reichtum zu gelangen, nützte er auch der Gemeinschaft. Mit diesen Ideen wurde Adam Smith der Begründer des Wirtschaftsliberalismus.

4.4 Politische und soziale Verhältnisse im Ancien Régime

Die Ursachen der Französischen Revolution lagen in der politischen, wirtschaftlichen und gesellschaftlichen Krise des Ancien Régime, in tiefgreifenden Strukturproblemen des absolutistischen Staates, der sich außerstande zeigte, die anstehenden Fragen zu lösen.

- Scheitern der Reformen an Adel und Klerus, die ihre Privilegien, insbesondere die Steuerfreiheit, nicht aufgeben wollen
- Entfremdung von Königtum, Adel und Klerus von großen Teilen der übrigen, nicht an der politischen Herrschaft beteiligten Gesellschaftsschichten
- Hohe Aufwendungen für Militär, Beamtenapparat, Privilegien von Adel und Klerus, Hofhaltung
- Sinkendes Ansehen von Staat und Monarchie durch jahrzehntelang drohenden Staatsbankrott
- Verlust der Kolonien in Nordamerika und Indien als Ergebnis des *Siebenjährigen Krieges* (1756–1763)
- Verschuldung durch die Unterstützung der britischen Kolonien in Nordamerika im Unabhängigkeitskrieg (1775–1783)

- Verlust der europäischen Vormachtstellung zugunsten Großbritanniens
- Undurchlässigkeit der Ständegesellschaft
- Ungleiche Vermögensverteilung
- Streben des Besitz- und Bildungsbürgertums nach politischer Beteiligung
- Unzufriedenheit von verarmtem Landadel und niederem Klerus
- Wirtschaftliche Not der Unterschichten
- Hohe Verschuldung des Staates
- Ämterkauf, Verpachtung des Steuereinziehungssystems an private Steuergesellschaften
- Unproduktivität des auf abhängigen Bauern basierenden Feudalsystems; starke Belastung der Bauern mit Abgaben, Steuern und Fronarbeit
- Gängelung der handwerklichen Produktion durch überholte Zunftregeln
- Erfolgreiche Konkurrenz billiger englischer Textilwaren gegenüber dem französischen vorindustriellen Manufaktursystem
- Armut und Anstieg der Arbeitslosigkeit nach 1780 nach Freigabe der Getreideausfuhr, Missernten und Viehseuchen
- Hinterfragung des Absolutismus durch die Aufklärung
- Signalwirkung der amerikanischen Unabhängigkeitsbewegung

Der Weg in die Revolution

Angesichts der übermächtigen wirtschaftlichen und gesellschaftlichen Probleme berief *Ludwig XVI.* von Frankreich als Generalkontrolleur der Finanzen *Turgot* an die Regierungsspitze. Dessen Steuerreform scheiterte, trotz einiger Erfolge, ebenso wie die seiner Nachfolger *Necker* und *Calonne* (bis 1776) am Widerstand von Adel und Klerus.

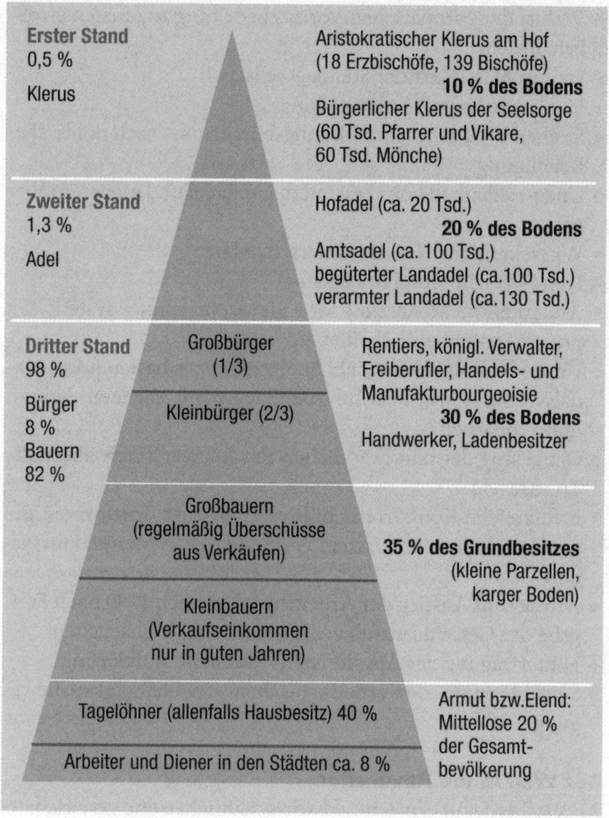

Die Stände des Ancien Régime

1786 lagen die Staatsausgaben um 25 % über den Einnahmen. Gesetze zur Besteuerung von Adel und Klerus, um den Staatsbankrott abzuwenden, wurden vom Staatsrat und dem Parlament von Paris abgelehnt. Danach wurde die Steuerreform erzwungen. Der Adel antwortete mit einer Revolte, machte sich nun zum Fürsprecher der modernen Ideen und holte sich Unterstützung beim reformwilligen Bürgertum. Daraufhin berief Ludwig XVI. die ***Generalstände,*** die 1614 zuletzt zusammengetreten waren, zum 1. Mai 1789 nach Versailles ein. Adel und Klerus waren gewillt, den dritten Stand, das Bürgertum, an Entscheidungen zu beteiligen. Für die drei Stände waren jeweils 300 Sitze vorgesehen, obwohl der dritte Stand 98 % der französischen Bevölkerung repräsentierte; unter dem Druck der Öffentlichkeit akzeptierte die Regierung schließlich eine Erhöhung der Sitze des dritten Standes auf 600. Nun aber entbrannte ein Streit um den Abstimmungsmodus. Bei einer Abstimmung nach Köpfen, anders als bei einer nach Ständen, die stets eine Überstimmung des dritten Standes bedeutet hätte, hätte der dritte Stand dominiert, da ihn ein Teil von Adel und Klerus unterstützte. Die Flugschrift von Abbé ***Emanuel Joseph Sieyès*** heizte die Stimmung an: „Was ist der dritte Stand? Alles! Was bedeutet er? Nichts! Was will er? Dass er etwas bedeute." Im Sinne von ***Rousseau,*** der den „volonté générale" als oberstes Entscheidungsinstrument sah, betrachtete Sieyès den dritten Stand aufgrund seiner Mehrheit und seines gesellschaftlichen Nutzens als Nation, welche den allgemeinen Willen vertrete. Die Regierung forderte nun die Bevölkerung auf, „cahiers de doléances", Beschwerdehefte als Grundlage für Forderungen der Ständevertreter an den König zu verfassen. Es war die größte Volksbefragung der neuzeitlichen Geschichte. Über 40 000 Denkschriften wurden abgefasst; für die Ständevertreter bildeten diese die Grundlage für ihre Forderungen an den König.

Das Bürgertum wünschte eine Verfassung und die Proklamation der Menschenrechte, die Bauern beschwerten sich über die Steuern, die Steuerprivilegien und die Feudallasten, die Manufakturbesitzer forderten die Abschaffung von Zunftbeschränkungen. Der Adel strebte nach einer Machtbeschränkung der Regierung durch ein Parlament. Vorkämpferinnen der Frauen wie Olympe de Gouges setzten sich für soziale Gleichstellung und politische Mitwirkung der Frauen ein.

4.5 Phasen der Revolution

Die bürgerliche Revolution: Errichtung einer konstitutionellen Monarchie (1789–1791)

Die erste Phase der Revolution wurde durch die Revolte des Adels eingeleitet, den weiteren Verlauf bestimmte das Bürgertum. Bei der Erstürmung der *Bastille* (14. Juli 1789) und dem erzwungenen Umzug des Königs nach Paris zeigte sich, dass auch die Volksmassen von Paris ein wichtiger, nicht berechenbarer Faktor im Revolutionsgeschehen darstellten.

1789

5.5. Einberufung der Generalstände
Nachdem die *Generalstände* keine Einigung über den Abstimmungsmodus erzielen konnten, verließ der dritte Stand unter Protest, gefolgt von wenigen Vertretern des ersten und zweiten Standes, den Sitzungssaal und erklärte sich am 17.6. zur Nationalversammlung. Als sie drei Tage später auf Anordnung des Königs ihren Sitzungssaal verschlossen fanden, zogen sie ins benachbarte Ballspielhaus.

20.6. Ballhausschwur
Im *Ballhaus* bekräftigte der dritte Stand seine Auffassung, die einzige rechtmäßige Vertretung der Nation zu sein. Unter der Führung von Graf Mirabeau und Abbé Sieyès schwor man, nicht auseinanderzugehen, bis Frankreich eine Verfassung habe.

27.6. Nach einer Aufforderung des Königs an den ersten und zweiten Stand, sich mit dem dritten zu vereinigen, wandelte sich die Ständeversammlung in die Verfassunggebende Nationalversammlung um.

14.7. Erstürmung der Bastille
Im Sommer des Jahres 1789 breitete sich die Furcht vor einem Bündnis des Adels mit den europäischen Mächten aus. Auf dem Land wurden Gutshöfe und Adelssitze ge

stürmt. In Paris war aufgrund der katastrophalen sozialen Zustände und der Propaganda politischer Klubs die Stimmung besonders aufgeheizt. Am 11.7. entließ der König den liberalen Minister Necker, zudem wurden königstreue Truppen um Paris zusammengezogen. Vertreter des dritten Standes organisierten eine Bürgerwehr, die Nationalgarde, königliche Zeughäuser wurden gestürmt. Am 14.7. eroberten die Aufständischen die ***Bastille,*** die als Gefängnis genutzte Festung des Königs, das Symbol der Unterdrückung. Der König erkannte die Nationalversammlung an und zog die Truppen zurück. Der Widerstand des Adels war gebrochen, zahlreiche Adelige emigrierten.

4./5.8. Aufhebung der Privilegien des ersten und zweiten Standes

Unter dem Eindruck der Geschehnisse in Paris und in ganz Frankreich beschloss die Nationalversammlung die Abschaffung der Feudalrechte: Dazu gehörten neben vielen anderen Frondienst und Leibeigenschaft, Zehnter und Grundherrschaftsgerichte. Die Abschaffung aller Steuerbefreiungen sollte den Weg zu sozialer Gerechtigkeit ebnen, tastete aber das Privateigentum nicht an. Die Ablösung von Grund und Boden, die auf finanziellem Weg erfolgen sollte, konnten die Kleinbauern nicht leisten, sodass vor allem Großbauern und Großgrundbesitzer von der Reform profitierten.

27.8. Erklärung der Menschen- und Bürgerrechte

In Anlehnung an die Virginia Bill of Rights (1776) erklärte die Nationalversammlung die Bürger- und Menschenrechte wie in den USA zur Grundlage der Verfassung. Wahrung der unveräußerlichen Menschenrechte, persönliche Freiheit, Gleichheit, Recht auf Eigentum, Glaubens- und Meinungsfreiheit wurden garantiert, Rechtssicherheit gewährleistet und die Gewaltenteilung festgelegt.

5.10. Umzug des Königs und der Nationalversammlung
Ludwig XVI. stellte sich zunächst gegen die Abschaffung der Privilegien und die Erklärung der Menschenrechte. Da die Lebensmittelversorgung in Paris schlecht war, zogen am 5. 10. 7 000 Frauen unter Protest nach Versailles und zwangen den König zur Annahme der Reformgesetze und zum Umzug nach Paris. Die Nationalversammlung folgte.

1790

14. Juli Feier der föderierten Verbände auf dem Marsfeld. Die Revolution erreichte wohl selten eine solche Einigkeit wie an diesem Tag, als Vertreter der in den zu Föderationen zusammengeschlossenen Provinzorte am Jahrestag des Sturmes auf die Bastille zu einer Feier zusammentrafen.

1791

21.6. Fluchtversuch des Königs
Nach geheimen Hilfegesuchen an befreundete europäische Fürstenhöfe wagte ***Ludwig XVI.*** die Flucht aus Frankreich (14. 6.). Sie scheiterte bei Varenne in Lothringen, nahe der Grenze. Ludwig XVI. wurde nach Paris gebracht und stand fortan unter Arrest. Seinen durch Flucht und Gefangennahme erlittenen Ansehensverlust konnte er nie mehr revidieren.

3.9. Annahme der Verfassung von 1791
Wie sehr das Bürgertum die Revolution bestimmte, zeigte sich in der Verfassung, die eine Entscheidung für eine konstitutionelle Monarchie war. Die Nationalversammlung, betraut mit der Legislative, wurde nach einem Zensuswahlrecht gewählt. Staatsoberhaupt und Spitze der Exekutive war der König, dem die Verfassung bei der Gesetzgebung ein Vetorecht einräumte. Vorbild waren ***Montesquieus*** Vorstellungen von ***Gewaltenteilung*** und Volkssouveränität; ***Menschenrechte,*** Rechtsgleichheit und Privateigentum wurden garantiert. Am 14. 9. legte der König einen Eid auf die Verfassung ab.

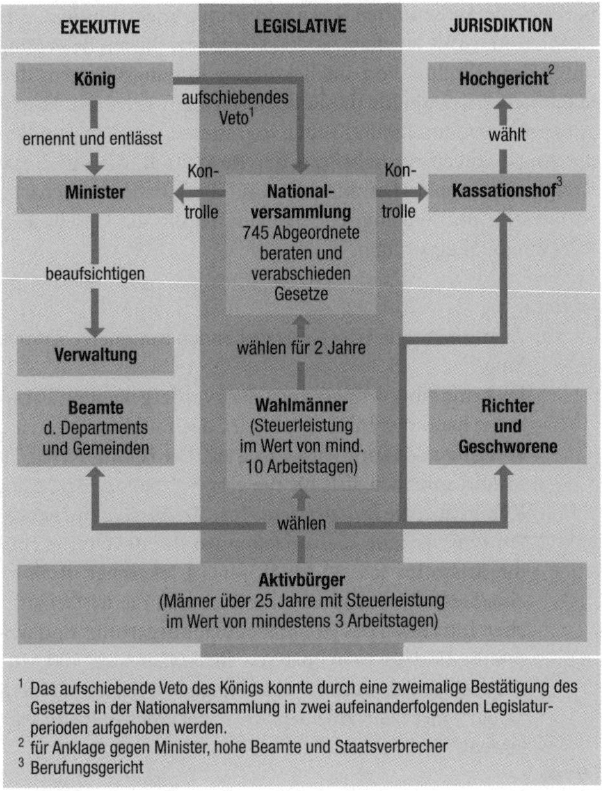

[1] Das aufschiebende Veto des Königs konnte durch eine zweimalige Bestätigung des Gesetzes in der Nationalversammlung in zwei aufeinanderfolgenden Legislaturperioden aufgehoben werden.
[2] für Anklage gegen Minister, hohe Beamte und Staatsverbrecher
[3] Berufungsgericht

Verfassung von 1791

Radikalisierung der Revolution: Sturz der Monarchie und Errichtung der Republik (1791–1793)

Ab dem Sommer 1791 gewannen radikalere Kräfte, die sich in Klubs zusammengeschlossen hatten, zunehmend an Einfluss, so z. B. die *Jakobiner*, die sich nach ihrem Treffpunkt, dem Kloster St. Jacques bei Paris, nannten. Auch die radikalisierten Volksmassen, die ***Sansculotten,*** bekamen immer mehr Einfluss. Die Revolution wurde zu einer radikal kleinbürgerlichen Bewegung unter dem Einfluss von intellektuellen Bildungsbürgern, den Jakobinern. Gründe für die Radikalisierung waren u. a. Furcht vor konterrevolutionären Kräften im Inneren, damit verbunden die Angst vor einem Scheitern der Revolution, die durch die Kriege mit europäischen Mächten und die Inflation verschärfte soziale Not und ideologische Triebkräfte, die die Gesellschaft total umgestalten wollten.

1791

1.10. Zusammentreten der Gesetzgebenden Nationalversammlung
Da keine Abgeordneten aus dem vorhergehenden Parlament kandidieren durften, wies das nun gewählte eine völlig neue Zusammensetzung auf. Die ***Feuillants*** (ca. 20 Mitgl.) sprachen sich für die eingeschränkte Macht des Königs aus, die ***Indépendents*** (ca. 30 Mitgl.) befürworteten ohne genaue Zielvorstellungen die Revolution und die Brissotins (ca. 30 Mitgl.), meist Jakobiner, strebten eine Demokratie an. Letztere vertraten die wirtschaftlichen Interessen des wohlhabenden Bürgertums und waren die Vorläufer der späteren ***Girondisten,*** ca. 250 Mitglieder (nach ihrer vorrangigen Herkunft, dem Departement Gironde benannt). Der Adel fehlte im Parlament.

1792

20.4. Kriegserklärung an Österreich und Preußen
Die Erklärung des Krieges leitete eine nationale Euphorie in Frankreich ein, die jedoch bald durch militärische Misserfolge enttäuscht wurde. Dennoch konnte sich das revolutionäre Frankreich in den sogenannten Koalitionskriegen gegen die europäischen Monarchien behaupten.

10.8. Sturm des Schlosses an den Tuilerien; Absetzung des Königs; Bildung eines neuen Ministerrates

Bereits 1790 war Paris in 48 Sektionen eingeteilt worden, in denen die ***Sansculotten*** dominierten. In der Wirtschaftskrise des Jahres 1792 forderten die Sektionen die Absetzung des Königs und die Neuwahl eines republikanischen ***Nationalkonvents.*** Mit der Nationalgarde stürmten sie die Tuilerien (10. 8.) und verkündeten die Amtsenthebung des Königs, der als „Bürger" Louis Capet mit seiner Familie eingekerkert wurde.
Hiermit wurde die „révolution de l'égalité", die Revolution der Gleichheit, eingeleitet. Von Mai bis Juni errangen die ***Jakobiner*** unter der Führung des redegewandten Advokaten Danton die Mehrheit im Konvent.

2.–7.9. Septembermorde
Als Preußen nach der Kriegserklärung Frankreichs vorrückte und Verdun einnahm, wuchsen die innenpolitischen Spannungen. Justizminister ***Danton, Marat*** und die Anführer der ***Pariser Kommune*** mobilisierten die fanatisierten Anhänger zu einem Massaker an den inhaftierten politischen Gegnern, insgesamt wohl 3 000.

20./22.9. Zusammentreten des neu gewählten Konvents und Proklamation der 1. Republik
Die Wahlen zum Nationalkonvent wurden unter dem Eindruck des Terrors der Septembermorde durchgeführt. Der Nationalkonvent setzte sich vorwiegend aus ***Girondisten,*** Gegnern einer weiteren Demokratisierung, und radikalen Jakobinern, die die Revolution weiterführen wollten, zusammen.

1793

21.1. Ludwig XVI. wird öffentlich hingerichtet.

Der Terreur – die Schreckenszeit (1793–1794)

Diese Phase ist gekennzeichnet durch die Ausschaltung der Girondisten und den Versuch der Jakobiner unter der Leitung Robespierres, die Revolution zu einer Diktatur zu führen und sie so zur Vollendung zu bringen. Die neue Konventsverfassung sah

Plebiszite für jedes Gesetz vor und hob die Gewaltenteilung auf. ***Robespierre, Saint-Just, Marat*** u. a. errichteten jedoch in Wirklichkeit eine Diktatur. Der im April ins Leben gerufene Wohlfahrtsausschuss als provisorische Regierung war mit allen Vollmachten ausgestattet. Der Justizterror, der durch das Revolutionstribunal gegen „alle Feinde" der Revolution ausgeübt wurde, setzte praktisch die Menschenrechte außer Kraft und verurteilte in Schnellverfahren missliebige Gegner.

1793

2.6. Hinrichtung von Girondisten

Aufständen in der Vendée und anderen Regionen versuchten die ***Jakobiner*** durch die Ausschaltung der ***Girondisten*** zu begegnen. Damit hatten sie zwar die Macht in der Hauptstadt in Händen, nicht jedoch in den Provinzen, in denen die Aufstände blutig, zum Teil mühsam niedergeschlagen wurden.

10.10. Demokratische Verfassung

Um die innenpolitische Ruhe wiederherzustellen, wurde im Oktober eine demokratische Verfassung verfügt, die, basierend auf der Lehre ***Rousseaus,*** durch das allgemeine Wahlrecht, die Aufhebung der ***Gewaltenteilung*** und den Volksentscheid gekennzeichnet war. Sie wurde jedoch nicht in Kraft gesetzt; erst in Friedenszeiten sollte sie das bisherige Staatssystem ablösen.

Im September wurde ein Preis- und Lohnstopp, ein „Allgemeines Maximum" festgelegt. Streiks und gewerkschaftliche Vereinigungen wurden verboten. Damit war der Weg zur Zwangsbewirtschaftung beschritten.

4.12. Konstitution des Schreckens

Über den Wohlfahrtsausschuss kontrollierte Robespierre den Kampf gegen die politischen Gegner und institutionalisierte den Terror. An die 50 000 Menschen fielen den Todesurteilen des Revolutionstribunals zum Opfer und starben unter der Guillotine. Die Revolution stabilisierte sich. Die Armee, unterstützt durch die Levée en masse, die totale Mobilisierung aller, errang unter jungen Generälen wie ***Napoleon Bonaparte*** glänzende Erfolge und schützte die Republik.

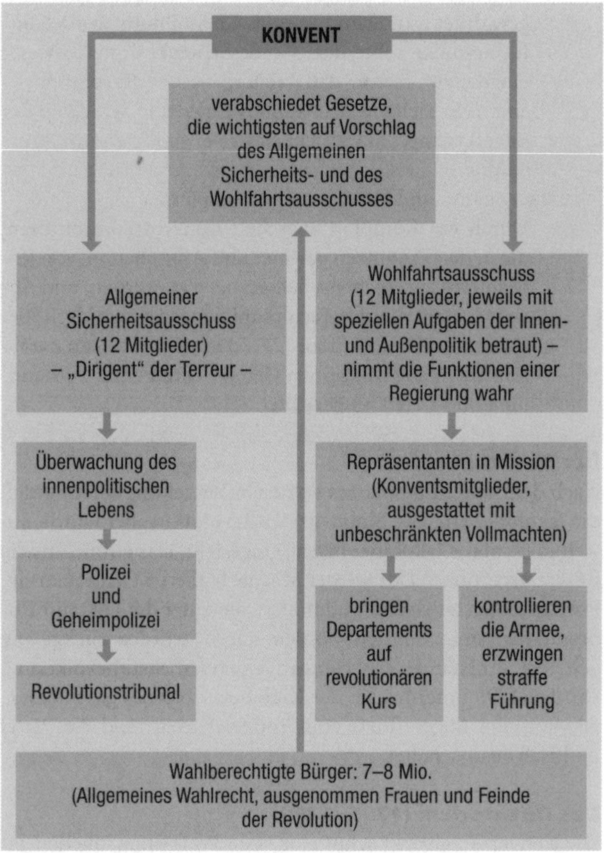

Die Verfassung während der Terrorherrschaft

1794

10.7. Der „Große Schrecken"
An Pfingsten ließ ***Robespierre*** das „Fest des höchsten Wesens" feiern, das als eine Art Staatsreligion dem höchsten Wesen, der Natur, der Menschheit und den Tugenden gewidmet war. Damit war das Christentum abgeschafft. Im Sommer sollte der „Große Schrecken", der bewusst eingesetzte Terror, den Weitergang der Revolution sichern. Er richtete sich wahllos gegen alle Schichten der Bevölkerung, „moralische Beweise" genügten zur Verurteilung.

27./28.7. Sturz und Hinrichtung Robespierres
Durch ein Komplott zwischen Konventskommissaren, die in den Provinzen gewütet und Angst hatten, von Robespierre zur Rechenschaft gezogen zu werden, und Abgeordneten, die des Terrors müde waren, wurde Robespierre am 9. Thermidor (27. 7.) gestürzt und am darauf folgenden Tag mit seinen Gefolgsleuten ohne Verhandlung und Urteil hingerichtet.

Der Nachthermidor

Nach dem Tod Robespierres setzte ein Vergeltungsterror gegen die Jakobiner ein. Die Blutjustiz der Revolution aber wurde, soweit es nicht die Jakobiner betraf, eingestellt. Das girondistische Besitzbürgertum rückte wieder in seine früheren Positionen ein. Enteignungen an Grund und Boden, die unter der Diktatur Robespierres vorgenommen worden waren, wurden rückgängig gemacht. Aufstände der Hunger leidenden Stadtbevölkerung wurden 1795 unterdrückt, der Klub der ***Jakobiner*** geschlossen, jakobinische Abgeordnete zum Tode verurteilt und die Partei politisch ausgeschaltet.

Das Direktorium (1795–1799)

Die Konventsmehrheit schuf eine neue Verfassung, die den geänderten Zuständen gerecht werden sollte. Wieder sah sie ein

Zensuswahlrecht vor, zwischen Aktiv- und Passivbürgern wurde unterschieden. Die Legislative wurde in Anlehnung an die amerikanische Verfassung in zwei Kammern geteilt: Der Rat der 500 hatte das Gesetzesinitiativrecht, der Rat der Alten besaß das Entscheidungsrecht. Die Exekutive, das Direktorium von fünf Mitgliedern, wurde durch den Rat der Alten aus einer Vorschlagliste des Rats der 500 ernannt. Jedes Jahr wurde ein Mitglied ausgewechselt, wie auch ein Drittel der Abgeordneten. Als der alte Konvent beschloss, zwei Drittel der Abgeordneten zu stellen, kam es zu einem Volksaufstand, der aber auf Veranlassung des Konvents unterdrückt wurde.

4.6 Die Französische Revolution als Vorbild

Die Französische Revolution war vor allem in ihren Auswirkungen auf die Geschichte anderer Staaten eines der umwälzendsten historischen Ereignisse in der Geschichte der Neuzeit: Sie bewirkte das Ende feudaler Abhängigkeiten, den Sieg der ***Menschenrechte,*** die Verwirklichung des religiösen Toleranzgedankens, die persönliche Freiheit des Einzelnen, den Beginn liberaler Wirtschaft, die Humanisierung des Strafrechts, den Aufbau des modernen Verfassungsstaates und der modernen Staatsverwaltung und die Entwicklung der Nationalbewegungen. Viele dieser Neuerungen brachten zweifellos Probleme mit sich, man denke beispielsweise an die verhängnisvolle Entwicklung der Nationalbewegungen, den Nationalismus. Auch wurden nicht alle Ziele der Französischen Revolution sofort und problemlos umgesetzt, in ihrer Bedeutung sind sie dennoch von kaum zu unterschätzender Bedeutung. Kein Staat in Europa konnte sich ihren Auswirkungen entziehen. Und sie wurde zum Modell für Revolutionen des 19. und 20. Jh.s. Die Beseitigung persönlicher Unfreiheit, die Menschenrechtsidee, der Verfassungsstaat und der Nationalstaatsgedanke bestimmten und bestimmen die Politik Europas und der Welt entscheidend mit.

4.7 Entstehung und Entwicklung der USA – der erste moderne Staat

Begriff

Amerika hat seinen Namen durch den Deutschen Martin Waldseemüller erhalten, der den Kontinent nach Amerigo Vespucci (1451–1512) benannte. Der italienische Seefahrer erforschte zwischen 1499 und 1502 die Küsten Südamerikas.

Kolonialzeit

Spanien, England und Frankreich statteten, motiviert durch wirtschaftliche und machtpolitische Interessen, Expeditionen aus zur Erschließung des Nordens der Neuen Welt.
Florida wurde 1513 durch den Spanier Juan Ponce de Léon erkundet, das Gebiet nördlich des Golfs von Mexiko zwischen 1539 und 1543 durch seinen Landsmann Hernando de Soto. 1565 errichteten Spanier im Norden von Florida St. Augustine. Der Franzose Jacques Cartier unternahm zwischen 1534 und 1543 drei Fahrten an den St. Lorenz-Golf. Die Franzosen begründeten ihren Besitzanspruch in Nordamerika auf den Entdeckungen dieses Seemanns. Die Ansprüche Englands wiederum basierten auf den Entdeckungsfahrten des Italieners John Cabot, der in englischen Diensten die Küste Neufundlands und das nordamerikanische Festland erkundet hatte.
In der Koloniengründung unterschieden sich die Engländer von den Spaniern und Franzosen, da sich die Krone nicht direkt an der Erschließung beteiligte. Private Handelsgesellschaften betrieben, gestützt auf königliche Privilegien und Freibriefe (= charters), die Organisation der Besiedelung. Dabei übernahmen die Siedler sofort Verantwortung, da sie sich mit einem legislativen parlamentarischen Zweikammersystem mit einem Unterhaus (= assemblie) und einem Oberhaus (= senate) selbst verwalteten.
Die Siedler wurden durch die harten und ungewissen Lebensbedingungen zwar abgeschreckt, aber die Aussicht, ihren Glauben frei ausüben zu können, ließ doch viele auswandern, so die „Pil-

gerväter“ aus England im Jahr 1620. Anreiz für manchen Tagelöhner war aber auch die Aussicht auf wirtschaftliche Verbesserung, während Geschäftsleute auf neue Märkte hofften.
Die von den Siedlern errungene wirtschaftliche Unabhängigkeit, die Gewöhnung an Selbstverwaltung, aber auch die 150 Jahre währende Vernachlässigung (salutary neglect) durch das Mutterland England förderte die Unabhängigkeitsbestrebungen der englischen Kolonien.
Die 13 Kolonien schlossen sich zu einem Bund zusammen, obwohl sie durchaus spezifische Besonderheiten aufwiesen: Die südlichen Staaten, beispielsweise Virginia und Georgia, stützten sich wirtschaftlich auf Plantagen und auf Sklaven, die aus Afrika stammten. Die verschleppten Afrikaner waren anfangs den weißen, aus England stammenden Schuldknechten und zwangsdeportierten Häftlingen gleichgestellt. Der Arbeitskräftemangel aber beförderte das Sklavenwesen und damit die Ansicht von den als minderwertig betrachteten Schwarzen. Die südlichen Staaten wie Carolina, Maryland und Virginia waren fest dem Ständedenken verbunden. Die Macht lag bei den Großgrundbesitzern, die sozialen Spannungen innerhalb der weißen Gesellschaft wurden durch das Sklavenwesen eher gemildert.
In Nordengland entsprangen die Staatengründungen eher religiösen als wirtschaftlichen Motiven. 41 Passagiere der Mayflower hatten an Bord einen Vertrag geschlossen, der die Pilgrim Fathers zur religiösen und politischen Selbstverantwortung verpflichtete. Die Pilgrims stellten eine Gruppe der Puritaner dar, die im Gegensatz zur Church of England, der anglikanischen Hochkirche stand. In diesen Staaten herrschte wenig religiöse Toleranz. In den Staaten Massachusetts, Connecticut, Rhode Island, New Hampshire, Vermont und Maine, allesamt als Neuengland bezeichnet, hatten bis 1691 nur die Kirchenzugehörigen das Wahlrecht.
Eine andere Form der Kolonie stellte Pennsylvania dar. Der Quäker William Penn hatte 1681 das Gebiet von den Engländern als Lehen genommen. Dort wurde Philadelphia nach schachbrettartiger Straßenplanung als amerikanische Musterstadt gegründet.

Die Spannungen der Kolonien mit England

Die Siedler blieben durchaus England verbunden. Im „French und Indian War" (1754–1763), der Fortführung des Siebenjährigen Krieges, in Amerika siegten die Engländer über die Franzosen. Der Frieden von *Paris* 1763 beendete die französische Kolonialherrschaft in Nordamerika. Für England hatte der Krieg enorme Kosten verursacht, die es versuchte, teilweise über die Steuern in den nordamerikanischen Kolonien zu begleichen. Außerdem wurden unter hohem Finanzaufwand Schutztruppen nach Amerika entsandt.

Ab 1763 setzte in den Kolonien eine Wirtschaftsrezession ein; 1764 jedoch erhoben die Engländer eine Steuer auf Genussmittel wie Wein, Kaffee und Zucker. Vor allem das Bestreben, die Kontrolle über die Kolonien zu verstärken, wurde von den Kolonien als Einschränkung der Freiheit gesehen. Der Streit eskalierte 1765 mit der Stempelsteuer. Danach sollte jedes Druckerzeugnis besteuert werden, zum Beispiel auch juristische Dokumente. Die Kolonien organisierten daraufhin einen Importboykott gegenüber englischen Waren; britische Steuerbeamte wurden misshandelt. Nur eine Versammlung der Kolonien sollte Steuern erheben können: Das Motto lautete: „No taxation without representation" (Keine Besteuerung ohne politische Repräsentation).

Die Gewinnung der Unabhängigkeit

- **1765** Der Interkontinentale Kongress in New York fordert die Abschaffung der Stempelsteuer.
- **1770** Neue Einfuhrzölle auf Farben, Papier und Tee; nach dem Bostoner Massaker, bei dem fünf Zivilisten von britischen Soldaten bei Auseinandersetzungen erschossen werden, wächst die öffentliche Erregung in den Kolonien.
- **1773** Als Indianer verkleidete Bostoner kippen die Teeladungen dreier Schiffe ins Meer ***(Boston Tea Party).*** Darauf werden die Freibriefe für Massachusetts von England eingezogen, ein königlicher Rat in Boston eingesetzt und der Bostoner Hafen geschlossen.

1774 Der 1. Kontinentalkongress in Philadelphia, beschickt durch Delegierte aller Kolonien, beschließt die Beendigung des Handels mit dem Mutterland.

1775 König Georg III. und das englische Parlament stellen den offenen Widerstand in den Kolonien amtlich fest; die Truppen sollen gegen die Rebellen vorgehen.

Mai 1775 Der 2. Kontinentalkongress in Philadelphia wählt George Washington zum Oberbefehlshaber der noch nicht existierenden amerikanischen Streitkräfte.

August 1775 Georg III. von England lässt eine See- und Handelsblockade errichten.

4. Juli 1776 In Philadelphia nimmt der Kongress die von Thomas Jefferson entworfene Unabhängigkeitserklärung an: Berufung auf die Menschenrechte (Gleichheit, unveräußerliche Rechte und Pflichten, Recht auf Leben, Freiheit und Streben nach Wohlstand). Die Menschenrechte gelten nicht für die 500 000 Sklaven der Kolonien.

1776–1783 In dem hart geführten Unabhängigkeitskrieg siegt die anfangs unterlegene Armee der Kolonien.

1776 Einnahme New Yorks durch die Engländer

1777 Sieg der Kolonien über die Engländer bei Saratoga (in der Nähe von New York)

1778 Anerkennung der Vereinigten Staaten von Amerika durch Frankreich; Kriegseintritt Frankreichs aufseiten der Kolonien

1781 Kapitulation der britischen Truppen

1783 Der Friede von Paris bestätigt die Souveränität der Vereinigten Staaten. Spanien erhält Florida zurück. England behält Kanada.

1787 Entwurf der Verfassung der Vereinigten Staaten in Philadelphia unter der Leitung von Benjamin Franklin, James Madison und George Washington

1789 (4. 3.) Die Verfassung tritt in Kraft.

bis 1804 Abschaffung der Sklaverei in den Nord-, nicht aber in den Südstaaten

Verfassung der USA

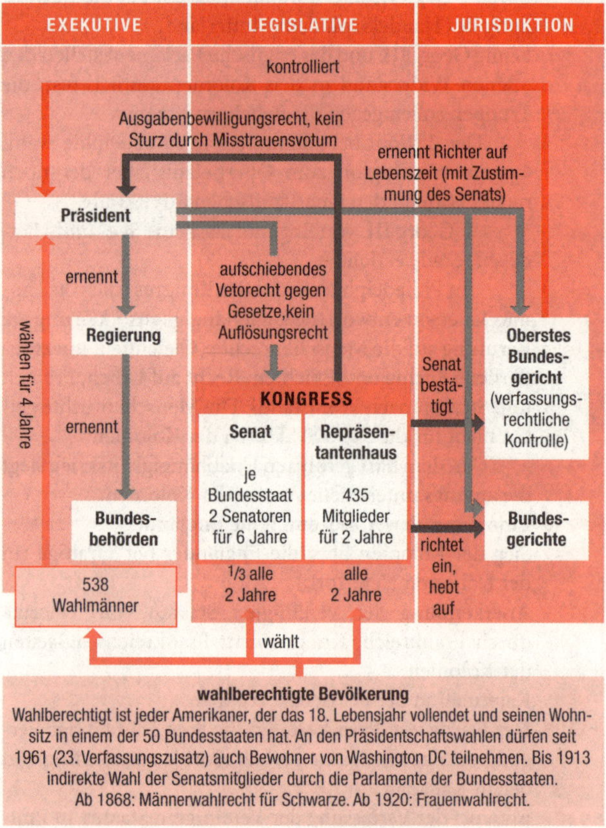

Die Verfassung wurde 1787 beschlossen, 1789 durch zehn Verfassungszusätze, die „Bill of Rights", ergänzt und 1791 ratifiziert. Sie ist – ergänzt durch 17 weitere Verfassungsgrundsätze – bis heute in Kraft.

55 Delegierte, darunter Benjamin Franklin, James Madison und George Washington, treten zur Schaffung eines Bundesstaates von Mai bis September 1787 zusammen. Auf dem Prinzip der Gewaltenteilung und Volkssouveränität entsteht ein Zweikammersystem mit einem über Wahlmänner indirekt gewählten Präsidenten an der Spitze. Dieser erinnert in seiner Kompetenzfülle (Ernennung der Minister, Oberbefehl über die Streitkräfte, Ernennung des obersten Gerichtshofs) an einen Monarchen, ist allerdings nur auf Zeit gewählt. Im Kongress sind sowohl die Vertreter des Volkes (Repräsentantenhaus) als auch der Parlamente der Einzelstaaten (Senat; zwei Senatoren je Land) vertreten.

Expansion

1787 Nordwest Ordinanz: Für das Gebiet nordwestlich des Ohio Errichtung einer Zweikammer-Legislative, nachdem sich 5 000 freie Männer angesiedelt hatten. Mit 60 000 Einwohnern sollte eine republikanische Verfassung verabschiedet werden.

1756–1791 Tennessee, Vermont, Kentucky

1803 Ohio; Erwerb des Louisiana-Gebietes zwischen Mississippi und Rocky Mountains.

1810 Annexion Westfloridas

1812–1814 2. Unabhängigkeitskrieg gegen England

1819 Kauf Ostfloridas für 5 Millionen Dollar. Festlegung des Grenzverlaufs zwischen Mexiko und Vereinigten Staaten auf den 42. nördlichen Breitengrad.

1816–1821 Aufnahme von Indiana, Mississippi, Illinois, Alabama, Maine und Missouri

1823 *Monroe-Doktrin* (erst nachträglich so benannt): Der amerikanische Präsident James Monroe wendet sich gegen die weitere Kolonialisierung Amerikas durch die Europäer.

1845–48 Die Aufnahme von Texas als 28. Staat (1845) löst Krieg mit Mexiko aus.

1848 Vertrag von Guadalupe: Mexiko verzichtet auf Kalifornien und Neu Mexiko; der Rio Grande wird Grenzfluss.
1853 USA kaufen von Mexiko südliche Teile Arizonas und Neu Mexikos.
1867 Kauf Alaskas von Russland

Die Besiedlung erfolgte in drei Etappen:
1. Trapper und Fallensteller erkunden das Territorium.
2. Ansiedler *(squatters)* siedeln meist ohne Erlaubnis vorübergehend.
3. Siedler lösen die Squatters ab und gründen Städte mit Schulen, Behörden, Banken.

Die Besiedelung des nordamerikanischen Kontinents wurde vom Pioniergeist getragen, der Frontierbewegung. Die Vorstellung, an der Grenze zu leben, ist noch heute Teil des amerikanischen Selbstbewusstseins.
Der amerikanische Mythos gründete sich auf
- Glauben an sozialen Aufstieg und materielle Sicherheit,
- das Bewusstsein der Glaubens- und Religionsfreiheit,
- das Prinzip der demokratischen Freiheit,
- die Überlegenheit gegenüber Europa.

Man sah die nationale Bestimmung (manifest destiny) Amerikas in einem religiösen Sendungsbewusstsein in der Besiedelung des Kontinents von Küste zu Küste. Die Erschließung des Westens, die Bewirtschaftung der Präriegebiete und der Bau der transkontinentalen Eisenbahn nahm den Prärieindianern die Lebensgrundlage: Die weiten Prärien werden verkehrstechnisch erschlossen, die riesigen Büffelherden vernichtet. Die Native Americans wurden nach blutigen Kriegen in Reservate verwiesen, am industriellen Fortschritt nahmen sie nicht teil.

Das Zeitalter Napoleons 5

5.1 Napoleons Weg an die Macht

Napoleon Bonaparte stammte aus einer korsischen Familie, besuchte verschiedene Militärakademien und machte während der Französischen Revolution aufseiten der Jakobiner rasch Karriere. Nach dem Sturz Robespierres schien seine Laufbahn für kurze Zeit zumindest gefährdet. Als er 1795 das Direktorium durch die Niederschlagung eines Volksaufstandes rettete, wurde er zum Brigadegeneral ernannt. Napoleon erhielt den Befehl über die Truppen in Oberitalien und führte Krieg gegen Österreich, in welchem er sowohl bei seinen Soldaten als auch in Frankreich zu Ruhm gelangte. Der Sieg über Österreich führte zum Frieden von ***Campo Formio*** (1797).

Als Hauptgegner betrachtete Frankreich England. Da England durch seine Insellage geschützt war, suchte Napoleon die Entscheidung in Ägypten. Napoleon eroberte Malta, bei den Pyramiden siegte er über die Mamelucken, doch die französische Flotte wurde 1798 bei Abukir vor der Küste Ägyptens von den Engländern vernichtet.

Als Napoleon Kunde vom Ausbruch des ***2. Koalitionskriegs*** (1799–1802) erhielt, verließ er sein Heer und kehrte nach Paris zurück. Um einer angeblichen Verschwörung zuvorzukommen, nutzte er die Gunst der Stunde und die in Paris herrschende Furcht vor einer neuen Schreckensherrschaft; durch einen Staatsstreich am 9. 11. 1799 übernahm er die Macht. Die Direktorialverfassung wurde durch eine Konsulatsverfassung ersetzt. Napoleon wurde für 10 Jahre Erster Konsul, die beiden ihm zugeordneten anderen Konsuln blieben ohne politische Bedeutung. In der neuen Verfassung von 1799 waren die Menschen

und Bürgerrechte nicht verankert. Die zentrale Stellung in dieser Verfassung hatte der Erste Konsul, der Legislativ- und Exekutivrechte auf sich vereinte. Vier Legislativorgane (Erster Konsul, Tribunat, Senat, gesetzgebende Körperschaft = Die 300 Stummen) blieben ohne wirkliche Kontrollrechte.
Im Jahr 1802 ließ sich Napoleon in einem Volksentscheid als Konsul auf Lebenszeit bestätigen, ebenso wurde der Titel „Kaiser der Franzosen" demokratisch legitimiert. Am 2. 12. 1804 krönte sich ***Napoleon*** in Anwesenheit des Papstes Pius VII. in Notre Dame selbst, anschließend seine Gemahlin Josephine. In der politischen Praxis herrschte er mit einer plebiszitär legitimierten Diktatur. Diese war durch gezieltes Aufgreifen antiker Traditionen geprägt, worauf das Amt des Konsuls und auch die Einrichtung von Senat und Tribunat verwiesen.
Napoleons Ziel war es, eine Erbmonarchie zu begründen und seine große Verwandtschaft in ein europäisches Herrschaftssystem einzubeziehen. Sein Bruder Ludwig wurde König von Holland (1806), sein Bruder Joseph 1806 König von Neapel, 1808 König von Spanien, sein Bruder Jérome König von Westfalen (1807). Napoleon selbst ließ sich von seiner ersten Frau Josephine scheiden und heiratete zur Aufwertung seiner Dynastie Marie-Luise von Österreich (1810), seinen Sohn aus dieser Ehe ernannte er zum König von Rom.

5.2 Innenpolitische Maßnahmen

Napoleons innenpolitischer Erfolg beruhte darauf, dass er einerseits die Errungenschaften der Revolution zu erhalten suchte, andererseits aber die Sondergesetze gegen den Adel nicht anwandte, Priesterdeportationen unterließ und den Emigranten die Rückkehr gestattete. Mit seiner Verwaltungsreform prägte er die Entwicklung Frankreichs bis in die heutige Zeit.
Der ***Code civil*** oder Code Napoléon aus dem Jahre 1804, ein Gesetzeswerk, das schon unter dem Direktorium vorbereitet

worden war, stellte sicher, dass das Erbe der Französischen Revolution gewahrt blieb. Es enthielt eine Garantie der persönlichen Freiheit, der Rechtsgleichheit, des Privateigentums, der Wirtschaftsfreiheit, der Unabhängigkeit des Staates und der Zivilehe und war damit Grundlage für ein funktionierendes bürgerliches Gesellschaftssystem. Der ***Code civil*** hatte Vorbildfunktion für die europäischen Rechtsordnungen.
Zur Machtsicherung ***Napoleons*** wurde die Verwaltung weiter zentralisiert und hierarchisiert: Minister ernannten die Präfekten in den Departements, Unterpräfekten bestimmten die Bürgermeister in den Gemeinden. Die Richter wurden von Napoleon selbst ernannt. Zentralistisch ausgerichtet war auch die Polizei, die ein mächtiges Instrument darstellte, um die Herrschaft Napoleons nach innen zu sichern. Diesem Zweck diente auch das Schul- und Unterrichtsmonopol. In den Gymnasien wurde größter Wert auf Disziplin gelegt, um die Schüler auf ihre spätere Rolle als treue Staatsbürger und Soldaten vorzubereiten.

5.3 Aufbau des napoleonischen Kontinentalsystems

Napoleons Herrschaft war durch andauernde Kriege gekennzeichnet, die die Hegemonie über Europa zum Ziel hatten. Dies war eine deutliche Abkehr von dem System der ***Pentarchie,*** dem Gleichgewicht der fünf Großmächte Frankreich, England, Russland, Preußen und Österreich, das bis zur Französischen Revolution die europäische Politik geprägt hatte. Um die Hegemonie in Europa zu gewinnen, bediente sich Napoleon verschiedener Methoden:

- Der Zerschlagung großer Machtblöcke (wie das Heilige Römische Reich Deutscher Nation)
- Der Schaffung von überschaubaren staatlichen Gebilden (z. B. ***Rheinbund***) und von abhängigen französischen Tochterrepubliken

- Der Etablierung eines auf Frankreich ausgerichteten Bündnissystems, das durch Verfassungen, Abkommen und Interventionen die Vorrangstellung Frankreichs sichern sollte
- Des ***Nepotismus***, die Beteiligung persönlich Verpflichteter am Herrschaftssystem (z. B. wurde ein Schwager Napoleons Großherzog von Berg) und die Heiratspolitik (z. B. Napoleons zweite Ehe mit einer Tochter des österreichischen Kaisers)
- Der Errichtung einer ***Kontinentalsperre*** gegen England, um es vom europäischen Handel zu isolieren und wirtschaftlich in die Knie zu zwingen

Noch während der Französischen Revolution hatte Frankreich in verschiedenen Kriegen die Vorherrschaft über Europa gewonnen. Napoleon konnte England durch die Kontinentalsperre nicht besiegen; da Russland diese aus wirtschaftlichen Gründen durchbrochen hatte, begann er 1812 Krieg gegen das Zarenreich. Die Folgen dieser napoleonischen Außenpolitik waren für Deutschland von größter Bedeutung.

5.4 Die Koalitionskriege

Die Kriege, die Frankreich um die Wende zum 19. Jh. führte, sicherten Napoleons Machtposition im Inneren und führten zur französischen Herrschaft über fast ganz Europa.

1. Koalitionskrieg 1792–1797 gegen England, Österreich, Preußen: Im Frieden von ***Campo Formio*** tritt Österreich Belgien gegen Venedig ab. Österreich und Preußen stimmen der Abtretung des linken Rheinufers an Frankreich zu, sie sollen dafür rechtsrheinisch entschädigt werden.
2. Koalitionskrieg 1799–1802 gegen England, Österreich, Russland: Im Frieden von ***Lunéville*** (1801) wird die endgültige Abtretung des linken Rheinufers an die Franzosen besiegelt; Friede von ***Amiens*** mit England (1802).
3. Koalitionskrieg 1805 gegen England, Österreich, Russland:

Der Sieg der englischen Flotte unter Admiral Nelson über die französisch-spanische bei ***Trafalgar*** (1805) begründete die Vormachtstellung Englands zur See bis ins 20. Jh. Sieg Napoleons bei Austerlitz. Im Frieden von ***Pressburg*** (1805) tritt Österreich Venetien an das Königreich Italien ab.

4. Koalitionskrieg 1806/07 gegen Preußen, Russland, Sachsen: Napoleon siegt gegen Preußen bei ***Jena*** und ***Auerstädt*** (1806) und zerstört damit den preußischen Militärmythos. Im Frieden von ***Tilsit*** (1807) entgeht Preußen nur knapp seiner Auflösung und wird auf die Gebiete östlich der Elbe beschränkt. Einen Teil der 1772 von Polen annektierten Gebiete muss es an Russland abgeben, einen anderen an das neu begründete Herzogtum Warschau. Danzig wird freie Stadt mit französischer Garnison. Preußen muss Reparationen zahlen und unterliegt einer Truppenbeschränkung von 42 000 Mann.
   Napoleon geht ein Bündnis mit Russland ein, um es für eine Wirtschaftsblockade gegen England zu gewinnen, dafür werden Russland Gebiete im türkischen Machtbereich in Aussicht gestellt. Jedoch erwies sich die *Kontinentalsperre,* die England am Absatz seiner Waren in Europa hindern sollte, als nicht erfolgreich, da England seinerseits mit einer Seeblockade antwortete. In Übersee errang England zudem die Monopolstellung und neue Märkte.
   1807 wird das Königreich Westfalen (gebildet aus Braunschweig, Kurhessen und Hannover) ausgerufen und unter die Herrschaft von Napoleons jüngstem Bruder Jérome gestellt.

5.5 Auswirkungen der napoleonischen Herrschaft auf Deutschland

Für die deutschen Staaten war die napoleonische Herrschaft von herausragender Bedeutung. Durch die Säkularisierung und Mediatisierung, die Auflösung des Heiligen Römischen Reiches und die staatliche Neuordnung änderte sich Deutschland entscheidend.

Im Vertrag von *Lunéville* (1801) hatten sich Österreich und Preußen damit einverstanden erklärt, gegen rechtsrheinische Gebiete auf die linksrheinischen zu verzichten. Als Entschädigung kamen Gebiete der geistlichen Herrschaften *(Säkularisation)* und die reichsunmittelbaren Kleinterritorien *(Mediatisierung)* infrage. Die Groß- und Mittelmächte sollten auf Kosten der nicht mehr lebensfähigen Kleinterritorien entschädigt werden. Auf dem Regensburger Reichstag wurde im Reichsdeputationshauptschluss von 1803 die Auflösung der geistlichen Herrschaften und der Herrschaften von Reichsstädten, Reichsdörfern, Reichsritterschaften und kleinerer Fürstentümer beschlossen. Sieger waren Preußen und die süddeutschen Staaten Bayern, Baden und Württemberg, die jeweils einen wesentlich größeren Gebietszuwachs beziehungsweise eine Arrondierung ihres Gebietes zu verzeichnen hatten. Nun war die Voraussetzung für moderne Verwaltungsstaaten gegeben, die Kirche wurde aus ihren feudalen Verpflichtungen entlassen und konnte sich allein der Seelsorge widmen.

Land	Verluste (linksrheinisch)	Gewinne (rechtsrheinisch)
Baden	25	237
Bayern	730	880
Preußen	127	558
Württemberg	14	110

Wichtige Gebietsverluste und -entschädigungen im Reichsdeputationshauptschluss (Einwohner in Tausend)

Mit der napoleonischen Flurbereinigung war das Reich so geschwächt, dass sein Zusammenbruch unvermeidlich war. Nach der Niederlage Österreichs gegen Frankreich im ***3. Koalitionskrieg*** durften Bayern und Württemberg, die auf der französischen Seite gekämpft hatten, die Königswürde bekleiden. Der deutsche Kaiser Franz II., bzw. Franz I. von Österreich, musste auf alle Souveränitätsrechte verzichten. Im Juli 1806 schlossen sich 16 süd- und norddeutsche Staaten zum ***Rheinbund*** zusammen, gleichzeitig erklärten sie ihren Austritt aus dem Deutschen Reich. Damit war das Heilige Römische Reich Deutscher Nation erloschen. Der französische Kaiser nahm den Rheinbund unter seinen Schutz und verpflichtete die Staaten zur Heeresfolge gegenüber Frankreich. Dem Rheinbund traten bis 1812 alle deutschen Staaten außer Preußen und Österreich bei. (▸ S. 38)

5.6 Neustrukturierung Preußens: Reformen unter Stein und Hardenberg

5

Nach den Ideen der Aufklärung, aber auch nach dem Beispiel Frankreichs reformierte Karl Reichsfreiherr vom und zum Stein Staat, Gesellschaft und Wirtschaft Preußens. Mit der Beseitigung von Adelsprivilegien, der Bauernbefreiung, der Heeres- und Rechtsreform sollten aus Untertanen Bürger werden, durch Mitbestimmung und Eigenverantwortung der Staatsbürger Nationalgefühl hergestellt und so der preußische Staat nach der Niederlage wieder gestärkt werden. Stein legte mit seinen liberalen Reformen in dieser „Revolution von oben" die Grundlage für Preußens politische Erfolge im 19. Jh.

1807

9.10. Edikt den erleichterten Besitz und den freien Gebrauch des Grundeigentums betreffend, sogenanntes Oktoberedikt: In dieser Agrarreform wurde die Beendigung aller persönlichen Beschränkungen wie Erbuntertänigkeit, Schollengebundenheit, Zwangsgesindedienste, herrschaftliche Heiratsgenehmigungen, Strafen festgeschrieben. Freiheit der Person, des Besitzes, des Berufes und Rechtsgleichheit wurden garantiert.

1808

9.11. Selbstverwaltung der Städte, Finanz- und Steuerreform *(Städteordnung)*

1808

4.11. Edikt zur Organisation einer Staatsspitze mit Ressorteinteilung und Fachministerien: Einleitung einer Heeres-, Kirchen- und Kulturreform

Karl August von Hardenberg löste Stein auf Betreiben Napoleons ab. Er knüpfte noch mehr an das französische Vorbild an und legte größeren Wert auf die staatliche Autorität als auf die individuelle Freiheit, die Stein vertreten hatte. Dennoch setzte er als preußischer Staatskanzler die Reformen Steins fort:

- Weiterführung des preußischen Staates vom Absolutismus zum Liberalismus
- Einführung der Gewerbefreiheit (1811)
- Säkularisation des Kirchengutes
- Abschaffung aller Lasten und Frondienste (1811)
- Staatliche Gleichberechtigung für die Juden (1812)
- Einrichtung einer mustergültigen Verwaltungsorganisation
- Staatsbürgerliche Gleichheit

Weiteren Anteil an den Reformen hatten ***Gerhard von Scharnhorst, August W. von Gneisenau*** und ***Wilhelm von Humboldt.*** Bei der Befreiung der Bauern allerdings stellte sich bald heraus, dass die kleinen Landbesitzer wirtschaftlich zu schwach waren, um die Ablösesummen aufzubringen. Es entstand ein ländliches Proletariat, Verarmung, Landflucht und Auswanderung waren die Folge.

5.7 Die Entwicklung der Nationalidee in Deutschland

Im ausgehenden 18. Jh. wurde in Europa durch die Französische Revolution eine Epoche eingeleitet, die erst in unserem Jh. ihren Ausklang fand: die der Nationalbewegung. Anstelle des ständisch-kooperativ und geistig-religiös gebundenen Menschen trat das Ideal des aufgeklärten freien Bürgers, der sich nach den Gesetzen der Vernunft, in die man ein nahezu unbegrenztes Vertrauen setzte, richtete. Auch der Nationenbegriff änderte sich. Unter Nationen wurden bis in das 18. Jh. Personenverbände verstanden, die in Land- und Reichstagen, in Generalständen, Parlamenten und Universitäten als ständische Vertretungen in Erscheinung traten. Mit Klopstock und Herder kam es zur Herausbildung eines deutschen kulturellen und politischen Bewusstseins. Die Besinnung auf ein kulturnationales Erbe, das sich gegen französische und italienische Überfremdung wandte, implizierte politische Konsequenzen: Nur ein deutscher Nationalstaat schien eine eigenständige deutsche Kultur gewährleisten zu können.

Die Französische Revolution bewirkte eine nachhaltige Vertiefung des bestehenden Nationalgefühls. Im deutschen Idealismus und in der Romantik gingen philosophische, literarische und politische Strömungen ein offenes Bündnis ein. Die Niederlage Preußens gegen Napoleon im Jahr 1806 verlieh dem oft latenten Widerstand gegen Frankreich eine nationale Komponente, die zum entscheidenden, über Preußen hinauswirkenden Antrieb für die nationale Freiheitsbewegung wurde. Fichte warnte in den „Reden an die deutsche Nation" (1807/1808) vor Gewöhnung „an jede mögliche Ordnung der Dinge", womit er auch die französischen Besatzer meinte, und rief so unverblümt zum Widerstand auf. In den Befreiungskriegen verbanden sich nationalkulturelle, liberale und nationalstaatliche Hoffnungen, deren Verfechter sich aber nach dem Sieg über Napoleon in der Zeit der Restauration bitter getäuscht sahen.

Erst unter ***Bismarck*** wurde 1871 ein deutscher Nationalstaat geschaffen, der seinen Ursprung jedoch nicht in den liberalen Ideen zu Beginn des 19. Jh.s, sondern in der konservativen, restaurativen Tradition des preußischen Obrigkeitsstaates hatte. Ende des 19. Jh.s erfuhr der Nationalismus eine gefährliche Zuspitzung, der im 1. und 2. Weltkrieg seine zerstörerischen Kräfte zeigte.

5.8 Die Befreiungskriege und das Ende Napoleons

Als Befreiungskriege bezeichnet man die Kriege der europäischen Mächte, die in den Jahren 1813 bis 1815 gegen die napoleonische Hegemonie und Fremdherrschaft geführt wurden. Preußen hatte mit der Niederlage gegen Frankreich 1806 ein Drittel seines Territoriums verloren. Die ***Stein-Hardenberg-schen-Reformen*** hatten aus einem veralteten spätabsolutistischen Staat einen modernen geformt, der sich 1813 gegen ***Napoleons*** Herrschaft auflehnte. Weiteren Anteil an den Reformen hatten Gerhard von Scharnhorst, Neidhard von Gneisenau und Wilhelm von Humboldt. Durch den spanischen Unabhängigkeitskrieg (1808) und die österreichische Erhebung (1809) wurde trotz ihres Scheiterns deutlich, dass sich eine Welle nationaler Erhebungen gegen die napoleonische Vorherrschaft in Europa formierte. In dieser Phase vollzog sich in Preußen ein Einstellungswandel zum Nationalstaat.
Mit dem Feldzug gegen Russland (1812) versuchte Napoleon einem europäischen Koalitionskrieg vorzubeugen, erlitt aber mit dem nahezu vollständigen Verlust der „Grande Armee" eine totale Niederlage. In der Konvention von Tauroggen (1812) schloss der preußische General ***Graf Yorck von Wartenburg*** ohne Ermächtigung seines Königs mit dem russischen General von Diebitsch einen Vertrag, der die preußischen Truppen aus dem französischen Heeresverband löste. Damit gab er das Signal zum Freiheitskampf. Wilhelm III. von Preußen ließ sich erst im Frühjahr 1813 widerstrebend, gedrängt von der Begeisterung des Volkes, zu einem Koalitionswechsel bewegen. In dem Aufruf „An mein Volk" (17.3.1813) wurde das preußische Unternehmen als ein nationaldeutsches definiert.
„Einheit und Freiheit" lauteten die Losungsworte, die sich die bürgerlich-intellektuelle Jugend zuriefen. „Turnvater" Friedrich Ludwig Jahn trat mit seinen Berliner Turnern dem berühmten, bald zum Mythos werdenden ***Lützower Freikorps*** bei, dessen

militärische Erfolge zwar gering waren, das aber – nicht zuletzt auch wegen prominenter Freiwilliger wie Theodor Körner, Joseph von Eichendorff und Friedrich Ludwig Jahn – zum Symbol des deutschen Freiheitskampfes wurde. Auch der Tod Theodor Körners, der mit seinen patriotischen Liedern und Gedichten Aufsehen erregt hatte, trug zum Ruhme des Lützower Freikorps bei. Aus heutiger Sicht werden Gefühlsüberschwang und nationalistische Überheblichkeit bereits in dieser Zeit sichtbar. Schwärmerisch, sicherlich auch getragen von romantischen Geschichtsbildern, entwickelte sich die Forderung nach einem alle Deutschen umfassenden Staat. Die konservativen Regierungen in Preußen und Österreich jedoch misstrauten dem Volk, sodass der als Volkskrieg gedachte Krieg gegen ***Napoleon*** zum Kabinettskrieg wurde. Eine Koalition von Russland, Preußen, England, Schweden und Österreich konnte in der ***Völkerschlacht bei Leipzig*** vom 16. bis 19. 10. 1813 Napoleons Truppen besiegen. Die Kriegsziele umfassten die Wiederherstellung von Preußen und Österreich sowie die Auflösung des Rheinbundes und die Unabhängigkeit der deutschen Staaten. Die Herrschaft Napoleons brach in Deutschland zusammen. 1814 drangen die Koalitionsheere nach Frankreich vor, nachdem sich Napoleon Verhandlungen verweigert hatte. Nach der Einnahme von Paris am 31. 3. musste Napoleon abdanken und die Verbannung auf die Insel Elba akzeptieren.

Im März 1815 kehrte Napoleon nach Frankreich zurück. Napoleon konnte die entscheidende Schlacht 18. 6. bei Belle-Alliance ***(Waterloo)*** nicht gewinnen und er wurde von den Koalitionsarmeen unter Wellington und Blücher besiegt. Napoleon starb 1821 auf der Insel St. Helena, seinem Verbannungsort.

In Deutschland herrschte eine hohe Erwartung hinsichtlich liberaler Neuerungen vor dem Hintergrund der nationalen Bestrebungen. Die staatlichen Entscheidungsträger aber misstrauten der bürgerlich-liberalen Bewegung und sahen ihre eigene Existenz durch sie gefährdet.

6 Restauration und liberale Gegenkräfte

6.1 Der Wiener Kongress (1814/15)

Europas Staatenwelt wurde auf dem Wiener Kongress neu geordnet, um eine dauerhafte Friedensordnung nach dem Ende der napoleonischen Herrschaft zu schaffen.
Von November 1814 bis Juni 1815 tagten die bedeutendsten Staatsmänner und Souveräne Europas in Wien: 90 Fürsten größerer und kleinerer Staaten, 53 Fürsten mediatisierter Staaten, 215 Oberhäupter anderer Fürstenfamilien, Vertreter von 19 Schweizer Kantonen, Vertreter der Frankfurter Juden, Delegierte des Papstes und des Sultans. Da die Fürsten zahlreiche Feste veranstalteten, gab es den Vorwurf ***„Le congrès danse, mais il ne marche pas"*** (Der Kongress tanzt, aber er kommt nicht voran).
Auf dem Kongress dominierten die Bevollmächtigten der Siegermächte des Pariser Friedens:

- Österreich, vertreten durch Staatskanzler Fürst ***von Metternich,*** der eine konservative, antiliberale Ordnung anstrebte,
- England, vertreten durch den Außenminister ***Steward Castlereagh,***
- Preußen, vertreten durch Fürst ***von Hardenberg*** und ***Wilhelm von Humboldt,*** die ein nationales deutsches Reich wollten, dieses aber gegen Österreich nicht durchsetzen konnten,
- Russland, vertreten durch Zar ***Alexander I.*** und Graf ***Karl Robert von Nesselrode*** als Gegenpol zu Österreich,
- Frankreich, vertreten durch seinen Außenminister ***Talleyrand-Perrigord,*** der das besiegte Land wieder als gleichberechtigten Partner in das von der Pentarchie und vom Gleichgewichtsgedanken bestimmte europäische Herrschaftssystem zurückführen wollte.

Grundlagen der Verhandlungen

Den Verhandlungen lagen fünf Prinzipien zugrunde:

- Restauration: Die Wiederherstellung der vorrevolutionären Zustände in Europa als Garant für Ruhe und Ordnung nach den Wirren der Französischen Revolution,
- Legitimität: Anerkennung nur derjenigen Herrscherhäuser als legitim, deren Herrschaft auf altüberliefertem Recht basierte (richtete sich gegen die napoleonische Ordnung),
- Autorität und Solidarität: Verhinderung revolutionärer Strömungen durch die Solidarität der legitimen Fürsten,
- Gleichgewicht der Mächte: Wiederherstellung des Gleichgewichts der Mächte, bestimmt durch die ***Pentarchie*** (1818 vertraglich beschlossen).

Die Grundprinzipien wurden allerdings nicht mit letzter Konsequenz befolgt. So wurde die vorrevolutionäre Ordnung ebenso wenig wiederhergestellt wie das Legitimitätsprinzip. Auch zeigten die Fürsten in den nächsten drei Jahrzehnten keinesfalls immer die in Wien beschlossene Solidarität. England unterstützte beispielsweise die Griechen im Freiheitskrieg gegen die Türkei und verletzte somit sowohl das Legitimitäts- als auch das Solidaritätsprinzip.

Differenzen wurden sichtbar bei

- der polnisch-sächsischen Teilungsfrage zwischen Preußen und Russland,
- dem österreichischen Führungsanspruch,
- Englands Interesse an einer Begrenzung des russischen Machtgebiets.

Gebietsordnung

- England erreichte vor Kongressbeginn den Zusammenschluss von Belgien und den Niederlanden zum Vereinigten Königreich der Niederlande, es behielt Malta und bekam Helgoland, Ceylon, Malakka und die Kapkolonie. Da die englische Stellung als größte Seemacht gestärkt und das Gleichgewicht der

Mächte auf dem Kontinent wiederhergestellt wurde, war England der eigentliche Gewinner des Kongresses.

- Österreich gab seine Besitzungen am Oberrhein und in Belgien auf und erhielt die Lombardei, Venetien, Dalmatien, Istrien, Triest und im Osten Galizien; es wuchs damit aus Deutschland hinaus und entwickelte sich endgültig zum Vielvölkerstaat.
- Russland behielt Finnland und Bessarabien und erhielt „Kongress-Polen". Russland wurde zur größten Landmacht Europas.
- Preußen erhielt Westpreußen, Danzig, Thorn, Posen, die Rheinprovinz und Westfalen. Preußen wuchs im Gegensatz zu Österreich nach Deutschland hinein und wurde direkter Nachbar von Frankreich.
- Frankreich behielt seine Gebiete von 1792.
- Schweden wurde durch Personalunion mit Norwegen verbunden.
- Dänemark verlor Norwegen an Schweden und erhielt Holstein.

Die deutschen Staaten behaupteten sich. Der Wiener Kongress leitete eine 30-jährige Phase relativen Friedens in Europa ein. Die ***Quadrupelallianz*** zwischen England, Österreich, Preußen und Frankreich sorgte durch ihr Zusammenwirken auf verschiedenen Folgekongressen für die Einhaltung der Wiener Beschlüsse. Auf dem Aachener Kongress von 1818 wurde Frankreich wieder als vollwertiges Mitglied in das europäische Mächtekonzert aufgenommen.

Gründung des Deutschen Bundes (1815)

Da in den Wirren der Napoleonischen Kriege 1806 das Heilige Römische Reich sein Ende gefunden hatte, musste auch Deutschland nach dem Ende der napoleonischen Herrschaft neu gestaltet werden.

Am 18. 6. 1815 wurde die ***Bundesakte*** zur Erhaltung der inneren und äußeren Sicherheit Deutschlands und der Unabhängigkeit und Unverletzbarkeit der deutschen Staaten von 39 souveränen Fürsten und Freien Städten unterzeichnet und damit ein Staatenbund begründet. Der Deutsche Bund sah als seine Aufgaben an:

- die Wahrung der äußeren und inneren Sicherheit Deutschlands,
- die Aufrechterhaltung von Unabhängigkeit und Unverletzbarkeit der einzelnen Staaten,
- die Schlichtung von Streitigkeiten zwischen Bundesstaaten.

Zum Deutschen Bund (1815–1866) zählten auch der König von Dänemark (als Herzog von Holstein), der englische König (als König von Hannover) und der König der Niederlande (als Großherzog von Luxemburg). Auch der preußische König und der österreichische Kaiser waren mit ihren deutschen Ländern Mitglieder des Bundes. Der Deutsche Bund war ein selbstständiges Völkerrechtssubjekt mit der Befugnis, Verträge und Bündnisse zu schließen sowie Kriege zu führen. Die einzelnen Gliedstaaten blieben souverän.

Die Bundesversammlung als höchstes Organ des deutschen Bundes tagte in Frankfurt am Main. Sie bestand aus dem beratenden engeren Rat und dem beschließenden Plenum. Beschlüsse mussten mit einer Zweidrittel-Mehrheit, Verfassungsänderungen einstimmig gefasst werden. Die großen Staaten (Preußen, Österreich) konnten nicht von den kleineren überstimmt werden. Im Art. 13 der ***Bundesakte*** war festgelegt, dass in allen Bundesländern „landständische Verfassungen“ eingerichtet werden sollten, Preußen und Österreich kamen jedoch dieser Verpflichtung nicht nach.

Liberale Kreise waren vom Deutschen Bund enttäuscht, da

- die Hoffnungen auf einen Nationalstaat ebenso wenig erfüllt wurden wie die auf ein liberales Regierungssystem,
- der preußisch-österreichische Dualismus um die Vorherrschaft im Deutschen Bund eine starke Zentralgewalt verhinderte,

- die Aktivität des Deutschen Bundes sich meist auf die innere Sicherheit beschränkte und
- der Deutsche Bund eine reaktionäre Politik betrieb.

Die Heilige Allianz

Die Monarchen von Österreich, Russland und Preußen schlossen sich auf Betreiben von Zar *Alexander I.* am 15.9.1815 zur *Heiligen Allianz* zusammen. Nach und nach traten fast alle europäischen Herrscher dem Bündnis bei, außer England. Die Heilige Allianz war die erste übernationale Friedensorganisation der Neuzeit, die allerdings an überholten Prinzipien festhielt und nicht zuletzt auch deswegen wenig Bedeutung errang.
Als politische Grundideen und Ziele galten:

- Bund von Thron und Altar (gemeinsame Politik von Staat und Kirche) zur Durchsetzung einer restaurativen Politik,
- Gottesgnadentum (= Herleitung des Herrscherrechts unmittelbar von Gott),
- Sicherung des durch den Wiener Kongress geschaffenen Friedenszustands, gegenseitiges Interventionsrecht zur Sicherung der Allianz,
- Prinzip der Fürstenlegitimität statt des der Volkssouveränität.

Einer Zeit schwerer politischer Erschütterungen folgte eine Periode der Ruhe, geprägt von Unterdrückung liberaler Ideen und der Ablehnung politischer Mitbestimmung des Volkes.

6.2 Biedermeier – Restauration – Vormärz (1815–1848)

Unter Biedermeier versteht man die durch die Lebensweise und die Gedankenwelt des Bürgertums geprägte Zeit von 1815–1848. Familie und Freundeskreis wurden zum bürgerlichen Rückzugsgebiet, wo die Suche nach Ordnung, Übersicht, Gemächlichkeit, Treue und Moral Erfolg versprach. Eine eigene Mode und Wohnkultur entstanden.

Jedoch ist die weitverbreitete Vorstellung vom unpolitischen Biedermeier nicht zutreffend. Bis 1848 zeigte sich das Bürgertum, in dem die Gedanken des ***Liberalismus*** weiterhin lebendig waren, sehr wohl an der Änderung der politischen und gesellschaftlichen Verhältnisse interessiert und setzte sich zum Teil sehr mutig dafür ein.

Liberalismus und Nationalstaatsgedanke

Der Liberalismus entwickelte sich als Kritik am Absolutismus. Das Heilige Römische Reich Deutscher Nation war zersplittert in eine Vielzahl von Territorialstaaten. Deren Monarchen zentralisierten ihre Macht und finanzierten den Staat durch das Wirtschaftssystem des ***Merkantilismus.*** Durch die Zerstörung von Einrichtungen bürgerlicher Selbstverwaltung verarmten Handwerker und Bauern, der Landadel erstarkte. Der soziale Boden für eine Umwälzung war zwar vorhanden, aber eine veränderte Denkweise fehlte. Die Aufklärung bereitete ihr den Boden.

6

In der Zeit der napoleonischen Herrschaft über Deutschland wurden einige von den Liberalen lang ersehnte Reformen durchgeführt. So wurde z. B. in den linksrheinischen Gebieten und im Rheinbund der französische Code civil eingeführt (▶ S. 69 f.). Im ***Reichsdeputationshauptschluss*** wurden viele kleine weltliche und kirchliche Potentaten entmachtet. Die Siege Napoleons führten zu einer Neuorganisation deutscher Mittelstaaten. Im ***Rheinbund*** (1806) wurde der Grundsatz der Gleichheit vor dem Gesetz verwirklicht und manche innerterritoriale Schranken des Wirtschaftslebens fielen.

An den zwischen 1807 und 1813 in Preußen durchgeführten Reformen kann man deutlich den liberalen Geist erkennen: Heeres- und Universitätsreform, ***Bauernbefreiung,*** Einführung der ***Gewerbefreiheit.*** Obwohl es zwei verschiedene Richtungen gab, die gemäßigte mit ***Hardenberg, Humboldt*** und ***Scharnhorst,*** und die radikalere mit Fichte und Jahn, schien man sich einig zu sein, dass die Freiheit und der Nationalismus in enger Verbindung miteinander unverzichtbar waren.

Die alles bestimmende Zielsetzung des deutschen ***Liberalismus*** war ein Rechts- und Verfassungsstaat mit einer parlamentarischen Volksvertretung, ***Gewaltenteilung***, der Garantie der Grund- und Menschenrechte, der Einführung der Gewerbefreiheit sowie die Trennung von Staat und Kirche und die Errichtung eines deutschen Nationalstaats. Die Macht des Staates sollte auf den Schutz nach außen und auf die Sicherung der gesellschaftlichen und wirtschaftlichen Prozesse im Inneren beschränkt sein. Die Liberalen forderten zudem das ***Zensuswahlrecht;*** sie lehnten nicht generell die Monarchie ab. Im Zentrum ihrer Forderungen stand die Forderung nach „Einheit und Freiheit".

Vormärz

Die Enttäuschung der liberalen und nationalen Hoffnungen auf Einheit und Freiheit führte zur Gründung der deutschen Burschenschaften durch Studenten in Jena (1815). Als Antwort auf das reaktionäre System ***Metternichs*** verwendeten sie die Farben der Befreiungskriege Schwarz-Rot-Gold. Von Jena aus griff die studentische Einheitsbewegung auf andere Universitäten über.

1817

16.10. Das ***Wartburgfest*** wurde von den ***Burschenschaften*** anlässlich des 300-jährigen Gedenkens an den Thesenanschlag Luthers und des 4. Jahrestages der Völkerschlacht bei Leipzig begangen. 500 Studenten aus 11 Universitäten nahmen an dem friedlichen Fest teil. Die Verbrennung der Bundesakte und von Symbolen der Reaktion erregte bei den staatlichen Behörden Misstrauen.

1819

März Die Ermordung des Schriftstellers August von Kotzebue durch den Studenten Karl Ludwig Sand führte auf Veranlassung Metternichs zur Verabschiedung der ***Karlsbader Beschlüsse.*** Sie verboten die Burschenschaften und führten die Vorzensur aller Druckerzeugnisse ein. Zudem wurden Studenten, Professoren und andere Intel-

lektuelle in der sogenannten Demagogenverfolgung Hausdurchsuchungen, Inhaftierungen und Berufsverboten unterzogen.
In den süddeutschen Staaten (Baden, Bayern, Württemberg) aber entstanden, wie in Art. 13 der Bundesakte festgelegt, in jenen Jahren Verfassungen.

In Europa bestimmten nationale und konstitutionelle Bewegungen zunehmend das politische Geschehen.

1830

27.–29.7. Die ***Julirevolution*** in Frankreich hatte zur Folge, dass König Karl X. nach England fliehen musste. ***Louis Philippe,*** Herzog von Orleans, wurde zum „Bürgerkönig" mit dem Titel eines „König(s) von Gottes Gnaden und durch den Willen der Franzosen" gewählt; seine Macht beruhte auf Verfassung und Parlamentsbeschluss.
Als Reaktion auf die Juli-Ereignisse wurden in Braunschweig, Kurhessen, Sachsen und Hannover Verfassungen nach dem süddeutschen Modell zugelassen.

1832

Mai Das Hambacher Fest diente den Studenten als Plattform für revolutionäre und nationale Forderungen. Da ihre Anliegen keine Berücksichtigung fanden, flüchteten sich radikale Anhänger der Demokratie in Geheimbünde wie den Bund der Gerechten, der sich seit 1847 Bund der Kommunisten nannte.

1833/34 Als Reaktion auf den Sturm auf die Hauptwache in Frankfurt am Main durch eine Gruppe radikaler Studenten verschärfte Metternich die Repressionspolitik (z. B. Ausweitung der Zensur).

1837 protestierten sieben Professoren der Universität Göttingen, die Göttinger Sieben, darunter die Brüder Jakob und Wilhelm Grimm, gegen die Aufhebung der erst vor Kurzem erlassenen Verfassung durch den neuen König von

Hannover, Ernst August. Die Amtsenthebung der Professoren erregte in ganz Deutschland Aufsehen und begründete das Ansehen und die Führungsrolle der intellektuellen Elite in der Revolution des Jahres 1848.

6.3 Der Zollverein

Das Zollwesen war schon seit Beginn des 19. Jh.s Gegenstand von Reformen gewesen. Man hob Binnenzölle auf, um eine wirtschaftliche Einheit zu schaffen, vereinheitlichte die Grenzzölle, senkte Verwaltungskosten, schloss sich zu Zollvereinigungen zusammen. Allerdings wollte man auch nicht unbedingt auf die Zölle als wichtigste staatliche Einnahmequelle verzichten.
Ab 1828 arbeiteten die preußische und die süddeutsche Zollvereinigung zusammen. Diese Zusammenarbeit bereitete den Zollverein von 1834 vor, der maßgeblich von *Friedrich List* vorangetrieben wurde. Ziel war der einheitliche Wirtschaftsraum.
Österreich versuchte erfolglos die preußische Zollpolitik abzuwehren und unterstützte den Mitteldeutschen Handelsverein. Als Österreich dem Deutschen Zollverein beitreten wollte, wurde dies von Preußen verhindert. Stattdessen kam es zu einem preußisch-österreichischen Handels- und Zollvertrag.
Von 1834–1844 konnten die Mitgliedsstaaten des Zollvereins ihre Verwaltungskosten senken und die Zolleinnahmen um das Doppelte erhöhen; ihre Nettoeinkünfte stiegen um 90 %.
Wohlfahrts- und Wachstumseffekte für die deutschen Staaten waren der rasche Bevölkerungsanstieg, die Entstehung eines expansionsfähigen Marktes, die Festigung der wirtschaftlichen Integration durch Anregung zu Investitionen und Kapitalanlagen, die Förderung des Eisenbahnbaus, schnelle Vermehrung von Großhandel, Banken, des Verkehrswesens sowie die Erhöhung des Handelsvolumens.

6.4 Die Revolution von 1848/49

Wirtschaftliche, soziale und politische Ursachen

In Deutschland hatte 1848 die Industrialisierung eingesetzt. ***Bauernbefreiung, Gewerbefreiheit,*** freie Wohn- und Berufswahl als notwendige Voraussetzungen waren bereits erfolgt. Damit war in der Landwirtschaft, in Gewerbe und Handel ein maßgeblicher Umstrukturierungsprozess in Gang gesetzt worden. Dennoch waren die Länder des Deutschen Bundes noch überwiegend agrarisch geprägt. Verheerend wirkte sich die Missernte von 1846 aus. Das Phänomen des ***Pauperismus*** (Armut von Unterschichten der Stadt- und Landbevölkerung) war unübersehbar.
Die konstitutionellen und nationalen Forderungen der Liberalen waren nicht erfüllt worden. Zwar hatten süd- und mitteldeutsche Staaten Verfassungen erlassen, aber Preußen und Österreich hatten sich der Verfassungsbewegung nicht angeschlossen und betrieben offen eine Repressionspolitik, die weder dem nach politischen Einfluss strebenden Bürgertum entgegenkam, noch die sozialen Verhältnisse für die Handwerker und die Landbevölkerung verbesserte.
Revolutionäre Bewegungen erfassten ab 1846 viele europäische Staaten. Die Ursachen waren entweder liberaler, nationaler oder sozialer Natur.

- **1846** Polnischer Aufstand
- **1847/48** Schweizer Bürgerkrieg (Liberale Kantone gegen Urkantone)
- **1848/49** Aufruhr in Mailand; Aufstände in Livorno, Sizilien, Pavia und Padua, Sardinien, Toskana
- **1848,** Februar Revolution in Frankreich: Anlass für die Revolution war das Verbot eines Banketts mit Forderungen nach einer Wahlrechtsreform. Die Nationalgarde weigerte sich einzuschreiten und erzwang zusammen mit Studenten und Arbeitern die Abdankung von ***Louis Philippe*** und die Ausrufung der Republik. Bis zum Herbst dauerten die Auseinanderset-

zungen zwischen dominierendem Besitzbürgertum und radikalen sozialistischen Kräften an. Eine gesetzgebende Versammlung erarbeitete im November eine Verfassung und Louis Napoleon, ein Neffe Napoleons, wurde am 10. 12. zum Präsident gewählt. Im Dezember 1852 setzte er die Verfassung außer Kraft und nahm den Kaisertitel an (als ***Napoleon III.***).

Die Märzereignisse

Die Ereignisse in Frankreich griffen rasch auf Deutschland über und entwickelten dort eine eigene Dynamik. Drei Schauplätze waren dabei von besonderer Bedeutung: Süddeutschland mit dem Zentrum Frankfurt am Main, Preußen mit der Hauptstadt Berlin und Österreich mit der Hauptstadt Wien.

1848

Süddeutschland und Österreich

- **27.2.** Die Volksversammlung im badischen Offenburg stellte die ***Märzforderungen*** auf: liberale Verfassungen, Vereins- und Pressefreiheit, Schwurgerichte, Berufung eines gesamtdeutschen Parlaments
- **28.2.** Antrag im badischen Landtag auf Berufung einer Nationalrepräsentation
- **5.3.** Heidelberger Versammlung: Beschluss über die Einrichtung eines deutschen Vorparlaments, das am 31. März zusammentrat. Die Revolution erfasste nun auch Preußen und Österreich.
- **12.3.** Studentenkundgebungen in Wien
- **13.3.** Abdankung ***Metternichs*** sowie liberale Versprechungen des Kaisers
- **23.3.** Sardinien-Piemont erklärt Österreich den Krieg.
- **15.5.** Aufständische wollten die Einberufung des österreichischen Reichstages erzwingen.
- **17.5.** Kaiser Ferdinand I. verließ Wien und löste dadurch nationale Erhebungen u.a. in Mailand, Venedig, Prag, Pressburg, Krakau aus.

Preußen

6.3. Friedrich Wilhelm IV. von Preußen bewilligte das Recht des Landtags auf periodische Einberufung.

13.3. Erste Unruhen in Berlin veranlassten Wilhelm zu liberalen Zugeständnissen. Als das Volk zur Dankeskundgebung auf dem Schlossplatz zusammenlief, kam es zu einer Straßenschlacht, die Opfer forderte.

18.3. Barrikadenkämpfe, der König zeigte sich tief erschüttert und befahl den Abzug der Truppen.

19.3. Der König musste sich vor den im Schlosshof aufgebahrten Gefallenen verbeugen. Der König versuchte, sich an die Spitze der Revolution zu stellen.

29.3. Der König berief ein liberales Ministerium ein, das eine verfassunggebende Versammlung vorbereiten soll.

22.5. Zusammentreten der Nationalversammlung

Die Nationalversammlung in der Frankfurter Paulskirche

Am 31.3. war in Frankfurt ein Vorparlament (500 Parlamentarier ohne direktes Mandat des Volkes) zusammengetreten, das am 3. April die Wahl zu einer Nationalversammlung zur Beratung über eine deutsche Reichsverfassung beschloss.

Am 18. Mai 1848 trat die Verfassunggebende Versammlung in der Frankfurter Paulskirche zusammen, die als Versammlungsort diente, um eine Verfassung für einen gesamtdeutschen Staat zu erarbeiten. Zum Vorsitzenden wurde der gemäßigte Liberale ***Heinrich von Gagern*** gewählt. Da die Akademiker mit 550 Abgeordneten den größten Teil der Versammlung stellten, bezeichnete man die Versammlung auch als Gelehrten- bzw. Honoratiorenparlament. Es gab zu Beginn weder feste Fraktionen noch Parteien. Gleichgesinnte Abgeordnete trafen sich in „Clubs" oder auch in „Fraktionen" außerhalb der Paulskirche in Gasthäusern, die den einzelnen Gruppen als Namen dienten. Die Abgeordneten wechselten zum Teil auch die Fraktionen oder spalteten sich ab.

Im „Café Milani" (vorher „Steinernes Haus") kam die extreme Rechte zusammen, die einen föderalistischen Bundesstaat im Rahmen des Deutschen Bundes mit einer schwachen monarchischen Spitze errichten wollte. Das „Casino" (auch „Landsberg") diente etwas gemäßigteren Rechten als Tagungsort. Diese zielten auf eine konstitutionelle Erbmonarchie ab, wobei die Einzelstaaten selbstständige Rechte behalten sollten. Das linke Zentrum („Württemberger Hof", „Augsburger Hof", „Westendhall") ging von der Volkssouveränität aus und lehnte somit einen Fürstenbund ab, zeigte sich aber verhandlungsbereit. Uneinheitlich war die Linke („Deutscher Hof", „Donnersberg"): Ihr politisches Spektrum reichte von einer parlamentarischen bis hin zu einer unmittelbaren Demokratie.

Drei große Fragenkreise bildeten sich heraus:

a) *Staatsform:*

Zur Diskussion standen eine nationalstaatliche Republik, die allerdings nur von einer linken Minderheit gewünscht wurde, und eine Monarchie. Auch hier stellte sich die Frage nach einer Wahl- oder einer Erbmonarchie.

b) *Staatsgebiet:*

Die groß- und kleindeutsche Lösung standen sich gegenüber. Erstere umschloss das Gebiet des Deutschen Bundes ebenso wie die Gebiete des Kaiserreiches Österreich. Vor allem die Österreicher und die süddeutschen Staaten verfolgten diese Lösung, um ein Gegengewicht zu Preußen zu schaffen. Strittig war, ob man nur die deutschen Gebiete Preußens und Österreichs aufnehmen sollte oder jeweils die Gesamtstaaten. Die kleindeutsche Lösung, die ihre Anhängerschaft in der liberalen und gemäßigten Linken fand, wollte einen nationalen Bundesstaat unter preußischer Führung.

c) *Staatsorganisation:*

Der Vorschlag einer bundesstaatlichen Lösung mit einem relativ großen Einfluss der Einzelstaaten konkurrierte mit dem nach einem zentralistischen Staat.

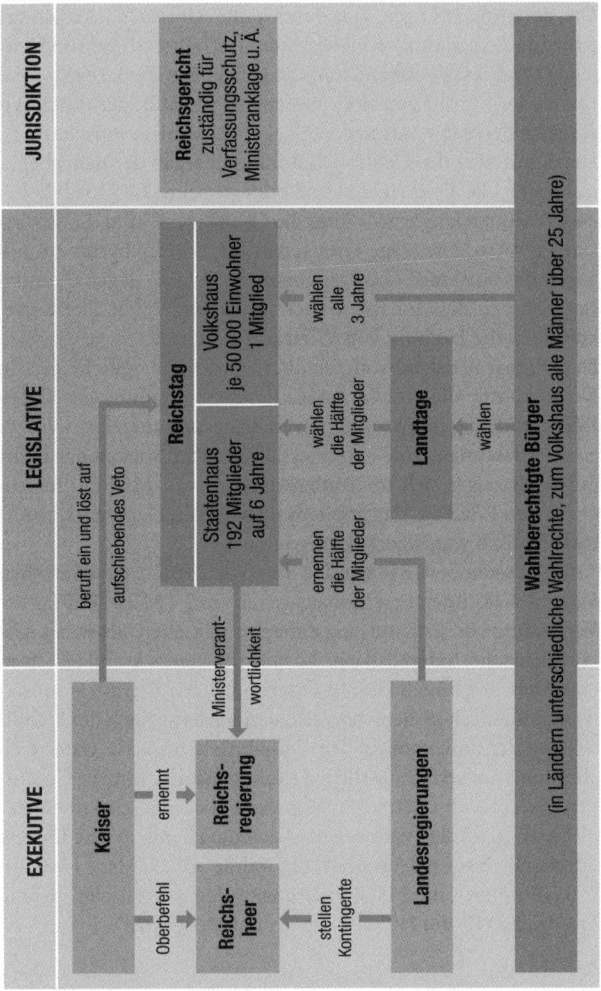

Die nicht verwirklichte Verfassung von 1849

Die Beratungen zogen sich durch unterschiedliche Ansichten, fehlende Parlamentspraxis, fehlende Geschäftsordnung und fehlende Organisationsformen in die Länge. Am 29.6.1848 wurde Erzherzog Johann zum Reichsverweser gewählt, der die provisorische Zentralgewalt an der Spitze eines Ministeriums ausübte. Der Bundestag des Deutschen Bundes übergab der neuen Zentralgewalt alle Vollmachten und erklärte seine Tätigkeit für beendet. Monatelang wurde über die Grundrechte und die Verfassung beraten. Die Siege Österreichs bei Windischgrätz im Juli gegen das aufständische Prag und bei Custozza gegen Piemont stabilisierten die Monarchie nach innen und außen. Der Kaiser konnte in die Hofburg von Wien zurückkehren.
Der Wiener Aufstand vom Oktober wurde niedergeschlagen. In Berlin konnte die preußische Nationalversammlung durch den König mithilfe einer konservativen Regierung aufgelöst werden; eine Verfassung wurde oktroyiert. Die Machtlosigkeit der Zentralgewalt zeigte sich im Waffenstillstand von Malmö (26. August), den Preußen, das mit dem Krieg gegen Dänemark beauftragt worden war, eigenmächtig schloss.
Am 27. Dezember 1848 wurden die „Grundrechte des deutschen Volkes" verkündet. Erst Monate später, am 28. März 1849 lag die Verfassung vor. Es hatte lang danach ausgesehen, als wenn eine großdeutsche, föderalistische Lösung mit einem Wahlkaisertum eine Mehrheit finden könnte. Österreich hätte allerdings auf seine nichtdeutschen Gebiete verzichten müssen. Nach der Stabilisierung der außenpolitischen Verhältnisse beharrte Österreich allerdings auf seiner staatlichen Einheit. Als der Eintritt Gesamtösterreichs von Österreichs Kanzler Fürst von Schwarzenberg ultimativ gefordert wurde, setzte sich die kleindeutsche Lösung durch. Die Nationalversammlung wählte am 29. März 1849 mit 290 Stimmen und 248 Enthaltungen den preußischen König ***Friedrich Wilhelm IV.*** zum „Kaiser der Deutschen".

6.5 Das Scheitern der Revolution

Am 28. 4. 1849 lehnte *Friedrich Wilhelm IV.* die Krone ab: Weder die politische Situation (wiedererlangte Stärke der preußischen Monarchie, zu erwartende Widerstände Österreichs) noch die eigene Überzeugung (Auffassung vom Gottesgnadentum der Herrscherwürde, Ablehnung der Revolution) ließen die Annahme zu.
Damit war die Arbeit der Nationalversammlung gescheitert: Die österreichischen Abgeordneten wurden zurückbeordert, ein Rumpfparlament wurde nach Stuttgart verlegt, wo es Württemberger Militär auseinandersprengte.

Gründe für das Scheitern

1. Die Schwäche der revolutionären Kräfte

- Eine starke Verbundenheit der Bevölkerung mit der Monarchie verhinderte die permanente Unterstützung der revolutionären Kräfte durch die breite Bevölkerung.
- Die Revolution wurde nur vom intellektuellen Bildungsbürgertum getragen.
- Das Besitzbürgertum sympathisierte mit dem Adel und den politischen Führungsschichten.
- Die Interessen der Unterschichten wichen zu stark von denen des Besitzbürgertums ab; Uneinheitlichkeit der Revolutionäre und ihrer Forderungen.
- Militär und Beamtentum blieben loyal gegenüber den Fürstenhäusern.
- Die Nationalversammlung verfügte über kein eigenes Heer.

2. Fehlen einer parlamentarischen Tradition

- Die österreichische und preußische Regierung stabilisierten sich relativ schnell.
- Die Nationalversammlung brauchte zu viel Zeit für die Erarbeitung einer Geschäftsordnung, die Entwicklung parlamentarischer Organisation und die Beratung einer Verfassung.

Bedeutung der Revolution

Die Revolution von 1848 war trotz ihres Scheiterns für die spätere deutsche Geschichte von großer Bedeutung:

- Mit dem Grundrecht- und Verfassungsentwurf wurde eine parlamentarische Tradition in Deutschland begründet, die 1871, 1918/19 und nach 1945 immer wieder aufgegriffen wurde.
- Es wurde die Grundlage zu einem politischen Parteienspektrum gelegt, das sich in der Folgezeit weiterentwickelte.
- Mit dem Scheitern der Revolution setzten sich in Preußen und Österreich reaktionäre Kräfte durch, die die Politik der folgenden Jahrzehnte bestimmten.
- Die nationale Reichsgründung erfolgte 1871 „von oben", also vonseiten des (preußischen) Staates.
- Das Bürgertum zog sich aus der politischen Mitwirkung zurück, entwickelte vor allem wirtschaftliche Interessen, wenn auch das liberale Gedankengut lebendig blieb.

Die kleindeutsche Lösung 7

7.1 Vom Deutschen zum Norddeutschen Bund

Die deutsche Frage bis 1863

Der Weg zur Vormachtstellung Preußens in Deutschland und schließlich zur Gründung des deutschen Reiches (1871) erfolgte über eine wiedererstarkte preußische Monarchie. Ein deutscher Nationalstaat dagegen konnte nur über die Beseitigung des preußisch-österreichischen Dualismus gelingen, was auf friedlichem Wege kaum vorstellbar war. 1849/50 scheiterte Preußen mit dem Plan, eine kleindeutsche Lösung mit einer Union von 28 norddeutschen Staaten zu verwirklichen ***(Olmützer Punktation).*** Stattdessen wurde der Deutsche Bund neu begründet, in dem der Dualismus zwischen Preußen und Österreich offensichtlich wurde. Während Österreich sich als Präsidialmacht bemühte, alle seine Völker in den Deutschen Bund aufnehmen zu lassen, nutzte Preußen sein Vetorecht zur Blockade dieser Pläne. Preußen legte seine politischen Schwerpunkte auf den Ausbau seiner Vorherrschaft im ***Zollverein*** und verhinderte z. B. die Aufnahme Österreichs. Der Deutsche Nationalverein, der auf eine kleindeutsche Lösung setzte, unterstützte die preußische Politik. Eine Bundesreform, die Preußen anstrebte und beiden Staaten eine gleichberechtigte Führung eingeräumt hätte, fand ebenso wenig Anerkennung wie die großdeutschen Reformpläne Österreichs auf dem Fürstentag in Frankfurt (1863). Der preußische Ministerpräsident Bismarck forderte nun ein echtes Parlament und machte sich zum Fürsprecher nationaler Ziele.

Der Konflikt um die Heeresreform

Mit dem Regentschaftsantritt von Wilhelm I., dem späteren Kaiser Wilhelm I. (1861 Thronbesteigung), schöpften die Liberalen in der als Neue Ära bezeichneten Zeit wieder nationale Hoffnungen. Der König zeigte sich zur Zusammenarbeit mit dem Landtag und zu einer ***Heeresreform*** bereit, die die Konservativen forderten. Die neue Heeresstruktur sah vor, die aktiven Linienregimenter zu verstärken. Da im Offizierskorps die Adeligen dominierten, bedeutete dies eine Verstärkung des konservativen Einflusses, zumal die bürgerlich geprägte Landwehr, eine Art Reserve, die vom Mythos der Befreiungskriege zehrte, reduziert werden sollte. Die liberale Mehrheit des Landtags, der ein Volksheer vorschwebte, lehnte die Heeresvorlage 1862 ab. Der König erwog bereits die Abdankung, berief aber dann auf Betreiben des Kriegsministers ***Bismarck*** in das Amt des Ministerpräsidenten. Dieser regierte ab 1862 verfassungswidrig ohne einen Etat. Er konstruierte zu diesem Zweck die zweifelhafte ***Lückentheorie:*** Bei fehlender Übereinstimmung von Herren- und Abgeordnetenhaus könne der König auch ohne genehmigten Etat seines Amtes walten, da er ja die Verfassung erlassen habe und der vorliegende Fall nicht in der Verfassung vorgesehen sei. Bismarck ließ den Landtag auflösen und liberale Beamten maßregeln. Die Lage blieb trotzdem ruhig; dies war nicht zuletzt eine Folge des wirtschaftlichen Aufschwungs durch den Zollverein. Als außenpolitischer Erfolg kam der Sieg im deutsch-dänischen Krieg dazu (Sieg preußischer und österreichischer Bundestruppen bei den ***Düppeler Schanzen*** 1864).

7.2 Die Gründung des Deutschen Reiches

Der preußisch-österreichische Krieg

Nach dem Sieg über Dänemark setzten die Verhandlungen über die Neuerwerbungen ein. Bismarck wollte den Eintritt in den Zollverein, Anerkennung der preußischen Militärhoheit und den Ausbau Kiels zum Flottenstützpunkt. Österreich zielte auf einen Tausch: Preußen sollte eine Besitzgarantie für österreichische Besitzungen in Italien abgeben oder Teile Schlesiens zurückgeben.

Der *Vertrag von Gastein* (14.8.1865) war ein Kompromiss: Österreich und Preußen regierten beide Territorien gemeinsam, wobei Österreich Holstein und Preußen Schleswig besetzte. Preußen sah dies als Übergangslösung, es wollte die Vorherrschaft über Deutschland und diese konnte nur über einen Krieg gegen Österreich erreicht werden.
Am 8.4.1866 schlossen Preußen und Italien ein Bündnis. Italien wurde Venetien versprochen. Am 9.4. beantragte Preußen zur Provokation Österreichs eine Reform der Bundesverfassung (gewähltes Parlament, Beseitigung des österreichischen Primats, neue Mehrheitsverhältnisse). Dieser Vorschlag wurde abgelehnt. Österreich wollte stattdessen über die Länder an Ost- und Nordsee neu verhandeln. Daraufhin ließ Preußen Truppen in Holstein einmarschieren. Am 14.6. wurde in der Bundesversammlung der Antrag Österreichs zur Mobilmachung angenommen. Preußen siegte über Österreich, das mit Kurhessen, den süddeutschen Staaten und Sachsen verbündet war, am 3.7.1866 bei ***Königsgrätz*** (Sadowa). Bismarck schloss mit den süddeutschen Staaten einen Frieden ohne Annexionen, die süddeutschen Truppen wurden jedoch preußischem Oberbefehl unterstellt. Österreich musste auf Schleswig-Holstein verzichten und das Gebiet des ***Deutschen Bundes*** verlassen. Hannover, Kurhessen, Nassau, Frankfurt und Schleswig-Holstein fielen an Preußen, Venetien an Italien. Das Ausscheiden Österreichs aus dem Deutschen Bund öffnete nun den Weg zu einer kleindeutschen Lösung: Sachsen, das Großherzogtum Hessen und einige kleinere mitteldeutsche Staaten schlossen sich 1866/67 unter Führung Preußens zum Norddeutschen Bund zusammen.
Im Krieg gegen Dänemark und Österreich wurde Bismarcks außenpolitische Vorgehensweise deutlich: Isolation des Gegners, Provokation, schneller militärischer Sieg, Verzicht auf Demütigung des Gegners, Errichtung einer neuen Ordnung.
Innenpolitisch wurde Bismarck nun angesichts seiner Verdienste ***Indemnität*** (Straflosigkeit) hinsichtlich der unbewilligten Staatsgelder gewährt.

Der Deutsch-Französische Krieg und die Gründung des Deutschen Reiches

Napoleon III. benötigte zur Erhaltung seiner Macht außenpolitische Erfolge. Der Kauf Luxemburgs von Holland zerschlug sich jedoch. Die Verstimmung Frankreichs steigerte sich, als spanische Politiker dem Prinzen Leopold von Hohenzollern-Sigmaringen, einer Nebenlinie der preußischen Hohenzollern, die spanische Krone anboten. Bismarck befürwortete die Annahme, der Prinz verzichtete jedoch. Gramont, der französische Ministerpräsident, stellte über den Gesandten Benedetti an den in Bad Ems weilenden preußischen König die Forderung, dem Prinzen die Annahme der spanischen Königswürde für alle Zeiten zu verbieten, worauf sich der König eine weitere Audienz verbat. Wilhelm berichtete Bismarck in einer Depesche die Vorgänge. Dieser ließ das Schreiben verkürzt und im Inhalt verschärft veröffentlichen *(Emser Depesche).*

Napoleon III. fasste dies als Provokation auf und ließ am 19.7. 1870 Preußen den Krieg erklären. Die übrigen europäischen Staaten griffen nicht ein. England sah in Preußen ein Gegengewicht zu Russland und Frankreich, Russland hoffte auf Preußens Hilfe bei der Verhinderung eines selbstständigen polnischen Staates. Die Niederlage der französischen Armee bei *Sedan* am 2.9.1870, bei der Napoleon III. in deutsche Gefangenschaft geriet, bedeutete das Ende des französischen Kaiserreichs. Am 18. Januar 1871 wurde im Spiegelsaal von Versailles das Deutsche Kaiserreich ausgerufen. Auf den Vorfrieden von Versailles (26.2.1871) folgte der Friedensschluss in Frankfurt am Main (Mai 1871). Als Friedensbedingungen wurden die Abtretung Elsass-Lothringens, die Besetzung von Teilen Frankreichs und die Zahlung von 5 Mrd. Francs Reparationen festgelegt. So war nun der deutsche Nationalstaat als „Einheit ohne Freiheit“ verwirklicht worden, Krieg als Mittel der Politik sanktioniert, die „Erbfeindschaft“ mit Frankreich durch die Annexion Elsass-Lothringens begründet.

Grundzüge der Reichsverfassung

Die Verfassung des Deutschen Reiches entstand aus der des Norddeutschen Bundes. Das Deutsche Reich war ein Bundesstaat (25 Einzelstaaten; zusätzlich das Reichsland Elsass-Lothringen) mit einer konstitutionellen Monarchie. Die Souveränität lag bei den 22 Monarchen der deutschen Länder und den drei Senaten der Freien Städte. An der Spitze des Bundes stand der Kaiser und König von Preußen, der das Reich nach außen hin völkerrechtlich vertrat. Die Einzelstaaten hatten das Recht auf eigene Gesandtschaften, die süddeutschen Staaten hatten Reservatsrechte. Bayern behielt beispielsweise sein Kriegsministerium, die Hoheit über Post und die Bahnen. Der Bundesrat stellte das zentrale Entscheidungsgremium dar. Preußen hatte 17 der insgesamt 58 Stimmen; die Vertreter der Länder waren weisungsgebunden. Zwar bestand das gleiche, geheime, direkte Mehrheitswahlrecht für die männliche Bevölkerung über 25 Jahre, aber die Regierung wurde nicht durch das Parlament gewählt, sondern vom Kaiser benannt. Der Reichskanzler und Vorsitzende des Bundesrates war auch preußischer Ministerpräsident. Der Reichstag wiederum konnte durch den Bundesrat mit Zustimmung des Kaisers aufgelöst werden. Er besaß Gesetzesinitiativrecht, Gesetze mussten aber, bis auf das Staatsbudget, vom Bundesrat verabschiedet werden. Er hatte, außer bei Handels-, Verkehrs- und Zollfragen, bei auswärtigen Verträgen kein Mitwirkungsrecht.

Der Bund wurde über Matrikularbeiträge (Umlagen der Länder) und durch Zölle sowie Verbrauchssteuern finanziert, sodass man das Reich als „Kostgänger der Länder“ bezeichnete.

Die Verfassung war also durch ein großes Übergewicht Preußens geprägt. Gegen das Veto Preußens konnten weder Reichsverfassung noch Finanz- oder Militärgesetzgebung geändert werden. Den föderativen Charakter der Verfassung gewährleisteten die Reservatsrechte der Einzelstaaten und deren Sitze im Bundesrat, der an der Reichsgesetzgebung beteiligt war. Problematisch war die Abhängigkeit des Reichskanzlers vom Kaiser; diesem war der Reichskanzler verantwortlich, nicht jedoch dem Reichstag.

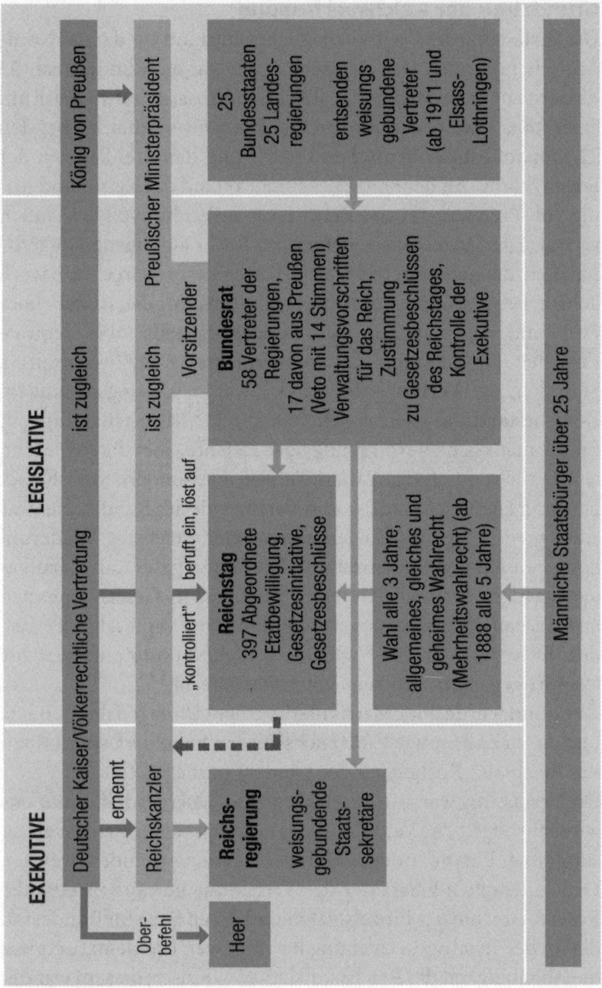

Die Verfassung des Deutschen Reiches von 1871

7.3 Politische und gesellschaftliche Kräfte im Kaiserreich

Eliten

Im Kaiserreich teilten sich „Roggen" (Großgrundbesitzer, meist Adelige) und „Eisen" (Industrielle) die Macht, aber sie gingen nicht ineinander auf.

Der Adel

- war privilegiert; stellte die Mehrzahl der Mitglieder der Ersten Kammern in den Landtagen,
- stellte den größten Teil der Großgrundbesitzer,
- besetzte administrative, militärische, politische Führungspositionen,
- war zum Teil aufgrund des Strukturwandels in der Landwirtschaft wirtschaftlich gefährdet.

Das Besitz- und Großbürgertum

- war ursprünglich Vorkämpfer des liberalen Gedankens,
- überrundete den Adel an Einkommen und Sozialprestige,
- trug als Unternehmer die Hochindustrialisierung,
- sonderte sich vom übrigen Bürgertum ab,
- orientierte sich am adeligen Lebensstil,
- zeigte eine staatsloyale und konservative Einstellung,
- erwarb zum Teil Großgrundbesitz.

Das Militär

- versuchte seit 1848 die Armee von liberal-bürgerlichen, später von sozialistisch-proletarischen Tendenzen rein zu halten,
- bevorzugte den Adel bei den Offiziersposten,
- stützte die Regierung.

Die Beamtenschaft

- rekrutierte sich in den hohen Rängen vorrangig aus dem Adel und einer „Verwaltungsaristokratie",

- verfolgte seit Bismarck einen reaktionär-konservativen Kurs,
- zeigte Loyalität gegenüber dem Staat.

Parteien

Staatstragende Parteien waren die liberalen und konservativen Parteien. Bismarck stützte sich bis 1876 auf die ***Liberalen,*** dann auf die Konservativen. Zentrum und Sozialdemokraten (SAP) wurden als Staatsfeinde behandelt. (▶ Parteienübersicht, S. 104/105)

Verbände und Interessengruppen

Während die Gewerkschaften erst ihre Machtposition erkämpfen mussten (1868 Gründung des Allgemeinen Deutschen Arbeiterverbandes), hatten die Verbände der Unternehmer und Landwirte von Beginn an großen Einfluss auf die Politik. So setzte der Bund der Landwirte die deutsche Schutzzollpolitik für Agrarprodukte durch. Auch private Vereinigungen wie der Kolonialverein, der den Imperialismus propagierte oder der Flottenverein, der den Ausbau der Flotte vertrat, gewannen an politischer Bedeutung.

7.4 Kulturkampf, Sozialistengesetz und Sozialgesetzgebung

Trotz der integrativen Kraft des Deutschen Reiches gelang es nicht, den Großteil der an der ***SPD*** und an den Gewerkschaften orientierten Arbeiterschaft für den Obrigkeitsstaat, als der sich der Staat bald zeigte, zu gewinnen. An dieser Distanz zum Staat konnte auch die Bismarcksche Sozialgesetzgebung nichts ändern. Die 2,4 Mio. im deutschen Staatsgebiet lebenden Polen, 60 000 Litauer, 80 000 Dänen wehrten sich gegen eine Germanisierung, die Deutsch zur Amtssprache machen wollte. Auch die Mehrheit der Bevölkerung in Elsass und Lothringen sah sich nicht als Deutsche, sondern als Franzosen.

Kulturkampf

Unter dem ***Kulturkampf*** versteht man die Auseinandersetzung zwischen dem preußischen Staat, parlamentarisch unterstützt von den ***Nationalliberalen,*** und der ***katholischen Kirche,*** deren parlamentarische Vorkämpferin die Zentrumspartei war. Es ging um die Trennung von Staat und Kirche und die Zurückdrängung des kirchlichen Einflusses auf den Staat. Der Kampf begann 1871 mit der Einführung des sogenannten ***Kanzelparagraphen*** und endete mit der Annäherung zwischen Bismarck und Papst Leo XIII. zwischen 1871 und 1878. Im Jahr 1870 veröffentlichte das 1. Vatikanische Konzil eine Enzyklika, in der die Unfehlbarkeit des Papstes in Glaubens- und Moralfragen proklamiert wurde. Viele Politiker, nicht nur in Deutschland, befürchteten Eingriffe in das politische Staatswesen durch die Kirche. ***Bismarck,*** für den die innere Einheit des Reiches an erster Stelle stand, sah das mit der Kirche verbündete Zentrum als staatsgefährdende Opposition an.

Sanktionen Bismarcks gegen die katholische Kirche (1871 – 1875):

- Kanzelparagraph: Geistlichen wurde verboten, über Angelegenheiten des Staates zu predigen.
- Preußisches Schulaufsichtsgesetz: Alle Schulen wurden unter staatliche Aufsicht gestellt.
- Verbot des Jesuitenordens
- Maigesetze: Die Anstellung von Geistlichen sollte vom Staat kontrolliert werden (Voraussetzung Abitur, Staatsexamen).
- Einstellung aller finanziellen Leistungen an die Kirche
- Auflösung aller Ordensniederlassungen
- Einführung der Zivilehe (Standesämter)

Der Vatikan erklärte die Kulturkampf-Gesetzgebung für ungültig, das Zentrum vergrößerte seine Abgeordnetenmandate. Nach dem Tod von Papst Pius IX. (1878) brach Bismarck den aussichtslosen Kulturkampf ab. In einem Kompromiss wurden die Kirchengesetze gemildert, erhalten blieben Kanzelparagraph und Zivilehe.

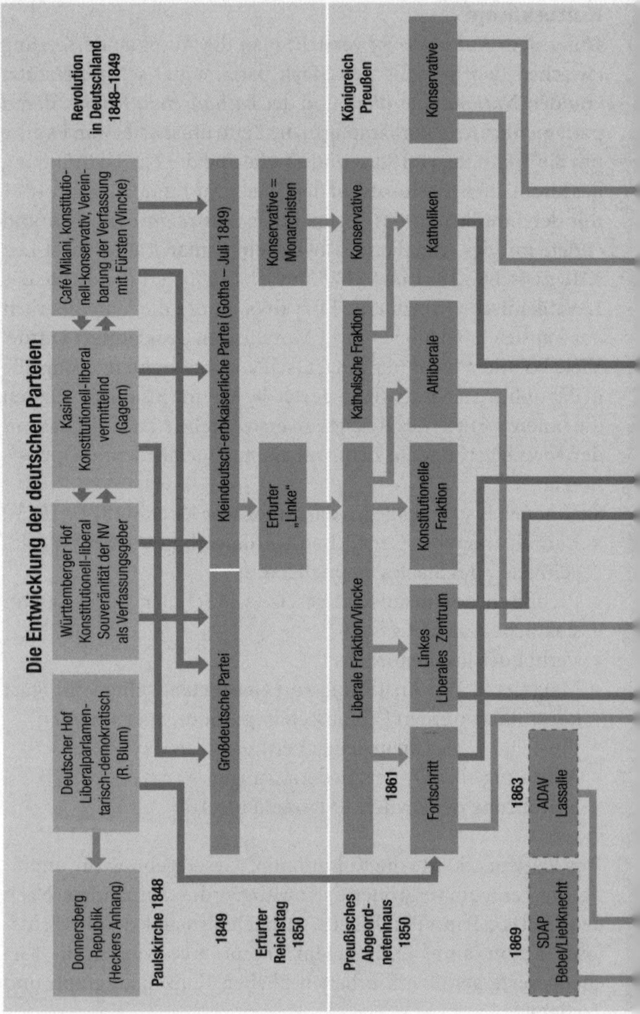
Die Entwicklung der deutschen Parteien
Revolution in Deutschland 1848–1849
Café Milani, konstitutionell-konservativ, Vereinbarung der Verfassung mit Fürsten (Vincke)
Kasino Konstitutionell-liberal vermittelnd (Gagern)
Württemberger Hof Konstitutionell-liberal Souveränität der NV als Verfassungsgeber
Deutscher Hof Liberalparlamentarisch-demokratisch (R. Blum)
Donnersberg Republik (Heckers Anhang)
Paulskirche 1848
Kleindeutsch-erbkaiserliche Partei (Gotha – Juli 1849)
Großdeutsche Partei
1849
Konservative = Monarchisten
Erfurter „Linke"
Erfurter Reichstag 1850
Königreich Preußen
Konservative
Katholische Fraktion
Liberale Fraktion/Vincke
Preußisches Abgeordnetenhaus 1850
Konservative
Katholiken
Altliberale
Konstitutionelle Fraktion
Linkes Liberales Zentrum
1861
Fortschritt
1863
ADAV Lassalle
1869
SDAP Bebel/Liebknecht

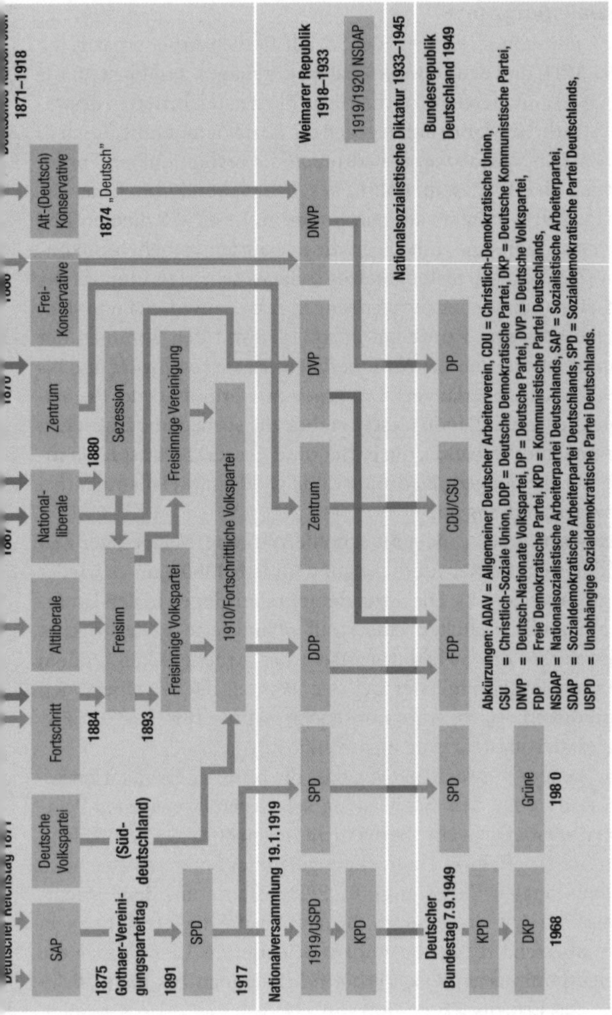

Entwicklung der deutschen Parteien ab 1848

7

Sozialistengesetz

Die Unternehmer sahen in der Sozialistischen Arbeiterpartei (ab 1891 *SPD*) und den Gewerkschaften die Hauptschuldigen für die seit 1873 anhaltende wirtschaftliche Flaute und forderten deswegen staatliche Maßnahmen gegen die Sozialdemokratie. Auch in den Augen von ***Bismarck*** bedrohten die revolutionären Forderungen der SAP sein politisches Lebenswerk, das Deutsche Reich. Zwei Attentate auf den Kaiser im Juni 1878 dienten Bismarck als Vorwand, um gegen die Sozialisten vorgehen zu können. Ziel des Sozialistengesetzes sollte es sein, den Einfluss der Sozialdemokratie zurückzudrängen bzw. auszuschalten. Das Sozialistengesetz wurde am 21.10.1878 mit den Stimmen der Konservativen und der ***Nationalliberalen*** verabschiedet und bis 1890 mehrfach verlängert. Das gegen den Grundsatz der Rechtsgleichheit verstoßende Gesetz verbot alle sozialdemokratischen Vereine und Verbände, die Partei- und Gewerkschaftspresse sowie Kundgebungen. Es drohte hohe Geld- und Haftstrafen bei Zuwiderhandlung an.

Das Gesetz erzielte nicht die erhoffte Wirkung. Nach kurzer Zeit erholte sich die Arbeiterbewegung und ab 1880 kam es wieder zu größeren Streiks. Die Sozialdemokraten gingen in den Untergrund und errichteten eine straff organisierte Parteistruktur. Dies stärkte das Selbstbewusstsein der Arbeiterschaft, zudem konnten Parteimitglieder bei den Wahlen als Privatpersonen kandidieren. Als logische Konsequenz wurde 1890 das Sozialistengesetz vom Reichstag nicht verlängert.

Eine weitere Konsequenz war, dass die Nationalliberalen zerfielen, weil sie mit dem Sozialistengesetz gegen ihre eigenen Prinzipien verstießen – eine Partei nicht wegen etwaiger Verbrechen, sondern wegen ihrer Überzeugungen unter Sonderstrafrecht zu stellen. Letzten Endes ging die SPD gestärkt aus dem Machtkampf mit dem Staat hervor. Bismarck hatte die Revolutionsgefahr überschätzt, da die reform-orientierten Lassalleaner die Partei dominierten. Das Verbot führte jedoch zur Radikalisierung, das Erfurter Programm von 1891 war marxistisch geprägt.

Sozialgesetzgebung

Durch die Sozialversicherungsgesetze sollten die Arbeiter ihrer Partei entfremdet, die Arbeiterschaft gespalten und die nichtsozialdemokratische Arbeiterschaft enger an den Staat gebunden werden. Dieses Ziel musste scheitern, da die Leistungen auch nach damaligem Ermessen gering und auch die Landarbeiter nicht versichert waren. Die patriarchalische Grundhaltung der Gesetze wurde dem massiven Drang der Arbeiterschaft nach sozialer und politischer Emanzipation nicht gerecht.

Krankenversicherungsgesetz, 1883

Versicherungszwang für die Arbeitnehmer unter einer bestimmten Einkommensgrenze. Neueinrichtung einer Ortskrankenkasse neben den bereits bestehenden Betriebskrankenkassen. Finanziert wurden die Leistungen zu zwei Drittel durch die Versicherten und zu einem Drittel durch die Arbeitgeber. Krankengeld wurde für maximal 13 Wochen gewährt.

Unfallversicherungsgesetz, 1884

Zwangsversicherung von Arbeitnehmern, deren Jahreseinkommen unter 2000,– Reichsmark lag. Die Heilverfahren nach der 14. Krankheitswoche sowie eine Rente im Falle der Arbeitsunfähigkeit wurden übernommen.

Alters- und Invalidenversicherung, 1889

Rente für Arbeitnehmer nach dem siebzigsten Lebensjahr, bemessen am vorhergegangenen Arbeitseinkommen und der Versicherungsdauer.

Bismarcks Sozialgesetzgebung war mit ihrer Festlegung eines Rechtsanspruchs der Arbeitnehmer auf Sozialhilfe, mit dem Zugeständnis von Selbstverwaltung und Selbstverantwortung, richtungsweisend für jede staatliche Sozialpolitik. Letztendlich wurde trotz des Misserfolg Bismarcks der Grundstein für eine sozial integrierte Arbeiterschaft gelegt und radikale Revolutionen wie in Russland vermieden.

7.5 Innenpolitik bis zum Ersten Weltkrieg

Obwohl der Reichskanzler vom Kaiser abhängig war, benötigte er auch Mehrheiten im Reichstag. Meist war er gezwungen, wechselnde Mehrheiten für einzelne Gesetzesvorhaben zu suchen.

- **1871–1890** ***Bismarck*** stützte sich bis 1876 auf die ***Nationalliberalen*** und die Duldung durch die Fortschrittspartei, ab 1878/79 auf die Konservativen oder auch abwechselnd auf ***Zentrum*** und ***Liberale.***
- **1890** Entlassung Bismarcks nach grundsätzlichen Auseinandersetzungen mit Kaiser ***Wilhelm II.***
- **1890–1894** ***Leo Graf von Caprivi*** wird Kanzler; Annäherung an die Nationalliberalen und das Zentrum. Er setzte sich für eine Senkung der Schutzzölle, für konfessionelle Grundlagen des Volkschulgesetzes ein und verweigerte sich den Staatsstreichplänen von Wilhelm II., der das allgemeine Wahlrecht abschaffen wollte.
- **1900–1909** ***Bernhard Fürst von Bülow*** stützte sich auf ein konservativliberales Bündnis, das ihn der Zusammenarbeit mit dem Zentrum entledigte, trat aber zurück, als ihm das Parlament die Gefolgschaft verweigerte.
- **1909–1917** ***Theobald von Bethmann Hollweg*** brachte bei Kriegsbeginn die Unterstützung aller im Reichstag vertretenen Parteien für den Krieg zustande.

Die Industrialisierung in Deutschland

8

8.1 Aufholen eines Rückstands

Der Begriff ***Industrielle Revolution*** bezeichnet die erste Phase der Industrialisierung, die in England um 1770 einsetzte. Sie stellt die Anschubphase eines tiefgreifenden wirtschaftlichen und gesellschaftlichen Wandlungsprozesses dar, der bis heute nicht abgeschlossen ist. Im Mittelpunkt stehen die Einführung und Fortentwicklung der industriellen Produktionsweise (neue Energiequellen, Maschinen, Fabrik, Arbeitsteilung auf zunehmend wissenschaftlicher Grundlage, Wachstum des Sozialprodukts) und die Umverteilung der Erwerbstätigen von der Landwirtschaft in das Gewerbe und den Dienstleistungsbereich.

Voraussetzungen der Industriellen Revolution waren:

- Bevölkerungsanstieg seit dem 17. Jh.,
- Agrarrevolution (Dreifelder- zur Fruchtwechselwirtschaft),
- wissenschaftlich-technische Neuerungen (Dampfmaschine),
- wissenschaftlich-medizinische Revolution,
- gesellschaftlich-politische Revolution (***Menschenrechte***, persönliche Freiheit, politische Mitbestimmung).

Gegenüber England und Frankreich befand sich Deutschland als Industriestaat zunächst im Rückstand. Vor allem die Montan und Eisenindustrie waren die Motoren für den starken Anstieg der deutschen Wirtschaft von 1850–1880.

Der Eisenbahnbau trug den industriellen Fortschritt in den Jahren zwischen1830 und 1870 entscheidend mit, da er einen erhöhten Bedarf an Kohle und Eisen verursachte und damit die technische Weiterentwicklung des Bergbaus und der Stahlgewinnung vorantrieb.

Mit Elsass-Lothringen gewann das Kaiserreich 1871 ein wichtiges Abbaugebiet von Erzen (drei Viertel der deutschen Erzförderung stammten von dort). Damit war eine wesentliche Voraussetzung zur Ausdehnung der Eisen- und Stahlindustrie geschaffen. Die Regionen um Ruhr und Saar sowie Oberschlesien gewannen aufgrund ihres günstigen Standortes an wirtschaftlicher Bedeutung und bildeten die neuen Zentren der Montanindustrie. Die Eisen verarbeitenden Hütten erwarben eigene Kohlezechen und senkten damit ihre Produktions- und Transportkosten.

8.2 Aufstieg zur Industrienation

Rasch stieg Deutschland aufgrund seiner expandierenden Eisen- und Stahlwirtschaft zur Industrienation auf. Die rasante Entwicklung führte dazu, dass bereits 1860 der Export des Deutschen Bundes den Import übertraf und bereits vor 1871 Frankreich von der zweiten Position der europäischen Roheisenerzeugung verdrängt wurde. Mit der Reichsgründung und dem

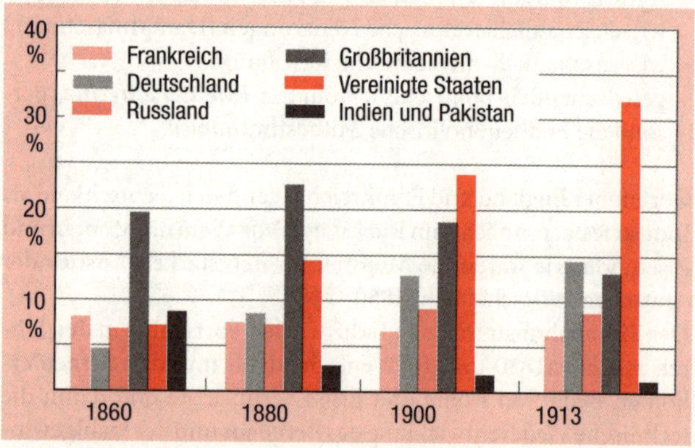

Wachstumsraten des industriellen Sektors im internationalen Vergleich

gewonnenen Krieg gegen Frankreich (1870/71) beschritt das Deutsche Reich endgültig den Weg zur Hochindustrialisierung, die durch ein enormes Wirtschaftwachstum und durch eine weitere Phase der Mechanisierung gekennzeichnet war. Hohe Gewinne ermöglichten kostspielige Investitionen. Die Landwirtschaft wurde in ihrer Bedeutung von Industrie und Handel überflügelt. Um 1800 waren zwei Drittel der Erwerbstätigen in Deutschland im primären Sektor (Landwirtschaft und Bergbau) beschäftigt, um 1900 waren es nur noch knapp 40 %.

Entwicklung der Beschäftigtenzahlen in den einzelnen Wirtschaftssektoren

	Sektoren aller Beschäftigten (in Prozent)			Beschäftigte insgesamt (in Mio.)
	primäre	sekundäre	tertiäre	
1780	65	19	16	10,0
1800	62	21	17	10,5
1825	59	22	19	12,6
1850	55	24	21	15,8
1875	49	30	21	18,6
1900	38	37	25	25,5
1914	34	38	28	31,3
1935	30	38	32	29,9
1970	5	48	47	30,1

Entwicklung im primären, sekundären und tertiären Sektor

8

Vereinheitlichung des Wirtschaftsraumes

Wirtschaftlich und rechtlich wurde der deutsche Wirtschaftsraum weiter vereinheitlicht: durch die Einführung eines Handelsgesetzbuches (1865), eines Strafgesetzbuches (1872), die Schaffung einer Reichsbank als Zentralnotenbank (1875), die Vereinheitlichung der Währung (Deutsche Mark; 1876), durch ein Reichspatentwesen, die Gründung der Kaiser-Wilhelm-Gesellschaft zur Förderung der Wissenschaften (heute Max-Planck-Gesellschaft), die Einführung des Bürgerlichen Gesetzbuches.

Gründerzeit und Krisenjahre

Die Reichsgründung leitete von 1871 bis 1873 einen beispiellosen Wirtschaftsboom im Deutschen Reich ein, den man auch als „Gründerjahre" bezeichnet. Verantwortlich für diese Entwicklung waren u. a. die französischen Reparationen von 4 Mrd. Mark, die von der Reichsregierung zur Rückzahlung ihrer Schulden und zur Aufrüstung verwendet wurden. Damit wurde das Wirtschaftsleben belebt: Schwer- und Bauindustrie wurden mit Aufträgen bedacht. Neue Aktiengesellschaften entstanden und viele Baugesellschaften wurden gegründet.

1873 wurde die Hochkonjunktur jäh beendet. Die Aktienkurse fielen aufgrund von ruinösen Spekulationen; Banken, Eisenbahngesellschaften und Unternehmen brachen zusammen. Schuld war eine überheizte Stimmung, die eine überhöhte Ausgabe von Aktien und riskante und unseriöse Firmengründungen zur Folge hatte. Zudem stagnierte zu diesem Zeitpunkt die Weltwirtschaft insgesamt. Die Schwerindustrie und das Bankgeschäft gerieten in eine schwere Absatzkrise. Dem Gründerkrach (1873–1876) folgte ein wesentlich schwächeres Wirtschaftswachstum, trotzdem war noch bis 1890 Wachstum zu verzeichnen. Bis 1890 wuchs die Wirtschaft weiterhin kontinuierlich, wenn auch wesentlich langsamer.

Schutzzollpolitik

Die negative Entwicklung in der Wirtschaft hatte den Ruf nach der Abkehr von einer liberalen Außenwirtschaftspolitik zur Folge. Die überseeische Konkurrenz traf die Landwirtschaft, aber auch die Schwerindustrie fürchtete sie.

Bismarck ließ es 1878 zum Bruch mit den *Nationalliberalen* kommen. In Neuwahlen gewannen die Konservativen Stimmen dazu. Schutzzölle brachten scheinbar Erfolg; Beschäftigungs- und Produktionszuwachs waren jedoch eher Folge des weltweiten Konjunkturaufschwungs. Vor diesem Hintergrund ist auch Bismarcks geänderte Haltung zur Kolonialpolitik zu sehen. Seit den 80er-Jahren erwarb das Deutsche Reich Kolonien.

Phasen der Industrialisierung

Die Entwicklung der Schwerindustrie

Die Anlaufphase (ca. 1830–1850) wurde in Deutschland von Montanindustrie (Bergbau und Hüttenwesen) und Eisenbahnbau (1840–1870) getragen. Neue Verfahren für die Umwandlung von Eisen in Stahl wurden entwickelt und schufen die Voraussetzung für die Entwicklung weiterer Produktionszweige.

- Bessemer-Verfahren: Durch Zufuhr von Sauerstoff bei der Verbrennung von Kohlenstoff kann die Umwandlung von Roheisen zu Stahl beschleunigt werden.
- Das Thomas-Gilchrist-Verfahren und das Siemens-Martin-Verfahren ermöglichten die Verwendung von schwefelreichen Roheisensorten und damit ein erweitertes Rohstoffangebot bei der Produktion.

Die wissenschaftliche Phase

- Elektro- und Verkehrstechnik (ab 1870)
  - 1867 Werner von Siemens: Dynamo
  - 1876 August Otto: Viertakter-Benzin-Motor
  - 1897 Rudolf Diesel: rohölbetriebener Motor
  - ab 1900 Zeppelins Luftschiffe, ab 1905 Propeller-Flugzeuge
- Chemische und Schwerindustrie (ab 1880)
  - Entdeckung von Anilin (Ausgangssubstanz für Farbstoffe)
  - Kunststoffe (Bakelit, Zellophan, Kunstseide)
  - Explosivstoffe (Sicherheitssprengstoffe seit 1885)

Die Industrialisierung begann in England mit der Textilindustrie, wirkte sich dann in Gesamteuropa auf Bergbau und Eisenbearbeitung aus, um dann das Verkehrswesen zu revolutionieren. Mit den Entwicklungen im Bereich der Chemie und der Elektrotechnik erreichte sie nach der Jahrhundertwende ihren Höhepunkt. Die Automatisierung seit Mitte des 20. Jh.s bezeichnet man als zweite, die Folgen der Mikroprozessoren und Nanotechnologie als dritte Revolution. Seit den 90er-Jahren des letzten Jahrhunderts spricht man vom Übergang zur postindustriellen Gesellschaft oder auch von der Informationsgesellschaft.

8.3 Soziale Frage und Sozialpolitik

Bevölkerungswachstum

Die Verbesserung der Hygiene, bahnbrechende Entdeckungen und Entwicklungen in der Medizin sowie Fortschritte in der Landwirtschaft, welche nun erstmals die Ernährung aller Bevölkerungsschichten gewährleistete, bewirkten zusammen mit dem Wegfall von Heiratsbeschränkungen einen raschen Anstieg der Bevölkerung. So wuchs die Bevölkerung des Deutschen Reiches von ca. 25 Mio. (1816) auf ca. 65 Mio. (1910) an, was einem Bevölkerungswachstum von 161,9 % entsprach. Dies ließ auch die Nachfrage nach Industrieprodukten steigen.

Migrationsbewegungen und Verstädterung

Im Zuge des Bevölkerungswachstums und der neu entstehenden Arbeitsplätze in den Städten kam es zu Binnenwanderungen aus den östlichen Reichsgebieten in die Zentren der industriellen Produktion, das sächsisch-oberschlesische Industrierevier und das Ruhrgebiet. Die vorindustrielle Wanderung von Westen nach Osten, zu den agrarischen Großregionen Preußens wurde damit umgekehrt. In den Städten entstand ein modernes Industrieproletariat. Die Anteil der Lohnarbeiter an der Erwerbsbevölkerung stieg damit um von einem Viertel 1849 auf drei Viertel 1907. Der Bevölkerungsdruck entlud sich auch in einer permanenten Auswanderung nach Übersee. Zwischen 1820 und 1920 verließen 5 Mio. Deutsche ihre Heimat in der Hoffnung auf eine bessere Zukunft in der „Neuen Welt".

In den deutschen Städten bewirkte die Migration ein rasches Anwachsen der Bevölkerung und die Prägung der Städte durch Industrie und Industriearbeiterschaft, die in eigenen Vierteln in zum Teil ärmlichsten Verhältnissen lebte. Die Städte wuchsen weit über ihre mittelalterlichen Grenzen hinaus und wurden zu Ballungszentren, die sich neuen Organisationsproblemen gegenübergestellt sahen: Bewältigung von Verkehr, Energieversorgung, Abfallbeseitigung und Unterbringung von Menschen.

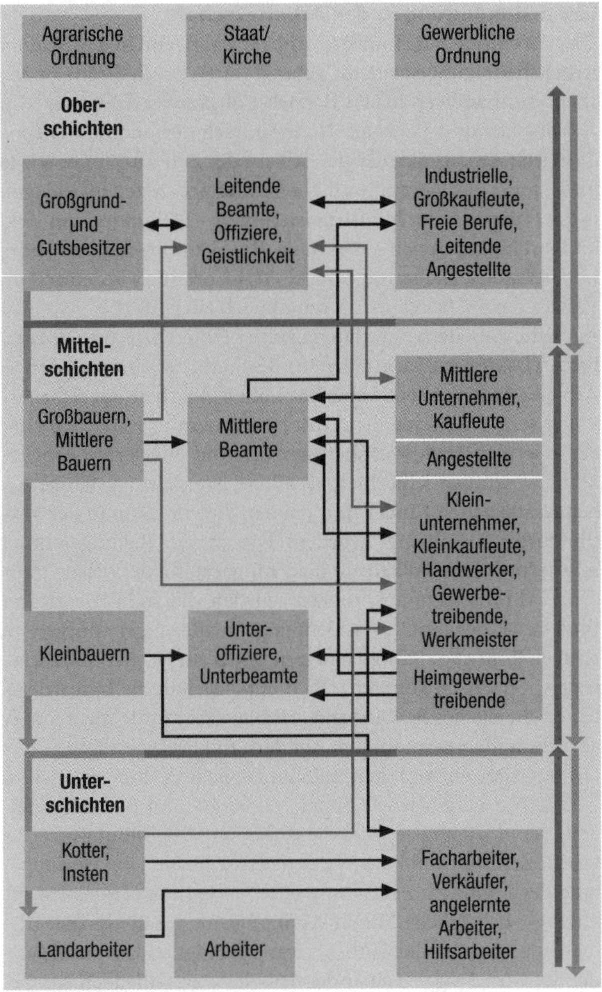

Gesellschaft und Mobilität während der Industrialisierung

Lebensbedingungen der Arbeiterschaft

Die neu entstehende Industriearbeiterschaft fand in den Städten Arbeitsbedingungen vor, die geprägt waren durch die im ländlichen und handwerklichen Bereich unbekannte Trennung von Arbeitsplatz und Haushalt. Neu war auch der unerbittliche industrielle Arbeitstakt, der den Ablauf der Zeit im Winter sowie im Sommer gleichermaßen diktierte. Die Arbeitszeiten betrugen in der Frühphase der Industrialisierung 15–17 Stunden, um 1900 im Durchschnitt noch 11 Stunden. Kranken-, Invaliditäts- oder Arbeitslosenversicherung und Altersversorgung wurden erst im Verlauf der 1880er-Jahre nach und nach eingeführt.

Auch die Arbeiterschaft unterlag einer Differenzierung: Spezialisten (Lokführer, Maschinisten), Facharbeiter und ungelernte Arbeiter. Entsprechend waren die Löhne innerhalb der Arbeiterschaft sehr unterschiedlich. Am besten bezahlt waren Arbeiter aus gelernten Handwerksberufen, an- und ungelernte Arbeitskräfte wesentlich schlechter; als billige, aber leistungsfähige Arbeitskräfte galten Kinder und Frauen, die vor allem in der Textilindustrie beschäftigt wurden. Die in die Ballungszentren migrierte Landbevölkerung fand hingegen kaum Arbeit. Aufgrund ihrer Eigentumslosigkeit wurden die Industriearbeiter Proletarier genannt (in Anlehnung an diejenigen Bürger im antiken Rom, die als ihren einzigen Besitz auf Nachkommen, lat. proles, verweisen konnten). Bald entwickelten die Industriearbeiter ein eigenes Bewusstsein – Proletarier wurde nicht länger als Schimpfwort empfunden, sondern mit Stolz getragen.

Die Arbeiter entwickelten bald eine eigene Kultur, die sich in vielfältigen Vereinen wie Sport-, Gesangs- und Bildungsvereinen, deren wichtigstes Ziel die Anhebung des Bildungsniveaus war, äußerte. Obwohl das Wirtschaftswachstum eine Verdoppelung der Löhne im Zeitraum von 1871–1913 bewirkte, war die Situation der Arbeiter durch Wohnungsnot, Existenzängste und fehlende wirtschaftliche Absicherung geprägt, sodass die Lösung der ***Sozialen Frage*** zu einer der dringlichsten Aufgaben der Gesellschaft wurde.

8.4 Lösungsvorschläge für die sozialen Probleme

Die Soziale Frage ergab sich aus der Fortdauer des vorindustriellen *Pauperismus* (lat. pauper = arm), also der Verarmung der unteren Bevölkerungsschichten in der Industriegesellschaft. Diese Frage bedurfte einer raschen Lösung, damit der Bestand von Staat und Gesellschaft in der zweiten Hälfte des 19. Jh.s gesichert werden konnte.

Frühe Sozialisten

Die *Frühsozialisten,* vor allem in Frankreich, entwickelten bereits vor Marx und Engels sozialistische Ideen, und sie waren von der aufklärerischen Idee der Weltverbesserung beeinflusst. Ihre Konzepte trugen meist utopische Züge.
Sie forderten u. a.

- Überführung der Produktionsmittel in nationale Gütergemeinschaft,
- Abschaffung des profitorientierten Handels,
- Beseitigung des Erbrechts,
- genossenschaftliche Organisation der gesamten Gesellschaft,
- Veränderung der bestehenden Eigentumsverhältnisse,
- Errichtung von sozialpolitischen Utopien.

So trat Etienne Cabet für die Abschaffung des profitorientierten Handels ein. Franc̦ois Babeuf propagierte die Aufteilung von Grund und Boden und die gleichmäßige Verteilung der Ernteerträge. Graf Henri de Saint-Simon erkannte den Zusammenhang von wirtschaftlichen und gesellschaftlichen Verhältnissen und wies auf die Bedeutung des Arbeitertums hin. Er forderte einen „Rat der Industriellen", der für die Kontrolle des Staatshaushaltes zuständig sein sollte. Charles Fourier wollte eine Neuordnung der Gesellschaft und die Umwandlung staatlicher Gesellschaften in autarke häuslich-agrarische Gemeinschaften, um den politischen und sozialen Verfall aufzuhalten. Er entwickelte

die Vision einer universellen Einheit, die Glück und Harmonie auf der Basis der natürlichen Bedürfnisse und Leidenschaften der Menschen gewährleisten sollte. Mit seiner Forderung nach neuen arbeitsteiligen Produktionsformen, nach sozialer Sicherheit für die Arbeiter, nach dem Recht auf Leben und Arbeit bereitete er die Ideen von Marx vor. Auch unterstützte er die Emanzipation der Frau.
Der Engländer ***Robert Owen*** strebte ebenfalls genossenschaftliche Organisationsformen der Arbeiter an und trat für Arbeitszeitverkürzung, Verbot von Kinderarbeit und die Verbesserung der Bildungsmöglichkeiten ein. Er wurde zum Mitinitiator der englischen Sozialpolitik seit 1816. Mit Fourier wird er auch als Genossenschaftssozialist bezeichnet.
Wichtigster deutscher Vertreter war ***Wilhelm Weitling***, der unter dem Einfluss der französischen und englischen Theoretiker stand. Durch ihn wurde der Sozialismus in Deutschland zu einer politischen Bewegung.

Wissenschaftlicher Sozialismus von Marx und Engels
Mit seinen Theorien, die sich keinesfalls als richtig, aber doch als scharfe Analysen der kapitalistischen Gesellschaft erwiesen, beeinflusste ***Karl Marx*** in Zusammenarbeit mit ***Friedrich Engels*** die Entwicklung der Gesellschaft und der Geschichte bis in unsere Zeit. Die Arbeiterbewegung übernahm in Teilen seine Theorie, die Revolutionen in Russland (1917) und Deutschland (1918) wurden von den führenden Revolutionären als Umsetzung der Marxschen Ideen geplant. Die Staatsgründungen der Sowjetunion, später der DDR, die Regime in den ehemaligen Ostblockstaaten und das China Mao Zedongs waren beeinflusst von der Theorie Marx'. Aber auch die Sozialstaatsidee, wie sie sich in Europa entwickelte, ist nicht ohne ihn denkbar.
Mit drei Gesetzen glaubte Marx die Geschichte voraussagen zu können, dem Gesetz
a) vom Umschlagen von Quantität in Qualität,
b) vom Widerspruch als treibender Kraft jeder Entwicklung,

c) der Negation der Negation.
Der Antagonismus zwischen der herrschenden Klasse, die über die Produktionsmittel verfügte, und der besitzlosen, unterdrückten Klasse bewirke den revolutionären Fortgang der Geschichte von einer idealen Urgesellschaft, die durch den „Sündenfall", der Aneignung von Privateigentum, in zwei Klassen (Gesetz vom Widerspruch) geteilt wurde.
In einer Stufenentwicklung geht nach Marx die Geschichte voraussagbar von der Sklavenhaltergesellschaft (Frühe Hochkulturen, Antike) zur Feudalgesellschaft des Mittelalters und zur bürgerlichen Gesellschaft über. In dieser stehen sich die Bourgeoisie, die über die Produktivkräfte (Arbeitskraft des Arbeiters, Maschinen) verfügt und die Proletarier (Arbeiter) gegenüber. Marx glaubte, dass die Zahl der Proletarier immer weiter anwachsen werde. Nach dem Bewusstwerden ihrer eigenen Situation würden sich die Arbeiter in einem revolutionären Klassenkampf erheben (Gesetz vom Umschlagen der Quantität in Qualität) und den Gegensatz der Klassen und den damit verbundenen Geschichtsprozess endgültig aufheben (Gesetz der Negation der Negation) und im Kommunismus eine klassenlose Gesellschaft bilden.

Arbeiter- und Gewerkschaftsbewegung im Überblick

- **1848** Entstehung von Arbeitervereinen in vielen deutschen Städten. Kongress im Sommer des Jahres in Berlin
- **1854** Verbot aller Arbeitervereinigungen
- **1863** Gründung des „Allgemeinen deutschen Arbeitervereins" (ADAV) unter Vorsitz von Ferdinand Lassalle als erste politische Arbeiterbewegung mit dem Ziel „Herstellung des allgemeinen, gleichen und direkten Wahlrechts". Lassalle proklamierte einen Weg der Reformen.
- **1869** Gründung der „Sozialdemokratischen Arbeiterpartei" (SDAP) in Eisenach. Verabschiedung des Eisenacher Programms. Führung der Partei durch *August Bebel* und *Wilhelm Liebknecht.*

- **1870** Spaltung der „Linken“ im Parlament an der Frage der Kriegskredite für den Krieg mit Frankreich. Der ADAV nahm eine Haltung pro, die SDAP contra Kredite ein.
- **1872** Gewerkschaftskongress in Erfurt beschloss die Bildung einer zentralen Organisation.
- **1875** Vereinigung der Lassalleaner und der Eisenacher (ADAV und SDAP) zur „Sozialistischen Arbeiterpartei“ (SAP) auf dem Parteitag in Gotha. Verzicht auf einen revolutionären Weg im Gothaer Programm; Kritik von Marx.
- **1878** Trotz der Sozialistengesetze erreichten die Sozialdemokraten bei den Reichstagswahlen 9 Mandate.
- **1893** Ein internationaler Arbeiterkongress in Paris beschloss Demonstrationen für den 1. Mai 1890 und forderte die Einführung des Achtstundentags.
- **1890** Ablehnung der Verlängerungen der Sozialistengesetze im Reichstag. Auf dem Parteitag in Halle Namensänderung der SAP in „Sozialdemokratische Partei Deutschlands“ (SPD).
- **1891** Erfurter Programm von Karl Kautsky und Eduard Bernstein. Zum Schutz der Arbeiterschaft wurden Forderungen wie Verbot der Kinder- und Nachtarbeit, aber auch verstärkte politische Mitbestimmung erhoben (z. B. durch direkte Gesetzgebung). Die Vergesellschaftung der Produktionsmittel wurde weiterhin gefordert.
- **1899** Bernstein bezweifelte Marx’ Geschichtsprognose und forderte ein revidiertes Parteiprogramm. Der so genannte Revisionismusstreit wurde von Kautsky mit dem Kompromiss beendet, die SPD sei eine revolutionäre, aber keine Revolution machende Partei.
- **1905** Auseinandersetzung mit den Gewerkschaften über den „politischen Massenstreik“. Ablehnung seitens der Gewerkschaften. Die SPD sah Streik als politisches Kampfmittel zur Erhaltung des Wahl- und Koalitionsrechts.
- **1906** Beilegung des Streites. Weitgehende Unabhängigkeit der Gewerkschaften.

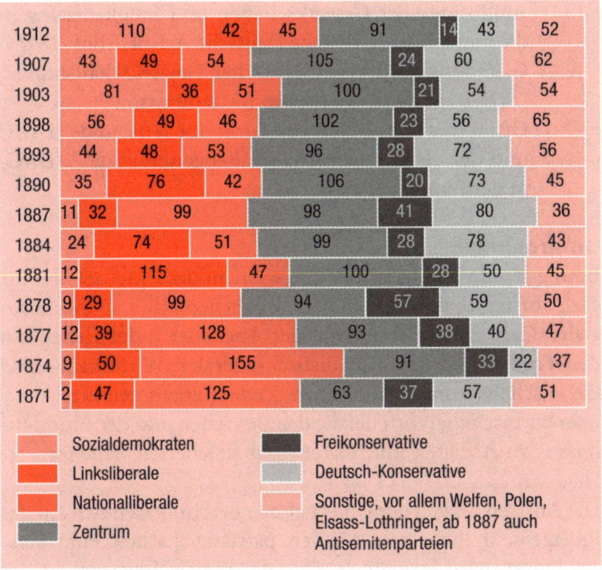

Die Sitzverteilung der Parteien im Deutschen Reichstag, 1871–1912

1912 Bei den Reichstagswahlen gewann die ***SPD*** 110 Mandate (34,8 %) und wurde damit die stärkste Fraktion.

1914 Auseinandersetzung innerhalb der Sozialisten um die Kriegskredite: Einstimmige Billigung der Kredite durch die Reichstagsfraktion der SPD.

1917 Ausschluss der Opposition (u. a. ***Karl Liebknecht, Rosa Luxemburg***) aus der Partei. Gründung der „Unabhängigen Sozialdemokratischen Partei" ***(USPD)*** durch die Opposition in Gotha, wilder Streik von 300 000 Arbeitern in Berlin ohne Unterstützung der Gewerkschaften unter dem Einfluss der Kriegslage.

1918 Bildung von Arbeiterräten in Berlin; Gründung der KPD auf einer Reichskonferenz des ***Spartakus.***

- **1933** Auflösung aller Gewerkschaften und Eingliederung in die nationalsozialistische Deutsche Arbeitsfront *(DAF)*
- **1946** Gründung des „Freien Deutschen Gewerkschaftsbunds" *(FDGB)* in der sowjetischen Besatzungszone
- **1949** Gründung des „Deutschen Gewerkschaftsbunde *(DGB)* und der „Deutschen Angestelltengewerkschaft" *(DAG)* in der Bundesrepublik

Unternehmer

Beweggründe für das soziale Engagement der Unternehmer für die Arbeiterschaft waren in der christlichen Ethik, in ihrem sozialen Gewissen, aber auch in der Angst der Industriellen um den Fortbestand der kapitalistisch-liberalen Wirtschafts- und Gesellschaftsordnung zu suchen. Zudem erkannten die Unternehmer rasch die Vorteile, die den Betrieben und der Produktion aus zufriedenen und materiell abgesicherten Arbeitern erwuchsen.

Die Anstrengungen der Unternehmer beschränkten sich auf das Engagement Einzelner. An den patriarchalischen Führungsstrukturen wird ersichtlich, dass das soziale Engagement der Unternehmer auch der „Befriedung" der Arbeiterschaft dienen sollte. Arbeitslose wurden in diesem System nicht berücksichtigt. Unternehmer wie Harkort und Abbe forderten den Staat zur Mithilfe auf, die Bemühungen der Unternehmer könnten die sozialen Probleme allein nicht lösen.

Unternehmer wie Friedrich Harkort, Alfred Krupp und Ernst Abbe unternahmen große Anstrengungen zur Verbesserung der Situation ihrer Arbeiter: Krupp begründete eine Kranken- und Sterbekasse, führte Arbeiterpensionen ein und errichtete Wohnsiedlungen und Konsumanstalten (preiswerte Einkaufsmöglichkeiten). Ernst Abbe, Gründer der optischen Werke in Jena, richtete 1889 die Carl-Zeiß-Stiftung ein, verkürzte die Arbeitszeit auf acht Stunden, gewährte seinen Arbeitern Urlaub und beteiligte sie durch sogenannte Reservefonds am Gewinn des Unternehmens.

Die Kirchen

Zwei wichtige Theoretiker einer katholischen Soziallehre waren Adam Müller und Franz von Baader. Adam Müller trat den Vorstellungen der liberalen Aufklärer von freiem Wettbewerb, wachsender Geldwirtschaft und schließlich dem Fabriksystem entgegen. Durch diesen Materialismus zerfalle die Gesellschaft („Atomisierung"). Das benachteilige die Schwachen, was dem göttlichen Ordnungsprinzip widerspreche. Vorbild war für ihn die idealisierte Gesellschaftsordnung des Mittelalters. Es gelte, die Industriearbeiter als Gruppe der Verstoßenen in die Gesellschaft einzugliedern. Müller zeigte allerdings keinen Weg auf, wie dies zu geschehen habe.

Franz von Baader leitete in England ein Eisenhüttenwerk und war damit im Gegensatz zu Müller Praktiker. Er verglich die Lage der Proletarier mit der der Sklaven in der Antike, denn sie seien den Fabrikherren schutzlos ausgeliefert. Er forderte politisches Mitbestimmungsrecht für die Proletarier sowie eine Betreuung durch Priester.

Der Mainzer Erzbischof ***Wilhelm Ketteler*** versuchte die soziale Frage zunächst durch einen Aufruf zur Nächstenliebe zu lösen, erkannte aber bald, dass damit die Not des Proletariats nicht zu lindern war. 1864 nannte er in einer Denkschrift neben christlicher Heilslehre konkrete soziale Institutionen, z. B. Anstalten für arbeitsunfähige Arbeiter. Eine politische Lösung war ihm zunächst fremd, obwohl die soziale Frage an Brisanz zunahm. 1869 hielt er eine Rede vor der Fuldaer Bischofskonferenz, in der er erstmals auch den Staat in die Verantwortung nahm. Mit dem „Fuldaer Referat" gab er der Kirche ein zukunftsweisendes Sozialprogramm. In der Sozialenzyklika Rerum novarum berief sich Papst Leo XIII. auf Ketteler, der Folgendes forderte:

- Verbot von Kinderarbeit
- Schließung gesundheitsgefährdender Betriebe
- Freier Sonntag
- Entschädigung bei Invalidität
- Gesetzliche Regelung der Arbeitszeit

Adolph Kolping ragte besonders wegen seines einfachen, aber wirkungsvollen Einsatzes heraus. Er gründete 1849 den „Katholischen Gesellenverein" mit dem Ziel, unverheirateten Jugendlichen und Männern ein Heim zu geben. Auf evangelischer Seite ist ***Johann Hinrich Wichern*** zu nennen, der mit der Gründung des „Central-Ausschusses für die Innere Mission" die Grundlage für die evangelische Sozialarbeit schuf.

Die ***katholische Kirche*** versuchte die Soziale Frage durch Einrichtung sozialer Institutionen, den Appell an die Nächstenliebe des Einzelnen und durch den Appell an den Staat zu lösen. Die Kirche wollte nicht an den Rand der bürgerlichen Gesellschaft in die Nähe zu Sozialismus und Kommunismus gedrängt werden. Allerdings gelang ihr eine breite Aussöhnung mit der Arbeiterbewegung nicht, da sie deren Gleichheitsforderungen nicht übernahm.

Europäische Gleichgewichtspolitik und imperialistische Weltpolitik

9.1 Krimkrieg und Pariser Frieden

1848 wurde Louis Napoleon zum ersten Präsidenten der französischen Republik gewählt. Er genoss große Popularität, da er das allgemeine Wahlrecht befürwortete und die Rückkehr von Papst Pius IX. nach Rom förderte. In einem Staatsstreich (1851) festigte er seine Macht und nahm 1852 als ***Napoleon III.*** den Titel „Kaiser der Franzosen durch die Gnade Gottes und den Willen der Nation“ an. Frankreich war damit plebiszitäre Monarchie. In der Folge geriet Frankreich in außenpolitische Isolation, da die europäischen Staaten Napoleon als Störer des europäischen Gleichgewichts tief misstrauten.

Zar ***Nikolaus I.*** nahm 1853 einen nichtigen Streit um die heiligen Stätten in Jerusalem zum Anlass, sich in die inneren Verhältnisse des Osmanischen Reiches einzumischen und die Schutzherrschaft über die Donaufürstentümer Moldau und Walachei zu verlangen. Der Sultan lehnte dies ab, worauf Russlands Truppen in der Türkei einmarschierten. England wollte die Meerengen zum Schwarzen Meer vor russischem Zugriff sichern, Frankreich nutzte die Gelegenheit, um die antifranzösischen Bündnisse von 1815 und 1840 zwischen Russland und Großbritannien zu sprengen. So landeten französisch-englische Truppen zur Unterstützung des Sultans auf der Krim. Österreich wurde von den Westmächten zu einem antirussischen Bündnis gezwungen, griff aber nicht ein. Preußen blieb neutral, da es sich die Gewogenheit Russlands bewahren wollte.

Nach der Erstürmung der Krimfestung Sewastopol 1854 war Zar ***Alexander II.***, der Nachfolger von Nikolaus I., zum Frieden bereit. Der Krieg trug alle Zeichen eines Kabinettskrieg (Krieg, der um der Politik willen geführt und bei Verhandlungsbereitschaft der Partner abgebrochen wird), aber im ersten Stellungskrieg der Neuzeit waren hohe Verluste zu verzeichnen. Im **Pariser Frieden** von 1856 wurden die christlichen Untertanen des Sultans dem Schutz der europäischen Großmächte unterstellt. Russland durfte keine Flotte im Schwarzen Meer unterhalten und musste seine Festungen an der Schwarzmeerküste schleifen. Als Pufferstaat zwischen Türkei und Russland wurde das Fürstentum Rumänien gebildet.

Die Bedeutung des Pariser Friedens lag in der Aufhebung der Ergebnisse des Wiener Kongresses (1814/15). ***Napoleon III.*** erschien als Schiedsrichter und sicherte das europäische Gleichgewicht. Die ***Heilige Allianz*** war zerbrochen. Russland machte für seine Niederlage Österreich verantwortlich. Die Beziehungen zwischen Russland und Preußen hatten sich verbessert, die von Russland und England verschlechtert, da England offensichtlich im Osten, in China und Persien eigene Interessen verfolgte. Das Osmanische Reich blieb der „kranke Mann am Bosporus".

9.2 Italienische Einigung

1852 ernannte der neue König Viktor Emanuel II. den Grafen Camillo Cavour zum Ministerpräsidenten von Sardinien-Piemont. Cavour kannte Frankreich und England und hatte auch gute Verbindungen zu den dortigen Staatsmännern. Er verstärkte Flotte und Heer des Königreichs und ließ seine liberale Verfassung unangetastet. So wurde Sardinien-Piemont bald zur Hoffnung der italienischen Nationalbewegung und zum Motor der Einigung.

Napoleon III. strebte nach der Vormachtstellung in Europa und suchte deshalb die österreich-ungarische Doppelmonarchie zu schwächen. Er versprach deshalb Sardinien-Piemont militärische Hilfe für die Vertreibung der Österreicher aus Italien. Sar-

dinien sollte Parma und Modena erhalten, Nizza und Savoyen sollten an Frankreich fallen, Italien ein Staatenbund werden. England schlug daraufhin eine europäische Konferenz vor, die Österreich ablehnte, weil es England misstraute. Im Mai 1859 ließ sich Österreich zur Kriegserklärung provozieren und erlitt schwere Verluste bei ***Magenta*** und ***Solferino*** durch das französisch-piemontesische Heer.
Im Frieden von ***Zürich*** (10. 11. 1859) trat Österreich die Lombardei an Sardinien ab, Venetien blieb zunächst (bis 1866) österreichisch. Napoleon beanspruchte, entgegen seinen Versprechungen, Nizza und Savoyen und zog sich das Misstrauen Italiens, aber auch Englands zu.
Volksabstimmungen in Parma, Modena, der Toskana und der Romagna führten zum Anschluss dieser Gebiete an Sardinien-Piemont. Im Süden Italiens vertrieb ***Guiseppe Garibaldi*** 1861 die französischen Bourbonen aus Sizilien und Neapel. Er forderte eine Republik, aber Volksabstimmungen zeigten den Willen der Bevölkerung zur Monarchie Viktor Emanuels. Um einen Bürgerkrieg zu vermeiden, entschied sich Garibaldi für den Anschluss an Sardinien-Piemont. Am 14. 3. 1861 wurde das Königreich Italien errichtet. 1870 wurde der bis dahin als Riegel störende Kirchenstaat in das Königreich Italien eingegliedert.

9.3 Das Bündnissystem Bismarcks

Mit den drei Einigungskriegen (1864, 1866, 1870/71) entstand 1871 in der Mitte Europas ein mächtiger Nationalstaat, der nun wie Italien in die europäische Staatenwelt integriert werden musste. Wie kein anderer Politiker seiner Zeit prägte der Reichskanzler ***Bismarck*** die Außenpolitik Europas in der 2. Hälfte des 19. Jh.s.
Bismarck errichtete ein kompliziertes Bündnissystem, das für die kommenden Jahrzehnte den Frieden in Europa sicherte, zugleich aber dem Deutschen Reich eine Großmachtstellung garantierte.

Die außenpolitische Konzeption Bismarcks bestand in
- der Sicherung des neu erstandenen Deutschen Reiches nach innen und außen (Wahrung des Erreichten),
- der Wahrung von Ruhe und Ordnung in Europa,
- der Isolierung Frankreichs,
- der Sicherung und dem behutsamen Ausbau der Stellung des Deutschen Reiches zur Großmacht.

Zu diesem Zweck verfolgte er eine Politik, die die deutsche „Saturiertheit“ (Verzicht auf weitere Gebietserwerbungen) demonstrierte, die defensive Bündnissysteme in Europa errichtete und die Deutschlands Rolle als unparteiischer Vermittler heraushob.

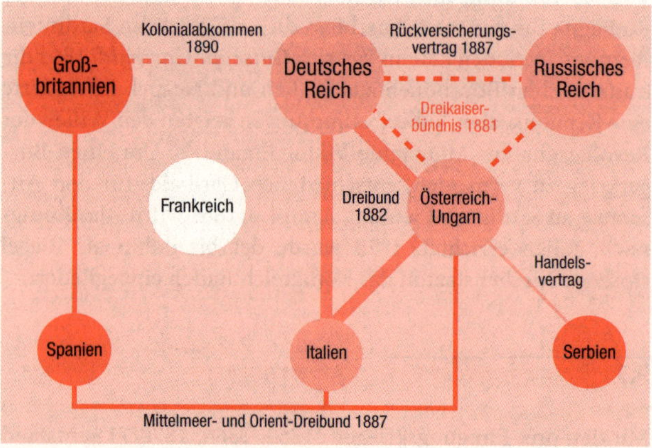

Das Bündnissystem zur Zeit Bismarcks

1872–1887 Das ***Dreikaiserabkommen*** zwischen Deutschland, Österreich, Russland sollte den Frieden festigen und revolutionäre Gefahren abwehren. Es war ein Konsultativabkommen, kein Beistandsbündnis im Krieg. Schon der russisch-türkische Krieg und die Verhandlungen auf dem Berliner Kongress zeigten die Brüchigkeit des Bündnisses.

1875 *Krieg-in-Sicht-Krise:* Die Aufrüstung Frankreichs, das den Verlust von Elsass-Lothringen revidieren wollte, brachte Bismarck dazu, Frankreich zur Rücknahme der Aufrüstung zu bewegen. Die „Berliner Post" titelte am 8. April „Ist der Krieg in Sicht?". Als Frankreich und Russland sich diplomatisch annäherten, zeigte dies Bismarck drastisch die Gefahr eines Bündnisses zwischen Frankreich und Russland – ein Alptraum für Deutschland, den er als Kanzler verhindern wollte und konnte.

1878 ***Berliner Kongress:*** Nach dem russisch-türkischen Krieg (1877/78) wurden die Verhältnisse auf dem Balkan in Berlin neu geregelt. Bismarck trat auf dem Kongress als „ehrlicher Makler" auf: Die Türkei blieb erhalten, Rumänien wurde unabhängig und trat an Russland gegen die Dobrudscha Bessarabien ab. Österreich erhielt Bosnien und die Herzegowina zur Verwaltung, staatsrechtlich bleiben beide Gebiete bei der Türkei. England erhielt Zypern, einen wichtigen Mittelmeerstützpunkt für die englische Kolonialpolitik, zugesprochen. Russland fühlte sich benachteiligt und ging auf Distanz zum Deutschen Reich. Die Spannungen zwischen Österreich und Russland aufgrund ihrer beiderseitigen Interessen auf dem Balkan verschärften sich, sodass Russlands Haltung zu einer Annäherung zwischen Österreich und Deutschland führte.

1879–1917 *Zweibund* zwischen Deutschland und Österreich: Um vor einem russischen Angriff sicher zu sein, schloss das Deutsche Reich den Zweibund mit Österreich-Ungarn. Im Falle eines russischen Angriffes auf einen der beiden Staaten wurde gegenseitige Bündnispflicht vereinbart, im Falle eines Krieges gegen einen anderen Staat vereinbarte man Neutralität. Das Deutsche Reich konnte bei einer militärischen Auseinandersetzung mit Frankreich nicht mit Österreich rechnen. Der Zweibund wurde 1883 um Rumänien, 1888 um Italien erweitert.

1882–1897 *Dreibund* zwischen Deutschland, Österreich, Italien: Der Dreibund band Italien in die Politik Bismarcks ein. Österreich war nur im Falle eines Doppelangriffs auf das Deutsche Reich zur Bündnishilfe verpflichtet. Italien, in das Bismarck kein großes Vertrauen setzte, aber als Bündnispartner der Isolation Frankreichs diente, konnte im Falle eines Krieges mit Frankreich mit der Hilfe des Deutschen Reiches und Österreichs rechnen.

1887–1890 *Rückversicherungsvertrag* zwischen Deutschland und Russland: Deutschland und Russland vereinbarten gegenseitige Neutralität im Falle eines Verteidigungskrieges (gegen Frankreich bzw. Österreich-Ungarn). Zudem erkannte Bismarck die Interessen Russlands am Bosporus und in Bulgarien an.

1887 *Mittelmeerabkommen* zwischen England, Österreich, Italien: Auf Betreiben Bismarcks kam ein Abkommen von England, Österreich und Italien zustande, das die Gebiete am Schwarzen Meer und am Mittelmeer – vor allem die Türkei – vor russischem Expansionsstreben schützen sollte.

Bismarcks Außenpolitik bedeutete sicherlich einen Höhepunkt der Diplomatie in Europa. Der konservative Politiker, der vor der Führung dreier Kriege nicht zurückgeschreckt war, erwies sich als stabiler Friedensbewahrer, der die sensible Ordnung in Europa wahren und selbst mit gestalten konnte. Fraglich war allerdings die Strategie, Frankreich auf Dauer isolieren zu wollen, und die Komplexität des von ihm geschaffenen Systems, das von Widersprüchen nicht frei war: So richtete sich der Rückversicherungsvertrag letztlich gegen Österreich, wurde aber durch das Mittelmeerabkommen wieder kompensiert. Da Bismarck auf das Vertrauen des Kaisers angewiesen war, konnte seine Politik nur so lange Bestand haben, wie er von diesem unterstützt wurde. Nach seinem Sturz 1890 zerfiel, angesichts einer neuen außenpolitischen Konzeption, das Bündnissystem sehr rasch.

9.4 Deutsche Kolonialpolitik

Deutschland gehörte zu den Ländern in Europa, die als verspätete Staaten keinen Kolonialbesitz hatten. Bismarck lehnte in den 70er-Jahren die Erwerbung von Kolonien ab, um Spannungen mit England und Frankreich zu vermeiden. Wirtschaftliche Schwierigkeiten im Reich machten einen Wandel der bisherigen Politik Bismarcks nötig, zumal deutsche Kaufleute durch die Errichtung von Handelsniederlassungen eine eigene Kolonialpolitik betrieben.
Gründe für den Erwerb der Kolonien waren ein gestiegener Bedarf an industriellen Rohstoffen und Nahrungsmitteln, der Anspruch, als Großmacht auftreten zu wollen und internationales Prestige zu gewinnen, eine Belebung des Handels und eine Lösung für die Bevölkerungszunahme.

- **1882** Gründung des „Deutschen Kolonialvereins“
- **1884** Südwestafrika, Kamerun, Togo, Bismarck-Archipel und Kaiser-Wilhelm-Land unter „deutschem Schutz“
- **1885** Erwerb von Gebieten in Ostafrika durch die „Gesellschaft für Deutsche Kolonisation“
- **1888** Forderung nach einem „Platz an der Sonne“ im kolonialen Wettlauf durch Wilhelm II., da er eine Weltmachtstellung für das Deutsche Reich anstrebte.
- **1898** Pacht von Kiautschou in China
- **1899** Erwerb der Palau-, Karolinen-, Marianen- und westlichen Samoainseln im Pazifik
- **1911** Erwerb von Neu-Kamerun

Der Erwerb von Kolonien erfolgte zuerst auf Privatinitiative (Kolonialgesellschaft, -verein), danach wurden die Gebiete unter „deutschen Schutz“ gestellt. Ab 1890 pachtete das deutsche Reich Gebiete. Ein Generalgouverneur verwaltete die jeweilige Kolonie mithilfe von Beamten und Soldaten. Ziel war eine möglichst effektive Ausbeutung des Gebietes. Die Erwerbungen konnten die an sie gerichteten Erwartungen jedoch nicht erfüllen. Sie hatten eine geringe Bedeutung für den Außenhandel – nur ca. 2 % des Handels wurde mit dem Mutterland abgewickelt –, die Auswanderungsquote blieb niedrig. Bei weiteren Gebietsansprüchen drohten Konflikte mit England und Frankreich. Eingeborenenaufstände, z. B. der Herero-Aufstand in Deutsch-Südwestafrika 1904, wurden von deutschen Truppen blutig niedergeschlagen.

9.5 Groß- und Weltmachtpolitik unter Wilhelm II.

Der „neue Kurs"

Kaiser *Wilhelm I.* starb 1888. Sein Sohn Friedrich III. regierte nur 99 Tage und ihm folgte *Wilhelm II.*, der einen Ausgleich mit der Arbeiterschaft und ein Bündnis mit England anstrebte. Im März reichte ***Bismarck*** aufgrund unüberbrückbarer Differenzen seinen Abschied ein. Caprivi wurde sein Nachfolger als Reichskanzler. Wilhelm II. führte ein „persönliches Regiment", er wollte selbst regieren. Da der Kaiser eine Identifikation stiftende Mischung von Nationalismus, Imperialismus, Fortschrittsgläubigkeit und Konservatismus an den Tag legte, repräsentierte er seine Zeit wie kein anderer.

Außenpolitische Konzeptionen unter Wilhelm II.

- Die Ziele der neuen politischen Linie waren die Verfolgung einer imperialistischen Weltmachtpolitik, die Gleichstellung mit anderen imperialistischen Staaten wie Großbritannien und Frankreich sowie die Demonstration und der Ausbau der bereits errungenen Stellung.

Zu diesem Zweck

- vermied man langfristige Bündnisverpflichtungen: Politik der freien Hand,
- baute die Flotte bis auf zwei Drittel der Stärke der englischen Flotte aus,

- trat Wilhelm II. häufig provokativ auf und verhinderte durch sein ungeschicktes Auftreten manche diplomatische Erfolge.

1890 Nichterneuerung des ***Rückversicherungsvertrages:*** Trotz heftigen Drängens der russischen Regierung wurde der Rückversicherungsvertrag nicht erneuert. Russland näherte sich nun Frankreich an, mit dem es 1892 eine Militärkonvention und 1894 ein Verteidigungsbündnis im Falle eines deutschen Angriffes schloss. Damit war die Isolation Frankreichs endgültig beendet, Deutschland sah sich im Kriegsfall einem Zweifrontenkrieg gegenüber.

1898 Die Flottenpolitik verhinderte ein Bündnis mit England. Stattdessen bildete sich 1904 ein Bündnis Englands mit Frankreich, die ***Entente cordiale*** heraus, „ein herzliches Einverständnis", mit dem England Frankreichs Zugriff auf Marokko unterstützte.

1907 Nach der Niederlage Russlands gegen Japan (1904) kam es zu einem englisch-russischen Interessenausgleich. Damit standen sich nun in Europa zwei feindliche Bündnissysteme gegenüber: Der ***Dreibund*** Deutschland, Österreich-Ungarn, Italien gegen die ***Triple-Entente*** Frankreich, England, Russland.

9.6 Imperialistische Machtansprüche bis zum Ersten Weltkrieg

Begriff des Imperialismus

Unter ***Imperialismus*** versteht man die Unterwerfung, Beherrschung und die Ausbeutung von nicht industrialisierten Staaten, vor allem in Afrika und Asien, durch die Industriestaaten. Seinen Höhepunkt hatte der Imperialismus zwischen 1880 bis 1914.
Bei den Motiven der Kolonialstaaten waren – trotz gewisser Schwankungen – entscheidend:

- Sendungsbewusstsein und Überlegenheitsgefühl der Industriestaaten
- Prestige- und Konkurrenzdenken der Großmächte
- Suche nach Absatzmärkten für Waren und Kapitel und nach billigen, in Europa nicht oder nicht ausreichend vorhandenen Rohstoffen für die heimische Industrie (z. B. Kupfer, Kautschuk, Erdöl für die Elektro- und chemische Industrie sowie den Motorenbau)
- Suche nach Siedlungsgebieten
- Ablenkung von sozialen und innenpolitischen Problemen durch außenpolitische Erfolge (Sozialimperialismus)

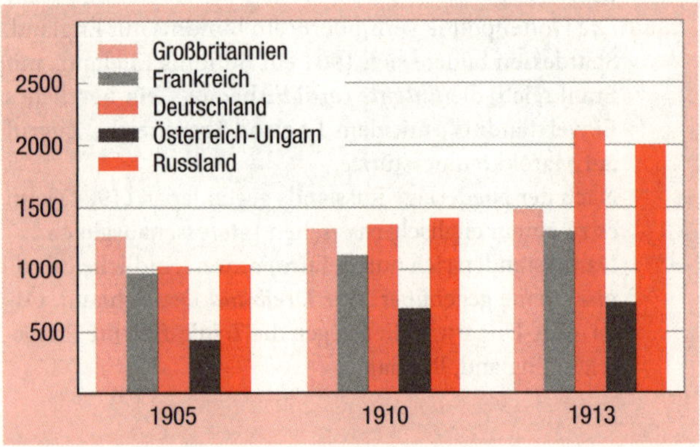

Rüstungsausgaben 1905–1913 (in Mio. Mark)

Internationale Krisen

Nach 1890 häuften sich die internationalen Krisen, die den Weltfrieden gefährdeten. Auf dem Balkan und in Marokko waren zwei der gefährlichsten Krisenherde. In Afrika wurde nach Auseinandersetzungen zwischen Frankreich und England die Wasserscheide zwischen Nil und Kongo als Grenze von beiden Kolonialmächten anerkannt. Die Faschoda-Krise konnte friedlich beigelegt werden.

Balkan

1878 konnte durch den ***Berliner Kongress*** ein allgemeiner Krieg auf dem Balkan verhindert werden (▶ S. 130).

1908 Bosnische Krise: „Jungtürken" forderten Wahlrecht und Gleichberechtigung für alle Untertanen und damit Wiederherstellung der türkischen Souveränität auf dem Balkan. Um dies zu verhindern, annektierte Österreich-Ungarn gegen den Protest Serbiens Bosnien und die Herzegowina.

1912 Im 1. Balkankrieg besiegten die jungen Balkanstaaten (Serbien, Bulgarien, Griechenland, Montenegro) die Türkei.

1913 Im 2. Balkankrieg wurde Bulgarien von Serbien, Rumänien, Griechenland und Türkei besiegt. Bulgarien verlor Dobrudscha.

Durch die Kriege wurde die Position Serbiens auf dem Balkan gestärkt, ein Zugang zur Adria wurde Serbien jedoch durch die Schaffung des selbstständigen Staates Albanien (1913) verwehrt.

Marokkokrisen

1. Marokkokrise (1905)

Das Deutsche Reich wollte das französische Vordringen in Marokko stoppen und die französisch-britische Entente sprengen. Auf Drängen des Kanzlers ***von Bülow*** landete Kaiser Wilhelm II. am 31.03.1905 in Tanger, um beim Sultan von Marokko gegen das französische Vordringen zu protestieren. Der französische Außenminister ***Delcassé*** setzte jedoch Frankreichs Marokkopolitik fort. Das Deutsche Reich verlangte eine internationale Konferenz, und die französische Regierung stimmte zu. Auf der ***Konferenz von Algeciras*** (7.4.1906) erlitt das Deutsche Reich aufgrund der Geschlossenheit der Großmächte eine schwere diplomatische Niederlage und geriet in die Isolierung. Die Verschärfung der deutsch-englischen Flottenrivalität führte zu einer Annäherung zwischen Großbritannien und Russland.

2. Marokkokrise (1911)

Wilhelm II. versuchte den Prestigeverlust wiedergutzumachen. Obwohl ein französisch-deutsches Abkommen die wirtschaftliche Gleichstellung des Deutschen Reiches in Marokko in Aussicht stellte, blieb die politische Vorrangstellung Frankreichs erhalten. Im Mai 1911 besetzte Frankreich Fez wegen innerer Unruhen. Die deutsche Regierung fasste dies als Affront auf und schickte das Kanonenboot „Panther“ nach Agadir, offiziell, um der Bitte deutscher Firmen um Schutz vor inneren Unruhen nachzukommen, inoffiziell, um Sus, ein erzreiches und landwirtschaftlich wertvolles Gebiet, zu besetzen. Das Deutsche Reich erklärte sich gegen die Abtretung von Neu-Kamerun bereit, einem französischen Protektorat über Marokko zuzustimmen.

Friedenskonferenzen

Die Angst vor dem Krieg rief in Europa Initiativen zur Sicherung des Friedens hervor, die allerdings den Krieg nicht verhindern konnten.

- **1891** 1. Weltfriedenskonferenz
- **1899** 1. Internationale Friedenskonferenz in Den Haag
- **1905** *Bertha von Suttner* erhält den Friedensnobelpreis für: „Die Waffen nieder“.

9.7 Entwicklung der USA zur Weltmacht

In der zweiten Hälfte des 19. Jh.s veränderten die USA ihre Isolationspolitik zugunsten einer Weltpolitik mit imperialistischen Zügen. Diese Entwicklung war auch eine Folge des Aufstiegs der USA zu einer der führenden Wirtschaftsmächte.

Voraussetzungen

- Sieg der industriell geprägten Nordstaaten über die agrarisch geprägten Südstaaten im Amerikanischen Bürgerkrieg (1861–65) und dadurch gewährleistete politische Einheit

- Protestantisch-calvinistisches Arbeitsethos
- Unternehmergeist, Fortschrittsglaube und Innovationsbereitschaft
- Reichhaltige Rohstoffvorkommen
- Technische Erfindungen und Innovationen
- Ausbau des Verkehrsnetzes, vor allem Bau von Eisenbahnen
- Großes Angebot an leistungsbereiten und erfolgsorientierten Arbeitskräften durch permanente Einwanderung
- Kapital- und Unternehmenskonzentration als Grundlage einer prosperierenden Wirtschaft

Aufstieg zur Weltmacht

- Der Einstieg in die Weltpolitik findet in den 1890er-Jahren statt. Ein Schlüsseljahr ist 1898 (Spanisch-Amerikanischer Krieg).
- Ab 1890 Ausbau der Seestreitkräfte
- Sieg imperialistischer Ideen als Voraussetzung für die Abkehr vom Isolationismus
- Pazifik, Ostasien und Zentralamerika werden als Interessensgebiete und Expansionsräume betrachtet.
- 1889 Protektorat über Samoa
- Die USA unterstützen 1895 die kubanische Unabhängigkeitsbewegung gegen Spanien, auch aus wirtschaftlichen Interessen an der Zuckerindustrie Kubas.
- Annexion Hawaiis im Jahr 1898
- Sieg der USA im ***Spanisch-Amerikanischen Krieg*** (1898): Die Spanier müssen Puerto Rico, Guam und die Philippinen an die USA abtreten.
- Nach Aufständen auf den Philippinen wirtschaftliche Durchdringung der Interessengebiete, keine Kolonialpolitik nach europäischem Vorbild: Ziel ist ein „informal empire".
- In Zentralamerika und der Karibik bauen die USA Bodenschätze ab und investieren in die Plantagenkultur, jedoch ohne die betreffenden Staaten am Gewinn teilhaben zu lassen (DollarImperialismus).

- In China stellen die USA den Europäern, die für eine Aufteilung des chinesischen Reiches in Interessengebiete sind, die „Open-Door-Politik“ entgegen: Jede Macht soll Zugang haben.
- Präsident ***Roosevelt*** (reg. 1901–09) beansprucht 1904 ein Interventionsrecht für die Interessengebiete der USA. Er beruft sich auf die Monroe-Doktrin („Amerika den Amerikanern“), die er durch den „Roosevelt-Zusatz“ erweitert.

Der Erste Weltkrieg (1914–1918)

10.1 Julikrise 1914 und Kriegsausbruch

Die explosive Stimmung in Europa, die sich nach der Jahrhundertwende zunehmend verschärfte, entlud sich nicht zufällig im Habsburger Herrschaftsbereich. 1867 wurden die österreichische und ungarische Reichshälfte als Doppelmonarchie durch die Personalunion des österreichischen Kaisers und des ungarischen Königs zusammengefasst. 1905 traten die Tschechen als weitere anerkannte Bevölkerungsgruppe dazu. Der österreichische Thronfolger Franz Ferdinand verfolgte die Absicht, die Monarchie durch die Strukturierung in einen deutschen, ungarischen und tschechischen Teil neu zu gliedern (Trialismus-Plan). Die Südslawen, deren Zentrum das serbische Königreich war und die im Zuge des Panslawismus ein großserbisches Reich verfolgten, bekämpften ebenso wie die Ungarn die Trias-Pläne, die dann wieder zugunsten von föderalistischen Konzepten aufgegeben wurden. Die Ängste vor der Trias-Idee waren damit aber nicht aus der Welt geschafft. Dazu kam, dass Österreich-Ungarn 1908 Bosnien und Herzegowina, die zum türkischen Territorium gehört hatten, annektierte. Das Deutsche Reich stellte sich hinter Österreich, sodass serbische Proteste keinen Erfolg haben konnten. 1912 förderte Österreich nach dem *1. Balkankrieg* (1912) die Gründung des Staates Albanien, der einen serbischen Zugang zum Meer verhinderte. Dadurch zog sich Österreich endgültig die Feindschaft Serbiens zu. Den Anlass zum Ausbruch des 1. Weltkrieges bot die Ermordung des österreichischen Thronfolgers Franz Ferdinand und seiner Gattin am 28. Juni 1914 in Sarajewo (Bosnien) durch Angehörige des serbischen Geheimbundes „Die Schwarze Hand“. Dieser hatte zwar zu einem der

Mitglieder der serbischen Regierung Kontakt, war aber keinesfalls mit ihr gleichzusetzen.
Die Weltöffentlichkeit war über das Attentat erschüttert, aber die österreichische Regierung handelte vorerst nicht. Die deutsche Regierung sicherte durch den sogenannten ***Blankoscheck*** ihre Unterstützung im Falle eines österreichischen Angriffs zu und drängte auf ein militärisches Vorgehen, um den Überraschungseffekt auszunutzen. Bei einem Besuch des französischen Ministerpräsidenten in St. Petersburg bekräftigte dieser die Einhaltung der Bündnisverpflichtungen. Am 23. 7. stellte Österreich an Serbien ein überzogenes Ultimatum, das die Untersuchung der Vorgänge forderte. England versuchte zu vermitteln, machte aber auch deutlich, zu seinen Bündnisverpflichtungen zu stehen. Als Österreich, trotz großem Entgegenkommen Serbiens, diesem am 28. Juli den Krieg erklärte, ordnete Russland, das Serbien unterstützte, die Mobilmachung an. Das Deutsche Reich versuchte vergeblich, Österreich vom Krieg abzubringen, da es den nun drohenden Zweifrontenkrieg fürchtete. Nachdem aber Russland die Mobilmachung verkündet hatte, stellte das Deutsche Reich an Russland ein Ultimatum, die Mobilmachung zurückzunehmen und an Frankreich, neutral zu bleiben. Deutschland erklärte, nachdem die Ultimaten verstrichen waren, am 1. 8. Russland, am 3. 8. Frankreich den Krieg. Zur Umgehung der französischen Grenzbefestigungen marschierten deutsche Truppen in das neutrale Belgien ein und verletzten so das Völkerrecht. Gerade die Verletzung der belgischen Neutralität bedeutete eine schwere Hypothek für die außenpolitischen Verhandlungen der deutschen Regierung in den folgenden Kriegsjahren. Am 4. 8. forderte Großbritannien von Deutschland vergeblich den Schutz der belgischen Neutralität; dies bedeutete den Eintritt Englands in den Krieg an der Seite von Frankreich und Russland.
Italien erklärte sich neutral. Dies entsprach durchaus den Vereinbarungen des ***Dreibundes***, der nur im Verteidigungsfall den Bündnisfall als gegeben vorsah. Die Völker der kriegsbeteiligten Nationen begrüßten den Krieg begeistert.

10.2 Burgfrieden und Kriegsziele

Burgfrieden

Der Krieg wurde von allen Parteien und auch der Bevölkerung als nationale Angelegenheit gesehen: Im August des Jahres 1914 meldete sich über eine Million Freiwilliger zum Kriegsdienst. Die Parteien schlossen, gemäß ***Wilhelms II.*** Satz: „Ich kenne keine Parteien mehr, ich kenne nur noch Deutsche“, einen Burgfrieden. Im August 1914 stimmten alle Parteien im Reichstag für die Kriegskredite, auch die SPD.

Kriegsziele

- Das Deutsche Reich legte am 9.9.1914 ein umfassendes Kriegsprogramm vor. Darin wurden von Frankreich Gebietsabtretungen (Erzbecken von Briey), eine hohe Reparationsforderung und ein vorteilhafter Handelsvertrag gefordert. Belgien sollte ebenso wie Polen ein deutscher Vasallenstaat werden. Luxemburg wollte man als deutschen Bundesstaat eingliedern. Mit einem mitteleuropäischen Handelsvertrag wurde eine Hegemonie in Europa angestrebt.
- Frankreich drang auf die Rückgabe von Elsass-Lothringen; es zielte auf die Rheingrenze und das Saarland. Schon 1914 erklärte der französische Außenminister, das Reich solle zerstört werden.
- England hatte keine territorialen Forderungen, aber die Schwächung Deutschlands und die Wiederherstellung seiner Seeherrschaft zum Ziel. Belgien sollte wiederhergestellt, Elsass-Lothringen an Frankreich und Schleswig an Dänemark zurückgegeben, der Nordostseekanal internationalisiert werden. Am 5.9.1914 vereinbarten England und Frankreich, keinen Sonderfrieden zu schließen.
- Russland wurde 1915 von den westlichen Verbündeten der Erwerb der Meerengen am Bosporus zugestanden.
- Rumänien wurde 1918 von den Ententemächten Siebenbürgen zugesagt, Bukowina und Banat versprochen.

- Die Kriegsziele der USA wurden in den *Vierzehn Punkten* vom 8.1.1918 noch einmal modifiziert:
  - Abschaffung der Geheimdiplomatie,
  - Garantien für eine Beschränkung der Rüstungen,
  - Wiederherstellung der belgischen Souveränität,
  - Räumung Frankreichs,
  - Rückgabe Elsass-Lothringens,
  - Wiederaufbau der zerstörten Gebiete,
  - Berichtigung der Grenzen Italiens (Nationalitätenprinzip),
  - Autonomie für die Völker der Donaumonarchie,
  - Errichtung eines unabhängigen Staates Polen mit freiem Zugang zum Meer,
  - Errichtung eines Völkerbundes zur Garantie der politischen Unabhängigkeit aller großen und kleinen Staaten,
  - Selbstbestimmung für die Völker Europas.

10.3 Der Kriegsverlauf bis 1916

Bei Kriegsausbruch standen sich zwei große Machtblöcke gegenüber:

- die Mittelmächte: Deutsches Reich und Österreich-Ungarn, denen sich die Türkei und Bulgarien anschlossen,
- die überlegenen Ententemächte: Russland, Frankreich, England, Serbien, denen sich noch Italien, Rumänien (später USA, Japan) anschlossen.

Der Aufmarsch der deutschen Truppen erfolgte im Westen nach einem Plan des Generals *Schlieffen* von 1905. Der erwartete Zweifrontenkrieg sollte gleichsam durch zwei Einfrontenkriege aufgelöst werden: Vorstoß des verstärkten rechten Flügels durch Belgien nach Frankreich; der linke Flügel sollte in Lothringen bleiben und die Grenze sichern; inzwischen hinhaltender Kampf gegen Russland. Die Strategie der deutschen Obersten Heeresleitung war die schnelle Ausschaltung der französischen Streitkräfte durch einen umfassenden Vernichtungsschlag und die anschließende Verlegung der gesamten deutschen Streitkräfte nach Osten. Die seit Anfang August durch Belgien vorstürmenden deutschen Armeen erreichten bereits Anfang September die Marne und standen 22 Kilometer vor Paris. Ein Gegenangriff überlegener alliierter Truppen stoppte den deutschen Angriff.

Westfront (1914–1916)

- Im September 1914 zwingt eine verlorene Schlacht („Wunder an der Marne“) die deutsche OHL zur Aufgabe des Marnegebietes. Dies hat den Rücktritt des Generalstabschefs Moltke und seine Ersetzung durch Falkenhayn zur Folge.
- Ab Mitte November erstarrte der Bewegungskrieg zum Stellungskrieg. Der ***Schlieffenplan*** war damit gescheitert.
- Der deutsche Angriff (Februar bis Juli 1916) auf die Festung Verdun, militärisch unbedeutend, forderte einen Einsatz von Mannschaften und Material (Artillerie) in bisher noch nie gekanntem Ausmaße. Etwa eine Million Soldaten fielen; Verdun wurde zum Symbol für die Materialschlachten des modernen Krieges und seiner Sinnlosigkeit.

10

Ostfront (1914–1918)

- Gemäß dem Schlieffenplan stand in Ostpreußen nur eine einzige deutsche Armee, die unerwartet schnell von russischen Verbänden bedroht wurde und sich zurückziehen musste.
- Die russische Offensive während des österreichischen Angriffes auf Serbien zwang die österreichische Armee zum Rückzug; schwere Niederlage Österreich-Ungarns gegen die russische Armee in Galizien; Österreich konnte sich von diesen Verlusten nicht mehr erholen.
- In der ***Schlacht bei Tannenberg*** bzw. bei den Masurischen Seen (unter ***Hindenburg*** und ***Ludendorff***) wird die russische Armee zum Rückzug aus Ostpreußen gezwungen (Ende August/Februar 1915); Entstehung des Hindenburg-Mythos.
- Die russische Armee räumt 1915 Galizien, Polen, Kurland.

- Ab Mai 1915 erstarrt die Ostfront im Stellungskrieg.
- Kriegseintritt Bulgariens am 14. 10. aufseiten der Mittelmächte. Eroberung Serbiens durch die Mittelmächte.
- Russische Erfolge in den drei ***Brussilow-Offensiven*** gegen Österreich (Juni–Dezember 1916).
- Eroberung Rumäniens durch deutsche und bulgarische Truppen.

Ausweitung des Krieges

- Englische Seeblockade gegen Deutschland
- Verlust aller deutschen Kolonien bis auf Deutsch-Ostafrika, das von einer kleinen Schutztruppe unter General Lettow-Vorbeck bis Kriegsende verteidigt wird (Ende 1914 / Anfang 1915).
- Eintritt Italiens in den Krieg auf der Seite der Entente am 23. 5. 1915. Entstehen einer neuen Front für die Mittelmächte in Südtirol/Venetien.

Herrschaft der Militärs

Der Burgfrieden hatte nicht nur eine Selbstbeschränkung der Parteien, sondern auch des Reichstags zur Folge; hier galten die Parlamentsdebatten der Bewilligung von Kriegskrediten. Auch der Kaiser übte den Oberbefehl über das Heer nicht in Wirklichkeit aus. Die Macht lag bei der Obersten Heeresleitung *(OHL)*, die zuerst Moltke, bis 1916 Falkenhayn und dann Hindenburg und Ludendorff innehatten. In der politischen Praxis kam dies einer Militärdiktatur gleich.

Die deutsche Wirtschaft wurde konsequent in eine Kriegswirtschaft umgewandelt (Vorrang der Produktion kriegswichtiger Stoffe und Güter vor denen des privaten Gebrauchs, Zentralisierung des Eisenbahnnetzes). Das „Vaterländische Gesetz" (5. Dezember 1916) schuf die Grundlage einer staatlichen Lenkung der Wirtschaft: Es ermöglichte die Verpflichtung aller 17- bis 60-Jährigen zur Arbeit.

Zudem wurden die Gewerkschaften in die Gestaltung der Arbeitsbedingungen mit einbezogen.

10.4 Die Revolutionen in Russland

Die desolate politische und militärische Führung des Zarenregimes wurde den innen- wie außenpolitischen Problemen Russlands, das mit seiner mangelnden Industrialisierung, dem veralteten Agrarsystem und seiner feudalen Gesellschaftsstruktur die rückständigste Großmacht Europas darstellte, nicht mehr gerecht.
In der Revolution von 1905 entlud sich die Unzufriedenheit der Bevölkerung. Anlass gab vor allem die andauernde Hungersnot. Friedliche Demonstranten wurden am sogenannten Blutsonntag vor dem Winterpalais in St. Petersburg erschossen. Es kam zu Aufständen und zur Bildung von ***Sowjets*** (Arbeiterräte, die auch als Stadtparlament auftraten) in den großen Städten. Die Armee schlug die Aufstände nieder und löste die Sowjets gewaltsam auf. Der Zar gestand die Duma zu, eine weitgehend rechtlose Volksvertretung, die nach Zensuswahlrecht gewählt wurde. Die Mehrheit der Abgeordneten stellten die Konservativen, Bürgerlichen und die Sozialrevolutionäre (Vertretung der Bauern), in der Minderheit waren die Vertreter der Arbeiterpartei, die seit 1903 in die gemäßigten ***Menschewiki*** und die radikalen ***Bolschewiki*** gespalten war.

Februarrevolution 1917

Die militärische Führungslosigkeit bedingte eine uneffektive Kriegsführung und führte zu einem Zusammenbruch der Versorgung von Heer und Bevölkerung. Verbitterung und Unzufriedenheit der notleidenden Bevölkerung führten zur Verstärkung der sozialen Spannungen und zur allgemeinen Kriegsmüdigkeit. Weder hinter der Person des Zaren noch seiner Regierung stand das Volk. Auch die Duma als Volksvertretung besaß wenig Rückhalt. Im Kriegswinter 1917 brach die Versorgung St. Petersburgs endgültig zusammen. ***Nikolaus II.*** beorderte Fronttruppen in die Stadt, um die Lage unter Kontrolle zu halten. Im Februar 1917 begann die Revolution.

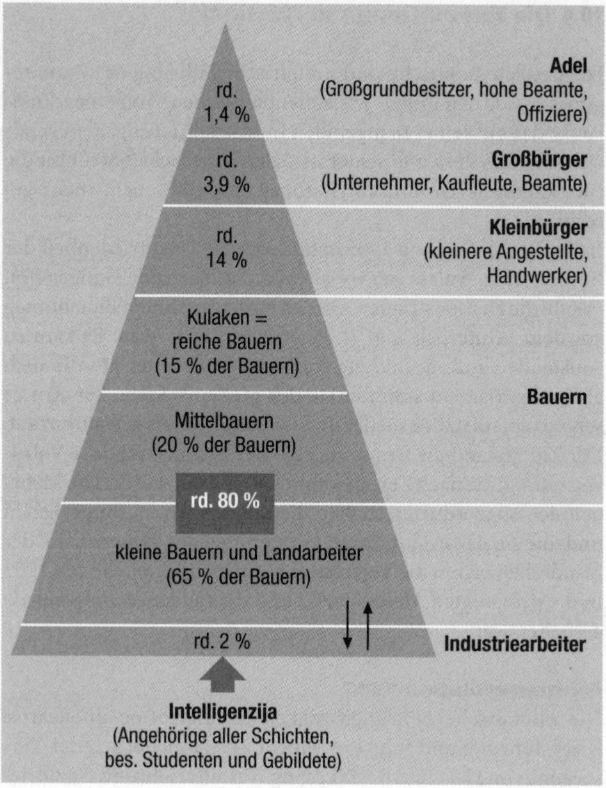

Die Gesellschaft Russlands im Jahre 1913

1917

23./25.2. Friedliche Demonstrationen in St. Petersburg für Brot und Frieden; blutige Niederschlagung nach einem Schießbefehl von Zar ***Nikolaus II.***

27.2. Die St. Petersburger Garnison meuterte und lief zu den Demonstranten über. Sowohl Duma als auch sozialrevo

lutionäre Kräfte im Volk erkannten das entstandene Machtvakuum und strebten nach dessen Ausfüllung. Das provisorische Dumakomitee wurde von der Duma mit der Regierungsbildung beauftragt.
Der Sowjet der ***Arbeiter- und Soldatenräte*** wählte ein Exekutivkomitee. Damit war eine Doppelherrschaft der ***provisorischen Regierung*** und des Petersburger Sowjets gegeben. Das Exekutivkomitee weigerte sich, sich an der Regierung zu beteiligen, da der Sowjet seine machtpolitischen Interessen wahren wollte.

3.3. Ende der Monarchie mit der Abdankung ***Nikolaus II.*** und dem Thronverzicht seines Bruders Michail. Russland wird Republik.

Die Zeit der provisorischen Regierung

Prägend war der Dualismus von provisorischer Regierung und Sowjet. Die Hoffnung auf eine freiheitlich-demokratische Neuordnung zerschlug sich aufgrund der Machtlosigkeit der Regierung.

1917

2.3. Amtsantritt der provisorischen Regierung

3.4. Ankunft ***Lenins*** in St. Petersburg

4.4. In den Aprilthesen der ***Bolschewiki*** forderte Lenin alle Macht den Sowjets, eine Umverteilung des Bodens bei gleichzeitiger Nationalisierung des Grundbesitzes und der Banken und Frieden um jeden Preis.

3.7. Juliaufstand in St. Petersburg endete in einem Fiasko für Lenin und die bolschewistische Partei.

18./30.7. Die Offensive ***Kerenskijs*** (Ministerpräsident der provisorischen Regierung) schlug fehl. Die neue Regierung versäumte es, den Krieg zu beenden, eine Bodenreform durchzuführen und Wahlen zur verfassunggebenden Versammlung abzuhalten. Dies führte zu einem Meinungsumschwung zugunsten der Bolschewiki.

Die Oktoberrevolution

1917

10.10. Das Zentralkomitee der bolschewistischen Partei beschloss in geheimer Sitzung mit ***Lenin*** die bewaffnete Machtergreifung

22.10. Das Militärrevolutionäre Komitee des Sowjets übernahm unter der Leitung ***Trotzkijs*** die Befehlsgewalt über die St. Petersburger Garnison.

25.10. Besetzung der Schlüsselpositionen in St. Petersburg durch die ***Bolschewiki***

27.10. Drei Dekrete verkündeten sofortige Friedensverhandlungen mit den Mittelmächten, Enteignung und Sozialisierung des Bodens, Verstaatlichung der Banken und Industrie, Fraktionsverbot innerhalb der Partei.

10.5 Friedensbemühungen

Ende des Jahres 1916 zeichnete sich in allen Staaten Kriegsmüdigkeit ab, die anfängliche Euphorie war verflogen. In Deutschland geriet der Burgfrieden in Gefahr, da sich die Sozialdemokraten spalteten und sich in der Bevölkerung Unmut über die Dauer des Krieges zeigte. Zudem war die Hoffnung auf einen raschen Sieg zerstört. Versuche, den Frieden wiederherzustellen, hatten keinen Erfolg.

1916

April/Mai Ein amerikanisches Vermittlungsangebot von Wilson an England, Frankreich und Deutschland scheiterte am Widerstand Englands und Frankreichs, die sich gegenüber Deutschland im Vorteil glaubten.

Dezember Nach der Eroberung Bukarests machte Bethmann Hollweg ein Angebot für Friedensverhandlungen, das die Alliierten als Schwäche Deutschlands interpretierten und ablehnten; Scheitern eines Angebots der USA, als „Clearing-Stelle“ zu vermitteln.

31.1. Abbruch der diplomatischen Beziehungen durch die USA, nachdem Deutschland die Aufnahme des uneingeschränkten U-Boot-Krieges angekündigt hatte.

1917

19.7. Friedensresolution des Reichstages, die aber zu viele Ungenauigkeiten aufwies.

1.8. Die Friedensbemühung des Vatikans scheiterte vor allem an der deutschen Weigerung, den Verzicht auf Belgien öffentlich zu erklären.

10.6 Vom Kriegseintritt der USA bis zum Ende des Krieges

Zu Beginn des Krieges erklärten die USA ihre Neutralität und boten sich als Vermittler an. Dennoch begünstigten sie die Entente vom Ausbruch des Krieges an durch Rüstungslieferungen und Kreditgewährungen. Gründe dafür sind:

- die Mittelmächte wurden als Bedrohung für die Demokratie gesehen,
- Angst vor der eigenen Isolierung,
- sprachliche und kulturelle Verbundenheit sowie wirtschaftliche Beziehungen mit England,
- Abwendung einer drohenden Agrarkrise in den USA.

1915

7.5. Die Torpedierung der „Lusitania" stärkte die stark antideutsche Stimmung in den USA. Das Deutsche Reich stellte darauf den uneingeschränkten U-Boot-Krieg ein.

1916 Verschiedene Friedensbemühungen scheitern (▸ S. 149 f.).

1917

9.1. Beschluss Deutschlands, den uneingeschränkten U-Boot-Krieg wiederaufzunehmen

6.4. Kriegserklärung der USA an Deutschland

7.12. Kriegserklärung der USA an Österreich-Ungarn

Ab 1918 kämpfen 2 Mio. amerikanische Soldaten in Europa.
Der Kriegseintritt der USA am 6.4.1917 stellte das kriegsentscheidende Ereignis dar. Für diesen Schritt der USA gab es hauptsächlich drei Gründe:

- die Kreditvergabe der USA an die britische Wirtschaft,
- die traditionell guten Beziehungen zwischen den USA und den Alliierten,
- der uneingeschränkte U-Boot-Krieg, den die deutsche Kriegsmarine führte.

Das Kriegsende an der Ostfront

Am 3.3.1918 wurde der ***Friedensvertrag von Brest-Litowsk*** abgeschlossen, kurz darauf folgte der Friede von Bukarest. Den Mittelmächten gelang damit der Abschluss eines Siegfriedens:

- Verzicht Russlands auf die nördlichen baltischen Provinzen (Livland, Kurland, Estland, Litauen) und Polen,
- Anerkennung Finnlands und der Ukraine als selbstständige Staaten.

Zusammenbruch der Westfront und Waffenstillstand

Am 28.9.1918 wurde die Lage an der Westfront für das Deutsche Reich so katastrophal, dass die ***OHL*** die Reichsregierung aufforderte, ein Waffenstillstandsangebot an die Alliierten zu richten. Präsident ***Wilson*** weigerte sich jedoch, mit Vertretern des kaiserlichen Deutschlands zu verhandeln.
Der interfraktionelle Ausschuss der Reichstagsmehrheit schuf in den Oktoberreformen nun die Voraussetzung für eine parlamentarische Regierung. Als Reichskanzler schlug der Ausschuss den als liberal geltenden Prinz Max von Baden vor, der eine Regierung aus SPD, Zentrum und Fortschrittlicher Volkspartei bildete. Der Erfolg der Oktober-Reformen blieb jedoch aus. Als die Flotte gegen England auslaufen sollte, kam es zur Meuterei der Matrosen, die zur Revolution anwuchs.
Am 9.11. musste der Kaiser abdanken. Prinz Max von Baden übergab das Kanzleramt an den Sozialdemokraten Friedrich

Ebert. Am 11. 11. 1918 wurde schließlich in ***Compiègne*** ein Waffenstillstandsabkommen, das einer Kapitulation glich, geschlossen; 1919 folgten die ***Friedensverträge von Versailles*** bzw. ***St. Germain.***

10.7 Dimensionen des Krieges und Kriegsschuldfrage

Der Erste Weltkrieg zeigte die Dimensionen eines Krieges im Industriezeitalter auf: Millionenheere standen sich erstmals mit modernsten Waffen (u. a. Maschinengewehre, Artillerie, Panzer, Schlachtschiffe, Flugzeuge, U-Boote, Giftgas) gegenüber, deren Vernichtungspotenzial keine Grenzen mehr hatte: Millionen Menschen fanden den Tod, Millionen wurden verwundet, Millionen galten als vermisst, Landschaften wurden zerstört, Städte vernichtet. Von der Totalität der neuen Formen des Krieges mit seinen Materialschlachten, den Stellungskriegen, Blockaden und dem Einsatz des gesamten Wirtschaftsaufkommens waren Zivilisten ebenso betroffen wie die Soldaten.

Unter Historikern lange umstritten war die Frage, ob das Deutsche Reich wirklich nach der Weltmacht greifen wollte, wie es in einem wegweisenden Buch des Historikers Fritz Fischer diskutiert wurde ***(Fischerkontroverse).*** Weltmacht war damals, im Zeitalter des Imperialismus, eine Großmacht, die sich am Wettlauf um die Aufteilung der Erde beteiligte, auf diese Weise zu einem Faktor von globalem, über die eigene Hemisphäre hinausweisendem Gewicht wurde und damit wiederum die Großmachtstellung festigte. Nicht Weltherrschaft, sondern eine Stellung gleichberechtigt neben den Weltmächten Großbritannien, USA und Russland war das Ziel des Deutschen Reiches. Das Deutsche Reich war zu Beginn ohne das Ziel von Gebietserweiterungen in den von ihm forcierten Krieg gegangen; nach ersten Erfolgen der deutschen Truppen legte die Regierung Bethmann Hollweg am 9. September 1914 eine Liste von Kriegszielen vor.

Darin wurden von Frankreich Gebietsabtretungen (Erzbecken von Briey), eine hohe Reparationsforderung, ein vorteilhafter Handelsvertrag gefordert. Auch für Belgien, das deutscher Vasallenstaat werden sollte, waren Gebietsabtretungen vorgesehen. Luxemburg sollte als deutscher Bundesstaat dem Reich eingegliedert werden. Mit einem mitteleuropäischen Handelsvertrag wurde die Hegemonie in Europa angestrebt. Fischers Kritiker haben anfangs in der Kriegszielplanung des Deutschen Reiches zunächst nur einen Wunschkatalog gesehen. Heute hat sich Fischers These bei Historikern weitgehend durchgesetzt.
Zu berücksichtigen ist, dass die ***Julikrise*** von 1914, ausgelöst durch die Ermordung des österreichischen Thronfolgers, in einer Folge schwerer Krisen zu sehen ist, die Europa bereits vor 1914 mehrmals an den Rand eines großen Krieges gebracht hatten. Zum Zeitpunkt des Kriegsausbruchs gab es keine stabile Ordnung in Europa. Einerseits waren die Bündnisse zwar defensiver Art, andererseits waren die am Ausbruch des Weltkrieges beteiligten Staaten zu wenig darauf bedacht, diesen zu verhindern und auf ihre jeweiligen Ziele zu verzichten. Serbien hing an der Verwirklichung seiner nationalen Idee, Russland versuchte einen weiteren Misserfolg seiner Balkanpolitik zu verhindern, Österreich beharrte auf seiner Vielvölkerstruktur, während Deutschland sein Bündnis mit Österreich bekräftigte und es anfangs zu einem raschen Kriegsbeginn gegen Serbien aufforderte. Auch Frankreich versuchte sein Bündnis mit Russland als Druckmittel gegen Deutschland zu benutzen. Die englische Regierung bemühte sich in mehreren Phasen um Vermittlung, die deutsche erst am Schluss der Julikrise, nachdem sie erkannt hatte, dass der Überraschungseffekt nach dem Schlieffenplan nicht mehr aufgehen konnte. Großen Anteil am Ausbruch des Krieges hatten zweifellos die Mittelmächte, die den Krieg billigend in Kauf nahmen.

Die Weimarer Republik (1918–1933)

11

11.1 Rätebewegung und Nationalversammlung

Als die Flotte nach England auslaufen sollte, verweigerten am 3.11. die Matrosen das von ihnen sinnlos geforderte Opfer; sie verlangten die Befreiung von inhaftierten Kameraden. Von Kiel aus breiteten sich Massenkundgebungen in vielen Städten aus. Es kam zur Bildung von Soldatenräten nach russischem Vorbild. Diese Ereignisse benutzte später Hindenburg, um die nicht haltbare ***Dolchstoßlegende*** ins Leben zu rufen: Der Krieg sei nicht durch die Niederlage des Heeres an der Front verloren worden, sondern durch den Dolchstoß von hinten, durch Revolution und Verrat der Linken in der Heimat.

Novemberrevolution

1918

9.11. Die Menschen in Berlin forderten das sofortige Kriegsende und die Abdankung des Kaisers. ***Max von Baden*** verkündete um 12 Uhr ohne Einverständnis des Kaisers dessen Abdankung und übergab sein Amt an ***Friedrich Ebert,*** den Vorsitzenden der SPD. Ohne Ebert zu informieren, rief um 14.00 Uhr ***Philipp Scheidemann*** die „Deutsche Republik" aus, 2 Stunden bevor der Spartakusführer ***Karl Liebknecht*** die „Sozialistische Republik Deutschland" ausrief. Die folgenden Tage entschieden über den Verlauf der Revolution.

10.11. Die linksradikalen Gruppierungen unter der Führung der Spartakisten ließen am 10. November in Betrieben und Kasernen Arbeiter- und Soldatenräte wählen. Ebert bildete mit Unterstützung der USPD einen von SPD und

USPD paritätisch gewählten ***Rat der Volksbeauftragten*** als provisorische Regierung unter seinem Vorsitz. Er wollte möglichst schnell eine Nationalversammlung wählen lassen.

11.11. Die Niederlage war, ohne dass die Front schon durch die Alliierten durchbrochen war, nicht mehr zu verhindern: Die Regierung unterzeichnete in ***Compiègne*** den Waffenstillstand.

16.–21.12. In Berlin trat ein Reichskongress der Arbeiter- und Soldatenräte zusammen, der die provisorische Regierung bestätigte, aber als Kontrollinstanz einen Arbeiter- und Soldatenrat ins Leben rief. Die Wahl für eine Nationalversammlung wurde für den 19.1.1919 festgelegt. Als Unruhen in Berlin ausbrachen, wurden diese durch Truppen niedergeschlagen. Die USPD trat daraufhin aus der provisorischen Regierung aus.

1919

1.1. Der ***Spartakus-Bund*** und andere linksradikale Gruppierungen gründeten die Kommunistische Partei Deutschland, die ***KPD.***

5.–12.1. Niederschlagung des Spartakus-Aufstandes durch Regierungstruppen und ***Freikorps*** (national-konservativ gesinnte, freiwillige Truppen, die sich zeitweise auf die Seite der Regierung stellten). ***Rosa Luxemburg*** und ***Karl Liebknecht*** wurden ermordet. Gleichzeitig wurden Aufstände, vor allem in Mitteldeutschland, mithilfe der Freikorps niedergeschlagen.

Der Fortbestand der Regierung Ebert war zwar garantiert. Ihre Hypothek bestand in ihrem Angewiesensein auf Heer und Freikorps, ihrer blutigen Behauptung gegenüber den Linksradikalen und der mangelnden Gefolgschaft der Linken und Rechten.
Die revolutionäre Bewegung hatte nun die Einheit verloren und bewegte sich in die zweite Phase, die der weiteren Radikalisierung und Zersplitterung.

11.2 Der Versailler Friedensvertrag

Am 18.1.1919 traten in Paris die Vertreter der Siegermächte ohne die Beteiligung der Besiegten zusammen. Der Rat der Vier, ***Thomas Woodrow Wilson*** (USA), ***David Lloyd George*** (England), ***Georges Clemenceau*** (Frankreich) und ***Vittorio Orlando*** (Italien), traf die wesentlichen Entscheidungen.
Am 7.5. wurde das Vertragswerk den Deutschen in Versailles vorgelegt und am 28.6. vom deutschen Außenminister Müller unterzeichnet.

Territoriale Veränderungen

- Abtretung von Oberschlesien, Posen, Westpreußen an Polen, das Memelgebiet an Litauen, Elsass-Lothringen an Frankreich, Eupen-Malmedy an Belgien, Nordschleswig an Dänemark; Einrichtung der Freien Stadt Danzig. Insgesamt verlor das deutsche Reich 13% des Staatsgebiets und 10% der Bevölkerung.
- Das Saarland wurde für 15 Jahre unter Verwaltung des Völkerbundes gestellt.
- Verzicht auf die Kolonien

Entwaffnung

- Einrichtung einer entmilitarisierten Zone links und 50 km rechts des Rheins
- Verbot der allgemeinen Wehrpflicht; Reduzierung des Heeres auf 100 000 Mann

Kriegsschuld und Wiedergutmachung

- Deutschland erkannte die alleinige Kriegsschuld an und erklärte sich zur Zahlung von Reparationen bereit (Art. 231).

Der Versailler Vertrag bedeutete für viele Deutsche eine schwere Demütigung, nachdem in der Wilhelminischen Ära ein übersteigertes nationales Selbstbewusstsein vermittelt worden war. Die Weimarer Republik hatte damit eine denkbar schlechte Aus-

11

gangssituation, da diplomatische Kontakte, notwendige Akzeptanz des Vertrages durch die deutsche Regierung als Verrat und Schwäche diffamiert und mit der neuen Republik assoziiert wurden. Die Vertreter der ***Dolchstoßlegende*** versuchten damit ihre Vorwürfe zu erhärten.

Weitere Verträge wurden mit Österreich in ***St. Germain*** (10.9. 1919), mit Bulgarien in ***Neuilly*** (27.11.1919), Ungarn in ***Trianon*** (4.6.1920) und der Türkei in ***Sèvres*** (10.8.1920) geschlossen. Die Mitte und der Südosten Europas erfuhren eine völlige Veränderung. Der Vielvölkerstaat Österreich-Ungarn wurde aufgeteilt in die selbstständigen Staaten Österreich, Ungarn und Tschechoslowakei. Neu entstanden der polnische Staat und ein großserbisches Reich, das Königreich der Serben, Kroaten und Slowenen (Jugoslawien). Italien erhielt Südtirol (bis zum Brenner), Triest, Istrien, Dalmatien und einen Teil Kärntens und der Krain. Österreich durfte sich nicht an Deutschland anschließen.

Die Frage der Reparationen

Die Frage der Reparationen war eng mit dem Schicksal der Weimarer Republik verbunden. Sie bot fortwährend Anlass, die Republik anzugreifen, die Politik der Regierung als „Erfüllungspolitik" zu diffamieren und die deutsche Nation als Opfer des Auslandes darzustellen. Vor allem von Nationalisten und Nationalsozialisten kam diese Kritik. Sie diffamierten diese Politik, die Deutschland wieder in den Kreis der europäischen Mächte als gleichberechtigt zurückführen wollte, als Erfüllungspolitik.

- **1919** Vorläufige Zahlung von 20 Mrd. Goldmark bis April 1921; Forderungen unbestimmter Höhe auf unbestimmte Zeit (Sachleistungen, Geldzahlungen)
- **1921, Januar** Konferenz von Paris. Reparationen von 269 Mrd. Goldmark, in 42 Jahresraten zu zahlen
- **1921, Mai** Londoner Ultimatum. Reparationen auf 132 Mrd. RM in 37 Jahresraten (2 Mrd. plus 25 % Ausfuhr im Jahr). Rathenau versuchte den Forderungen nachzukommen.

1922 Wegen des wirtschaftlichen Verfalls Deutschlands forderte der französische Außenminister Poincaré produktive Pfänder.
1923, Januar Einmarsch ins Ruhrgebiet
1924, Juli Londoner Konferenz. Annahme des Dawesplans zur Regelung der Reparationszahlungen. Deutschland sollte bis 1928 5,4 Mrd. Mark, ab 1929 jährlich 2,5 Mrd. Mark (zuzüglich Wohlstandsindex) auf noch unbestimmte Dauer zahlen. Es bekam einen Kredit von 800 Mio. Goldmark eingeräumt.
1930, August Haager Konferenz. Annahme des *Youngplans* zur Regelung der Reparationen. Zahlungen von durchschnittlich 2 Mrd. bis 1988, insgesamt 112 Mrd. Goldmark. Räumung des Rheinlandes durch die Alliierten.
1931 Einjähriger Aufschub der Reparationszahlungen im Hinblick auf die Wirtschaftskrise *(Hoover-Moratorium).*
1932, Juli Konferenz in Lausanne. Streichung der Schuldenlast bis auf 3 Mrd.
1934 Einstellung der Zahlungen durch das Reich.

Nach deutscher Berechnung sind ca. 67 Mrd., nach alliierter 20 Mrd. Goldmark bezahlt worden. Fest steht, dass Deutschland mehr an ausländischen, vornehmlich amerikanischen Anleihen erhalten hat, als an Reparationen bezahlt worden sind.

11.3 Die Weimarer Verfassung

Bei den Wahlen zur Nationalversammlung zeigte sich das Spektrum der Parteienlandschaft: Die Liberalen waren aufgespalten in die bürgerlichliberale Deutsche Demokratische Partei (DDP) und die konservativ-liberale Deutsche Volkspartei (DVP). Auch der sozialistische Flügel war gespalten in die linksextreme *KPD* und die *SPD,* die in der Wahl zur Nationalversammlung zur stärksten Partei wurde. Die *USPD* wurde zwischen beiden Par-

teien aufgerieben. Das *Zentrum* blieb die Vertretung des Katholizismus in Deutschland. Die Konservativen wurden durch die Deutschnationale Volkspartei (DNVP) vertreten. SPD, Zentrum und Deutsche Demokratische Partei (DDP) bildeten mit über 76 % die sogenannte Weimarer Koalition.
Am 6. 2. 1919 trat in Weimar die verfassunggebende Versammlung zusammen. Sie wollte sich durch das Verlassen von Berlin dem Druck der Massen entziehen und mit der Wahl Weimars ein Signal für das Anknüpfen an das klassische Humanitätsideal setzen. Die Verfassungsberatungen endeten am 3. 7. 1919; Annahme der Verfassung am 31. 7.
Die Weimarer Verfassung stellte eine Mischung von parlamentarischen, präsidialen und plebiszitären Elementen dar. Der Reichstag wurde in allgemeiner, gleicher, unmittelbarer und geheimer Wahl gewählt. Das Wahlalter wurde von 25 auf 20 Jahre herabgesetzt. Auch die Frauen besaßen erstmals in der deutschen Geschichte das passive und aktive Wahlrecht.

Parlamentarische Elemente
Der Reichstag sprach der Regierung sein Vertrauen aus, konnte aber auch Reichskanzler und Minister das Misstrauen aussprechen und wirkte bei der Gesetzgebung mit.

Präsidiale Elemente
Der Reichspräsident wurde direkt vom Volk auf 7 Jahre gewählt. Mit Art. 48 konnte der Reichspräsident gegen ein Land, das sich gegen Gesetze oder die Verfassung stellte, mit Gewalt vorgehen und Grundrechte außer Kraft setzen. Außerdem stand dem Reichspräsidenten das Recht zu, den Reichstag aufzulösen (Art. 25). Da es ihm erlaubt war, Kanzler und Minister zu entlassen und er den Oberbefehl über das Heer innehatte, konnte die Stellung des Reichspräsidenten übermächtig und die durch die Verfassung intendierte gegenseitige Kontrolle der verschiedenen Verfassungsprinzipien zunichte gemacht werden ***(Notverordnungen)***.

Plebiszitäre Elemente

In der Verfassung waren Volksbegehren und Volksentscheid (Art. 73, Abs. 3) verankert; die Wahlberechtigten verfügten damit über das Gesetzesinitiativrecht. Auch der Reichspräsident konnte ein Gesetz, mit dem er oder der Reichsrat nicht einverstanden waren, einem Volksentscheid stellen. Die plebiszitären Elemente und die mächtige Position des Reichspräsidenten zeigen das Misstrauen gegen Parlament, Parteien und Demokratie.

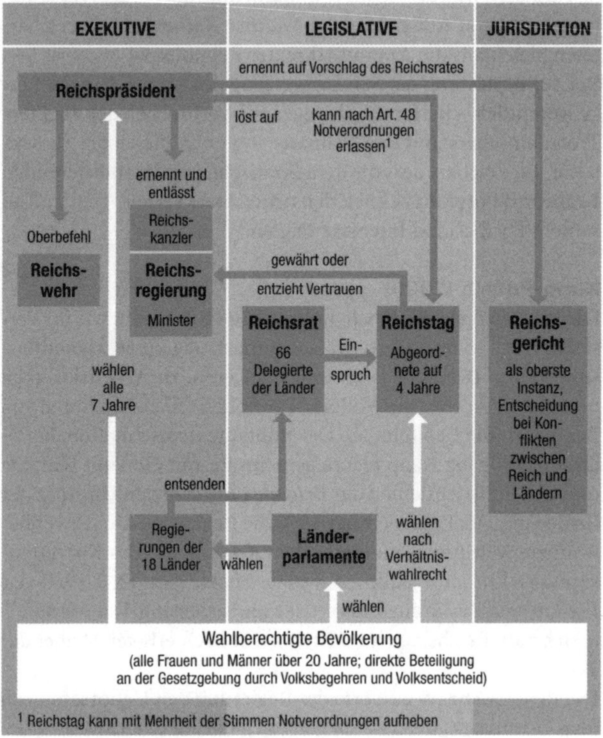

Die Verfassung der Weimarer Republik

11

11.4 Krisen der Republik: Putschversuche und Separatismus

Von 1919–1923 kämpfte die Republik um ihr Überleben. Sie hatte Angriffe von rechts und links zu ertragen, wurde von Teilen der Bevölkerung nicht akzeptiert, musste die Inflation bekämpfen und verfügte über geringe finanzielle Mittel, sodass sie viele ihrer sozialen und wirtschaftlichen Pläne nicht umsetzen konnte. Politische Morde – Ermordung von ***Matthias Erzberger*** (Zentrum) und von Außenminister ***Walther Rathenau*** – überschatteten gleichfalls die Anfangsjahre der Republik.
Bei der Bestrafung der Schuldigen ging der Staat gegen die Linke wesentlich schärfer vor als gegen die Verbrechen der Rechten. Trotzdem überstand die Weimarer Republik die ersten Krisenjahre, ein Zeichen, dass die demokratischen und stabilisierenden Kräfte mit Entschlossenheit den neuen Staat verteidigten und an seinem Fortbestand Interesse zeigten.

Kapp-Putsch (1920)

Die Reduzierung der Reichswehr auf 100 000 Mann, wie im Versailler Vertrag festgelegt, führte zwangsläufig zu Massenentlassungen von Berufssoldaten und Offizieren, zu Arbeitslosigkeit und Prestigeverlust des Militärs. Die hohen Offiziere lehnten von Beginn an die Republik ab. Der militante deutschnationale Politiker Wolfgang Kapp plante gemeinsam mit General Lüttwitz und den Freikorpsleuten der ***Brigade Ehrhardt*** den Umsturz der Regierung. Als Ende Februar 1920 die Regierung die schwer bewaffnete Marinebrigade unter dem Kommando des Korvettenkapitäns Ehrhardt auflösen wollte, rückte am 13.3.1920 das ***Freikorps*** in Berlin ein und vertrieb die Regierung. Kapp ernannte sich zum Reichskanzler, Lüttwitz wurde Oberbefehlshaber der Truppen.
Die Reichswehr verweigerte der Regierung den Gehorsam nach dem Grundsatz „Reichswehr schießt nicht auf Reichswehr" (General Seeckt). Dennoch scheiterten die Putschisten binnen we-

niger Tage, weil Arbeiter, Beamte und Angestellte ihren Anweisungen nicht Folge leisteten und die Gewerkschaften den Generalstreik ausriefen. Kapp floh nach Schweden.

Hitler-Putsch (1923)

In München herrschte eine politisch brisante Mischung aus Separatismus, Nationalismus und Antisemitismus. Durch die nationalistische Presse, die gegen die von ihr gehasste Republik und die Politik der Siegermächte gegenüber Deutschland hetzte, wurde die Lage noch verschärft.
Als im Herbst der passive Widerstand an der Ruhr ***(Ruhrkampf)*** eingestellt wurde, wurde von der bayerischen Regierung Gustav Ritter von Kahr zum Generalstaatskommissar ernannt und der Ausnahmezustand verhängt. Das Reich wiederum reagierte, indem es den Ausnahmezustand verkündete. Damit lag bei General Hans von Seeckt, der der Heeresleitung vorstand, faktisch die vollziehende Gewalt. General Lossow, beauftragt, den „Völkischen Beobachter", die Zeitung der NSDAP, zu verbieten, weigerte sich und wurde nach seiner Entlassung von der bayerischen Regierung zusammen mit seinen Soldaten auf die bayerische Verfassung vereidigt. Dies war ein Verfassungsbruch. Lossow plante mit Kahr, dem bayerischen Polizeichef Hans von Seisser, und Hitler den Marsch auf Berlin. Seeckt, der der Heeresleitung vorstand, verhielt sich abwartend und versuchte Kahr zum Einlenken zu bewegen. Hitler aber wollte nicht warten, nach dem Vorbild von Mussolinis ***Marsch auf Rom*** (1922) beabsichtigte er, die Reichsregierung in Berlin zu stürzen. Am 9. November wurde der nationalsozialistische Putschversuch vor der Feldherrenhalle von der Polizei gewaltsam gestoppt.
Der anschließende Prozess brachte Hitler eine neunmonatige Haftstrafe, aber auch große Popularität ein. General ***Ludendorff***, der von Hitler als Mitglied in der „Nationalregierung" vorgesehen war und Hitler unterstützt hatte, wurde in Anbetracht seiner Verdienste im Krieg freigesprochen. Die NSDAP zerfiel und gewann erst wieder 1929 an politischer Bedeutung.

Separatistische und revolutionäre Bewegungen

1920 kam es zu kommunistisch geprägten Aufständen in Sachsen und Thüringen, auch im Ruhrgebiet formierte sich eine Armee von 50 000 Mann. Ihre Niederschlagung dauerte bis zum Mai des Jahres 1920. Verstärkt durch die schlechte wirtschaftliche Situation, die der *Ruhrkampf* mit sich brachte, gewannen die separatistischen Bewegungen im Rheinland 1923 wieder an Bedeutung. Sie wurden von den französischen Besatzungstruppen unterstützt, da ein deutscher Weststaat den Sicherheitsüberlegungen Frankreichs entgegengekommen wäre. Im Oktober 1923 wurde von bewaffneten Separatisten die Rheinische Republik und die Autonome Pfalz ausgerufen. Allerdings wurden die besetzten Rathäuser in den rheinischen Großstädten bald wieder von den Bürgern entsetzt.
In Sachsen und Thüringen war seit 1923 die KPD an den Regierungen beteiligt. Mit Unterstützung der Sowjetunion wurde ein „deutscher Oktober" geplant, der von Mitteldeutschland aus die Revolution in Deutschland auslösen sollte. Reichswehreinheiten stellten in beiden Ländern wieder die Ordnung her.

11.5 Inflation, Ruhrkampf und Neuordnung der Währung

Eine der größten Herausforderungen für die neue Republik war die galoppierende *Inflation* seit 1921. Sie wurde u. a. durch die Geldmengenvermehrung während des Weltkrieges verursacht, die nicht durch einen entsprechenden Anstieg der volkswirtschaftlichen Leistung abgedeckt war. Auch die Aufhebung der Zwangsbewirtschaftung nach dem Ersten Weltkrieg förderte die inflationären Tendenzen. Die „Selbstheilkräfte" des Marktes funktionierten nicht. Die neue Regierung hatte hohe Staatsschulden übernommen und musste zudem die Reparationen zahlen und Demontagen hinnehmen. Allerdings blieb sie von der Weltwirtschaftskrise von 1921/22 weitgehend verschont.

Als Deutschland im Dezember 1922 mit seinen Holz- und Kohlelieferungen geringfügig in Rückstand geriet, marschierten französische und belgische Truppen ins Ruhrgebiet ein, um die Lieferverpflichtungen Deutschlands sicherzustellen. Die Bevölkerung reagierte mit Empörung, von der Regierung wurde zum passiven Widerstand aufgerufen, die Reparationsleistungen eingestellt. Die Regierung konnte den Ruhrkampf wirtschaftlich nicht durchhalten. Da sie die Finanznöte mit der Notendruckpresse auszugleichen versuchte, verfiel die Währung völlig, sodass der Tauschhandel die Geldwirtschaft z. T. ablöste. Ende November wurde eine ***Währungsreform*** durchgeführt, die durch Industrie- und Grundstückswerte abgesichert wurde. Die Mittelschichten verloren ihre Ersparnisse, da die früheren Rücklagen entwertet waren. Der Erfolg der Währungsreform stand jedoch außer Zweifel: Die neue Währung wurde akzeptiert.

11.6 Stabilisierung von Wirtschaft und Staat

In den folgenden Jahren kam es, bedingt auch durch die Stabilisierung der Währung, zu einer innen- und außenpolitischen Konsolidierung. Die deutsche Industrie errang bald wieder in den Bereichen Chemie, Maschinenbau, optische Geräte, Elektrobranche eine Spitzenposition. Verantwortlich dafür waren Kredite, die aus Amerika nach Deutschland flossen. Kulturell kam es in allen Bereichen zu einer Blüte.

Die Außenpolitik von 1922 bis 1929 ist durch ***Gustav Stresemann*** geprägt. Ziel der deutschen Außenpolitik war eine Revision des ***Versailler Vertrages*** hinsichtlich der Reparationsforderungen, der Räumung der besetzten Gebiete und der Gebietsverluste im Osten. Dies war aber nur durchführbar, wenn die Forderungen der ausländischen Staaten erfüllt wurden. Zunächst stand die außenpolitische Isolation einer erfolgreichen Außenpolitik im Wege. Da auch die Sowjetunion isoliert war, bot sie sich als Bündnispartner, trotz des unterschiedlichen staatlichen Systems, an.

1922

16.4. ***Vertrag von Rapallo*** (Vorort von Genua). Deutschland und die Sowjetunion verzichteten auf gegenseitige Wiedergutmachungen und Reparationsleistungen. Sie beschlossen den Ausbau der wirtschaftlichen Zusammenarbeit und die Aufnahme diplomatischer Beziehungen.

April Mit dem ***Dawesplan*** wird erstmals die Summe der Reparationszahlungen fixiert (▸ S. 157).

1925

5.–12.10. In Locarno durchbrach Deutschland seine Isolierung. Deutschland, England und Belgien erklärten sich bereit, die Westgrenzen Deutschlands endgültig anzuerkennen und auf Kriege zu verzichten. Italien und England traten als Garantiemächte auf. Gleichzeitig wurde Deutschlands Aufnahme in den Völkerbund beschlossen, die am 8. 9. 1926 erfolgte. Am Zustandekommen der ***Locarno-Verträge*** waren maßgeblich der französische Außenminister ***Aristide Briand*** und sein deutscher Kollege ***Stresemann*** beteiligt.

1928

27.8. Mit dem Beitritt zum ***Briand-Kellogg-Pakt*** (benannt nach dem frz. und amerik. Außenminister), der eine eine Ächtung des Krieges beinhaltete, zeigte sich die von Deutschland errungene Anerkennung.

Mit der Annahme des ***Youngplans,*** des ***Hoover-Moratoriums*** und dem Beschluss der Konferenz von Lausanne wurden die Reparationsleistungen schrittweise reduziert (▸ S. 157).
Weder der ***Dawesplan*** noch der Locarno-Pakt oder Youngplan wurden in ihrer insgesamt vorteilhaften Bedeutung für die deutsche Politik von der deutschen Öffentlichkeit richtig bewertet. Das Bild von einem unterdrückten Deutschland hatte sich festgesetzt. Dass der deutsche Staat nur auf dem Wege der Erfüllung der Verträge seine Handlungsfähigkeit zurückgewinnen konnte, wurde von vielen nicht verstanden oder akzeptiert.

11.7 Niedergang der Republik

Dass es sich bei dem Zeitraum von 1923–29 nur um eine Scheinblüte gehandelt hatte, zeigte sich im raschen Verfall der Republik, als die Weltwirtschaftskrise einsetzte. Aber auch der Tod zentraler Persönlichkeiten, die bisher die Geschichte der Republik stark beeinflusst hatten, bedeutete einen großen Verlust für das demokratische System. 1925 starb ***Friedrich Ebert,*** 1929 ***Gustav Stresemann.*** Nach dem Tod von Stresemann war die 1930 nach dem Wahlsieg mühsam errichtete Große Koalition zwischen SPD, Zentrum, DDP, DVP und BVP auseinandergebrochen.

Die Weltwirtschaftskrise

Die positive wirtschaftliche Lage änderte sich 1929 abrupt. Am 25. 10. 1929 (Schwarzer Freitag) fielen in New York dramatisch die Börsenkurse. Bis dahin hatte ein Spekulationsfieber geherrscht, das die Aktienkurse weit überbewertete. Die Sparer und Anleger forderten von den Banken das Geld zurück, sodass diese in Liquiditätsschwierigkeiten kamen. Die amerikanischen Banken zogen daraufhin die kurzfristig vergebenen Kredite aus Europa zurück und gingen zu einer Schutzzollpolitik über.

Für die deutsche Wirtschaft bedeutete dies das Ende des Aufschwungs, da nun Investitionskapital und Absatzmärkte wegfielen. Die Zahl der Arbeitslosen stiegen dramatisch an (1931: 1,9 Mio., 1932: 6,12 Mio.).

Zerstörung des Parlamentarismus

Radikale Parteien und Kräfte waren die Nutznießer der Staats und Wirtschaftskrise von 1929. Die *NSDAP,* die nach der Festungshaft Hitlers zerfallen war, erlebte nach der Septemberwahl 1930 einen Aufschwung (von 800 000 Stimmen im Jahr 1928 auf 6,4 Mio. 1930). Auch die Kommunisten gewannen Wähler dazu. Verlierer waren SPD und DNVP. Grund für den Zulauf war die Enttäuschung über die parlamentarischen Kräfte, denen man eine Bewältigung der Wirtschaftskrise nicht zutraute. Die NS-

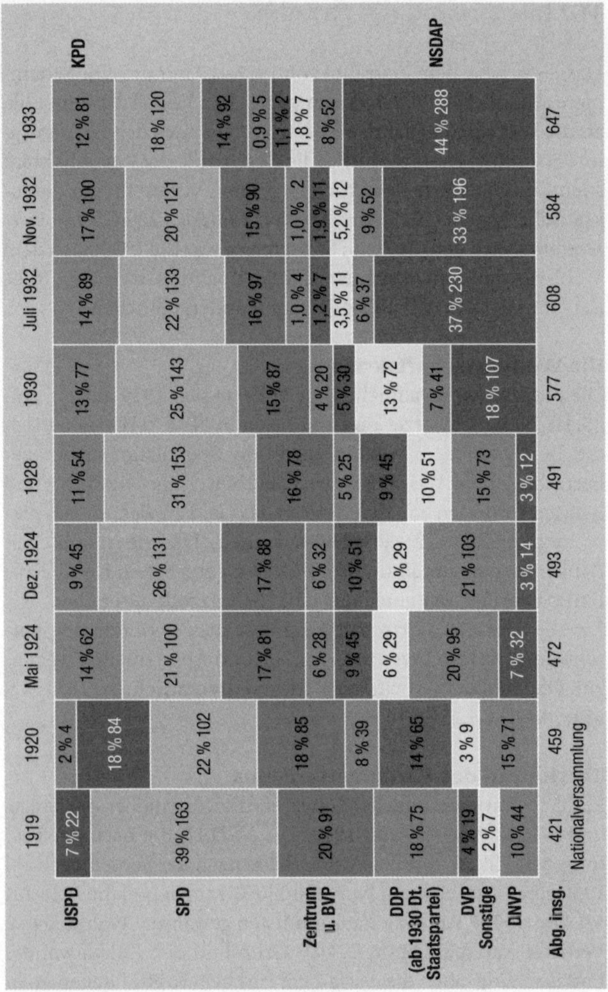

Ergebnisse der Reichstagswahlen 1919–1933

DAP gewann ihre Wähler aus fast allen sozialen Schichten, wobei der Zustrom junger Wähler besonders auffällig war.
Nach dem Bruch der Großen Koalition (1930) bildete sich eine neue Regierungsform heraus: die sogenannten Präsidialregierungen. Auf Betreiben von General ***Schleicher***, Reichswehrminister, ernannte Reichspräsident ***Hindenburg*** den Zentrumspolitiker ***Heinrich Brüning*** zum Reichskanzler. Brüning regierte mithilfe von ***Notverordnungen*** (Art. 48), der Reichstag ließ sich auf eine Tolerierungspolitik ein. Brüning betrieb eine strikte Deflationspolitik und beschränkte die Staatsausgaben. Dieser unpopuläre Kurs scheiterte, der Reichspräsident entließ Brüning.
Der Zentrumspolitiker ***Franz von Papen*** wurde der nächste Reichskanzler und bildete am 1. 6. 1932 das „Kabinett der Barone". Gegen die Verfassung ließ Papen die sozialdemokratische Regierung in Preußen absetzen und sich selbst zum Reichskommissar in Preußen ernennen. Der Zerfall demokratischer Werte wurde mit dem Staatsstreich deutlich.
Im Wahlkampf der Neuwahlen (Juli 1932) trat die ***NSDAP*** nach der Aufhebung des Verbots ihrer Kampfverbände noch rücksichtsloser auf. Insgesamt war der Wahlkampf durch Gewalt und Terror geprägt. Die NSDAP wurde stärkste Fraktion im Reichstag. Hitler forderte das Amt des Reichskanzlers, konnte sich aber bei Hindenburg nicht durchsetzen. In der 2. Wahl des Jahres im November verlor die NSDAP Stimmen. Hitler wusste, dass er bald handeln musste, denn die wirtschaftliche Lage war auf dem Weg der Besserung. Andererseits stellten NSDAP und ***KPD*** noch die Mehrheit im Reichstag, sodass einer Regierung, die aus anderen Parteien gebildet worden wäre, die nötige Unterstützung fehlte.
Hindenburg entließ Franz von Papen und ernannte am 3. 12. 1932 Schleicher zum Reichskanzler. Dieser versuchte mit einem sozialen Programm die wirtschaftliche Not zu lindern. Inzwischen intrigierte Papen bei Hindenburg und versuchte ihn davon zu überzeugen, Hitler als Reichskanzler zu ernennen. Papen wollte das Amt des Vizekanzlers. Acht konservative Politiker sollten

Hitler und drei nationalsozialistische Minister politisch kontrollieren. Schleicher bat am 28. Januar Hindenburg darum, den Reichstag auflösen zu lassen (Art. 25). Als dieser ablehnte, trat Schleicher zurück. Hindenburg ernannte ***Hitler*** am 30. 1. 1933 zum Reichskanzler.

11.8 Das Scheitern der Weimarer Republik

Für das Scheitern der Weimarer Republik spielen mehrere Gründe eine Rolle:

1. Die ökonomische Deutung, die in der Wirtschaftskrise (einschließlich Landwirtschaftskrise) und der Massenarbeitslosigkeit den Boden für Hitlers Erfolg sieht. Ihr ist entgegenzuhalten, dass es in England und den USA zur gleichen Zeit eine nicht weniger schlimme Arbeitslosigkeit gab als in Deutschland, ohne dass dort eine starke faschistische Bewegung gegen die „versagenden" demokratisch-parlamentarischen Institutionen aufkam.
2. Die verheerende Erfahrung mit der Inflation von 1923 und die Angst vor einer Wiederholung dieser Katastrophe.
3. Die Schwäche der Verfassung mit dem Dualismus von parlamentarischer Reichsregierung und plebiszitär gewählten starken Reichspräsidenten sowie die Verantwortungsscheu der demokratischen Parteien.
4. Die wirtschaftlichen sowie innen- und außenpolitischen Belastungen in der Folge des Versailler Vertrages.
5. Die autoritäre Tradition des deutschen Staatsdenkens und der Antiliberalismus (von links und von rechts) sowie der rassistische Antisemitismus. Ferner die antikapitalistische Argumentation von links und rechts sowie die antiwestliche Haltung.
6. Die Nicht-Akzeptanz der Republik, so wie sie aus der Revolution von 1918/19 hervorgegangen war (von rechts und von links).

7. Die Spaltung des linken Flügels der Parteienlandschaft; die Feindschaft der von Moskau gesteuerten KPD gegenüber der SPD.
8. Die Bürgerkriegsstimmung zwischen Links- und Rechtsradikalen.
9. Die neue Rolle der Propaganda in der Massendemokratie, die angesichts der sozialen Entwurzelung großen Ausmaßes nach dem Ersten Weltkrieg und dann während der Weltwirtschaftskrise große Wirkung entfalten konnte; die Faszination, die von Hitler als Demagoge, als „Trommler" ausging.
10. Die Rolle der intrigierenden und entscheidenden Personen in der Krise von 1930 bis 1933.

12 Der Nationalsozialismus (1933–1945)

12.1 Die nationalsozialistische Ideologie

Die nationalsozialistische Ideologie basierte auf Ideen des 19. Jh.s, entwickelte sich aber auch als Reaktion auf die liberalen und parlamentarischen Errungenschaften des 20. Jh.s. weiter. Ebenso spielte die Niederlage des Ersten Weltkrieges, die als nationale Schmach empfunden wurde, eine Rolle.

Ideengeschichtliche Wurzeln

- *Sozialdarwinismus:* Der Sozialdarwinismus war eine falsche Schlussfolgerung aus der Theorie von Charles Darwin über die Weiterentwicklung der Arten durch Anpassung. Die sozialdarwinistische Spekulation ging davon aus, dass sich die jeweils stärkere menschliche Rasse im Kampf durchsetzen würde. Moralische Kategorien spielten eine untergeordnete Rolle.
- *Rassismus:* Graf Gobineau stellte 1853 die nicht haltbare These von der Hierarchie der verschiedenen menschlichen Rassen auf.
- *Arierkult:* Houston Stewart Chamberlain versuchte die Arier, eine indoeuropäische Volksgruppe, zu einem höherwertigen Volk zu stilisieren. So erhielt der deutsche Nationalismus eine rassische Begründung.
- *Antisemitismus:* Der Antijudaismus als Denk- und Verhaltensmuster war seit dem Mittelalter in Europa zu beobachten und durch ein Bündel von zum Teil sich gegenseitig bedingenden wirtschaftlichen, religiösen und psychologischen Gründen bestimmt. Im 19. Jh. wurde der traditionelle Antijudaismus durch das wirtschaftliche Konkurrenzdenken und durch

die aufkommende Rassenlehre zum gefährlichen Antisemitismus, der in den Juden den „Untermenschen“ und „Schädling“ sah.

- *Nationalismus:* Der Nationalismus steigerte sich in Abgrenzung zum marxistischen Internationalismus und liberalen Nationenbegriff zum Chauvinismus, der nach der Vorherrschaft in Europa und der Welt strebte.
- *Lebensraum-Ideologie:* Die angebliche Knappheit des deutschen Lebensraums sollte durch Siedlungsgebiet im Osten kompensiert werden.

Bestandteile der nationalsozialistischen Ideologie

Die Ideologie des Nationalsozialismus verband Antisemitismus, Rassismus, Nationalismus, Imperialismus, Weltmachtstreben, Führerprinzip mit Antimarxismus, Antiparlamentarismus und oberflächlichen Elementen des Sozialismus zu einer keinesfalls geschlossenen, aber aggressiven und wirkungsvollen Ideologie. Diese verknüpfte zwar die verschiedenen Elemente, machte aber keine genauen Aussagen über ihre Umsetzung und die Organisation der Ziele. Einerseits hatte dies eine gewisse Unkontrollierbarkeit und Desorganisation des nationalsozialistischen Staates zur Folge, die Ungenauigkeit der Aussagen über die Umsetzung ermöglichte andererseits aber dem NS-Staat eine ungeheuere, nicht kontrollier- und vorhersehbare Dynamik, die eigenen Grundsätze zu verlassen und in extremen Situationen eine noch verhängnisvollere radikalere Richtung einzuschlagen. Dabei bestimmte die Rassenideologie die nationalsozialistische Politik grundlegend.

12.2 Die Entwicklung der NS-Bewegung

Die Entwicklung der nationalsozialistischen Bewegung ist mit dem Aufstieg *Hitlers* und seinem zunehmenden politischen Einfluss verbunden. Adolf Hitler kam nach einem Lazarettaufenthalt

im November 1918 nach München und stieß in seiner Tätigkeit als Propagandabeauftragter des Heeres 1919 zur Deutschen Arbeiterpartei (DAP), die in Nationalsozialistische Deutsche Arbeiterpartei *(NSDAP)* umbenannt wurde. 1921 übernahm Hitler den Vorsitz der Partei. Seine rhetorischen Fähigkeiten, sein nationaler Radikalismus, der ehemalige Soldaten ebenso ansprach wie große Teile einer durch die Niederlage im Weltkrieg enttäuschten Bevölkerung, machten ihn im süddeutschen Raum rasch bekannt. Hinzu kam, dass Hitler Massenveranstaltungen mithilfe der von ihm 1921 gegründeten Sturmabteilungen *(SA)* spektakulär und publikumsträchtig inszenieren ließ.
Am 9. 11. 1923 unternahm Hitler einen dilettantischen Putschversuch in München. Dessen Scheitern und der folgende Prozess, in dem ihm nationale Motive entlastend zugebilligt wurden, machten ihn in ganz Deutschland bekannt. Während seiner einjährigen Haft in der Haftanstalt Landsberg am Lech verfiel die Partei, die er ab 1928 neu aufbaute und organisierte.
Mit den Auswirkungen der Weltwirtschaftskrise von 1929 erstarkten die nationalsozialistische und die kommunistische Bewegung. Die NSDAP erzielte im September 1930 einen sensationellen Wahlerfolg, der ihr den Durchbruch zu einer Massenpartei sicherte. In der Harzburger Front gelang es der NSDAP, mit der DNVP und dem ***Stahlhelm*** (Bund der Frontsoldaten, später in die SA eingegliedert) ein Bündnis gegen die Weimarer Republik zu schließen. Zwar unterlag Hitler 1932 bei der Wahl zum Reichspräsidenten dem amtierenden ***Hindenburg,*** doch gelang der NSDAP bei der Reichstagwahl im Juli 1932 die Verdoppelung ihrer Mandate und der Aufstieg zur stärksten Fraktion im Reichstag. Eine Regierungsbeteiligung, die Hitler angeboten wurde, lehnte er aber ab. Im November verlor die NSDAP bei erneuten Reichstagswahlen zwei Mio. Stimmen. Dies stürzte die Partei in eine schwere Krise. Die glücklose Politik des neuen Reichskanzlers ***Schleicher*** brachte schließlich Hitler auf Betreiben des Konservativen von Papen die Ernennung zum Reichskanzler. ***Papens*** Versprechen, Hitler als Vizekanzler kon-

trollieren zu können, erwies sich jedoch in der Folge als verhängnisvolle politische Fehleinschätzung.
Auffällig an Hitlers Vorgehen war seine legalistische Taktik seit dem gescheitertem Putsch von 1923. Noch in den ersten Jahren seiner Diktatur versuchte Hitler sich den Anschein zu geben, er handle im Rahmen von Gesetzen, Abkommen und Verfassungsgrundsätzen. Selbst das ***Ermächtigungsgesetz***, das keinesfalls legal zustande kam – die kommunistischen Abgeordneten konnten an der Abstimmung nicht teilnehmen, weil sie verhaftet oder im Exil waren – wurde scheindemokratisch verabschiedet.

Anhängerschaft

Der Nationalsozialismus konnte vor 1929 auf keine homogene Wählerschicht zurückgreifen, fand aber mit der Weltwirtschaftskrise verstärkt Anhänger im alten und neuen Mittelstand, vorrangig im Kleinbürgertum, bei den Angestellten, den Händlern, Kaufleuten und Handwerkern. Nach 1930 stießen zudem Teile der Arbeiter- und Bauernschaft, aber auch Industrielle und Aristokraten zu den Nationalsozialisten. Ab 1933 konnte die ***NSDAP*** verstärkt Frauen als Wählerinnen gewinnen. Zudem rekrutierte sich aus der Jugend, unabhängig von sozialer Herkunft und gesellschaftlicher Stellung, eine wichtige Anhängerschaft Hitlers. Die Wirtschaftskrise ab 1929, die über 5 Mio. Arbeitslose zur Folge hatte, trieb Hitler die Wähler zu. Der Parlamentarismus schien abgewirtschaftet zu haben, und nicht nur viele nationale und konservative Wähler glaubten, nur ein starker Mann könne in einem diktatorischen System ohne parlamentarische Fesseln die Probleme beseitigen. Dahinter verbarg sich tiefes Misstrauen weiter Teile der Bevölkerung gegenüber Demokratie und Parlamentarismus.

Programm und Konzeption

Schon 1920 hatte die NSDAP ein Programm vorgelegt, das neben nationalen und imperialistischen Zielen auch antisemitische Maximen enthielt, aber auch sozialistische Forderungen aufgriff:

- „Brechung der Zinsknechtschaft“ (gemeint waren damit nicht näher genannte Großbanken, denen die Ausnutzung ihrer wirtschaftlichen Position unterstellt wurde)
- „Einziehung aller Kriegsgewinne“ (gemeint war ein ebenfalls nicht definierter Kreis von Kriegsspekulanten)
- „Kommunalisierung der Großwarenhäuser“ (gemeint waren die Warenhäuser, die sich vorrangig in jüdischem Besitz befanden)
- „Bodenreform“ (gemeint war die Enteignung von Großgrundbesitzern, denen ein Missbrauch ihres Besitzes unterstellt wurde)

Allerdings hatte der sozialistische Teil des Programms nie große Bedeutung gewonnen. Aufgrund der Allgemeinheit seiner Aussagen und auch seiner Unverbindlichkeit hinsichtlich der Umsetzung wurde das Programm nie geändert. Der Programmpunkt zur nationalen Revolution wurde im Juli 1933 für erreicht und verwirklicht erklärt. Die *SA*, die sich eine weitergehende Revolution, eine Macht- und Besitzverschiebung zugunsten des Kleinbürgertums, versprochen hatte, blieb dadurch unbefriedigt. Die teilweise chaotische Führungsstruktur des nationalsozialistischen Staates und der Opportunismus der Führungskräfte, deren Streben nach persönlicher Bereicherung und Machterweiterung, ließen zudem eine widerspruchsfreie Programmatik nicht zu.

12.3 Stationen der Machterringung

In den folgenden zwei Jahren sicherte Hitler sich und seiner Partei stufenweise die totale Macht im Staat. Dazu wurden unter anderem folgende Gesetze und Verordnungen erlassen:

1. ***Notverordnung zum Schutz von Volk und Staat*** (28.2.1933; sogenannte Reichstagsbrand-Verordnung)
   Beschränkungen der persönlichen Freiheit, des Rechts der

Meinungsäußerung einschließlich der Pressefreiheit, des Vereins- und Versammlungsrechts

2. ***Gesetz zur Behebung der Not von Volk und Staat*** (Ermächtigungsgesetz vom 23.3.1933)
   Ausschaltung des Reichstages (Parlament) und Reichsrates (Vertretung der Länder) von der Mitwirkung bei der Gesetzgebung. Gesetze können durch die Reichsregierung beschlossen werden und sie können von der Verfassung abweichen. Verträge des Reiches mit fremden Staaten benötigen nicht mehr die Zustimmung der an der Gesetzgebung beteiligten Körperschaften.
   Mit diesem Gesetz, das in Abwesenheit der schon verfolgten KPD-Abgeordneten und unter massivem Druck verabschiedet wurde, erlangte Hitler diktatorische Kompetenzen.
3. ***Zerschlagung der Gewerkschaften*** (2.5.1933)
4. ***Verbot der Sozialdemokratischen Partei*** (22.6.1933)
   Diesem Gesetz war schon die Verfolgung der KPD vorausgegangen. Nur im Untergrund konnten Rudimente der Parteistruktur erhalten bleiben.
5. ***Gesetz gegen die Neubildung von Parteien*** (14.7.1933)
   Etablierung der NSDAP als einziger Partei; Verbot bestehender Parteien bzw. Verbot von Neugründungen.
   Damit war das Mehrparteiensystem, eine wesentliche Grundlage jeglicher demokratischer Ordnung, endgültig beseitigt. Die bürgerlichen Parteien kamen der nationalsozialistischen Politik zuvor, indem sie sich selbst auflösten.
6. ***Gesetz zur Sicherung der Einheit von Partei und Staat*** (1.12.1933)
   Etablierung der NSDAP als Staatspartei mit Rechtsanspruch. Dieses Gesetz schloss den Prozess zur Bildung des Einparteienstaates faktisch ab.
7. ***Gesetz über den Neuaufbau des Reiches*** (30.1.1934)
   Entmachtung der Länderparlamente; Gleichschaltung der Länder
8. ***Gesetz über die Aufhebung des Reichsrates*** (30.1.1934)

Die beiden Gesetze beseitigten die föderalistische Struktur des Staates und schalteten die Länder gleich. Die vertikale Gewaltenteilung war damit aufgehoben. Schon am 7. 4. 1933 wurden die Reichskommissare zu Reichsstatthaltern ernannt, die die Länderregierungen ernennen und entlassen konnten.

9. Die Morde an Röhm und anderen SA-Führern sowie an oppositionellen Gegnern wurden als „Staatsnotwehr" für rechtens erklärt (3. 7. 1934). Damit hat sich die Judikative dem Willen der NSDAP untergeordnet.
10. ***Gesetz über das Staatsoberhaupt des Deutschen Reiches*** (1. 8. 1934)
Nach dem Tod ***Hindenburgs*** (2. 8. 1934) ließ Hitler die Kompetenzen des Reichspräsidenten auf den Kanzler übertragen und nannte sich fortan „Führer und Reichskanzler".
11. Am 2. 8. 1934 vereidigte Hitler die Wehrmacht auf sich. Die Soldaten schworen unbedingten Gehorsam auf den „Führer und Reichskanzler Adolf Hitler".

12.4 Machtinstrumente des NS-Staates

Die wesentlichen Machtinstrumente des NS-Staates waren
- die diktatorisch zentrierten staatlichen Institutionen, dabei v. a. Exekutivorgane (Polizei und Heer) und Justizorgane, z. B. der ***Volksgerichtshof***,
- Mittel des Terrors wie ***SS*** (Schutzstaffel), ***SA*** (Sturmabteilung), ***Gestapo***, Konzentrationslager,
- die Verfügung über den Propagandaapparat: der Einsatz moderner Massenmedien, Kontrolle über Rundfunk, Wochenschau; preisgünstiges Rundfunkgerät (Volksempfänger).

Der SS-Staat

Die SS war gegründet worden, um Hitler und andere hohe Funktionäre der NSDAP zu schützen. Die SS betrachtete sich als Elite des NS-Staates. Ihr Sicherheitsdienst/SD sammelte geheime Nachrichten über politische Gegner und oppositionelle NSDAP-Mitglieder. Nach dem sogenannten Röhmputsch baute sie ihren Überwachungs- und Terrorapparat systematisch aus – und übertraf daher alle anderen staatlichen und militärischen Institutionen an Macht (=SS-Staat). SS-Angehörige saßen an allen wichtigen Stellen des Reiches. Gegliedert war die SS in fünf Abteilungen:

1. Allgemeine SS: Mitglieder mit zivilen Berufen
2. Verfügungstruppe. Kasernierte Truppen, die für den Kriegsfall ausgebildet wurden
3. Totenkopfverbände: Wachmannschaften der Konzentrationslager
4. Sicherheitsdienst: Nachrichtendienst von Partei und Staat
5. Rasse- und Siedlungshauptamt: Durchführung von nationalsozialistischen Züchtungs- und Siedlungsprojekten.

Die SS zeichnete sich durch sektiererische Hingabe an die NS-Ideologie und fanatischen Eifer aus, der vor allem bei der Durchsetzung der nationalsozialistischen Rassenpolitik und der Verfolgung von Gegnern deutlich wurde. Die SS war wesentlicher Bestandteil der nationalsozialistischen Terrorherrschaft.
Heinrich Himmler wurde 1933 der Befehl über die Gestapo in Bayern übertragen, bald auch über die Gestapo der übrigen Länder. 1936 übernahm er den Befehl über die gesamte deutsche Polizei. Schon seit 1934 kommandierte er die SS. Als „Reichsführer SS und Chef der Deutschen Polizei“ schloss er Gestapo und Kriminalpolizei zur Sicherheitspolizei (Sipo) zusammen. 1939 bildete er aus Sicherheitspolizei, Sicherheitsdienst (SD) und Geheimpolizei der SS das Reichssicherheitshauptamt (RSHA), mit dessen Hilfe Himmler seine eigene Macht ausdehnen, aber auch die nationalsozialistischen Machtansprüche durchsetzen konnte. Mit seiner Organisation breitete er seine Macht über das gesamte von den Deutschen besetzte Europa aus, wobei die SS einen Staat im Staate darstellte. Himmlers Bestrebungen, ein SS-

eigenes Wirtschaftsimperium zu errichten, scheiterten allerdings.

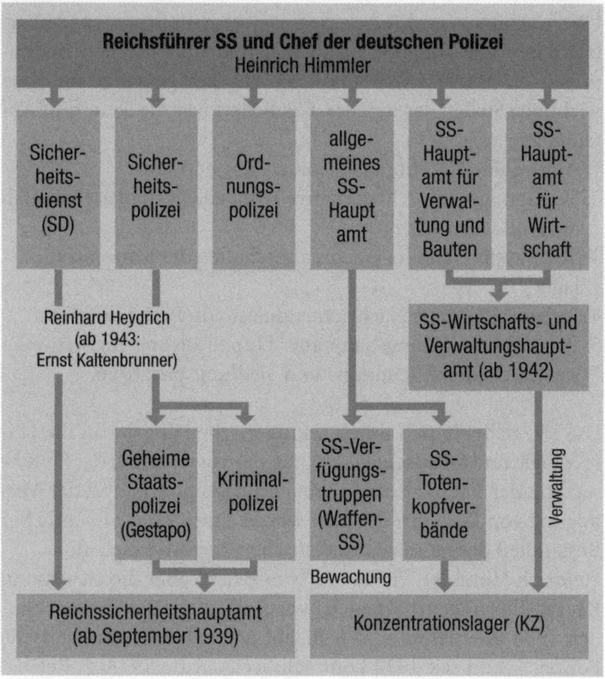

Die Organisation der SS

Konzentrationslager

Die Konzentrationslager waren eines der wichtigsten Instrumente des NS-Staates, um Gegner auszuschalten und zu vernichten. Auf der Grundlage der *Schutzhaft*, die nach der Reichstagsbrand-Verordnung ohne richterliche Anordnung verhängt werden konnte, wurden mutmaßliche politische Gegner inhaftiert

(▶ S. 175). Das erste entstand 1933 in Dachau. Die Häftlinge wurden nach verschiedenen Kategorien unterteilt: Neben „Asozialen" und „Arbeitsscheuen" inhaftierte man Homosexuelle, Bibelforscher (= Zeugen Jehovas), Sinti und Roma, herkömmliche Straftäter und politische Gegner. Die Inhaftierten wurden mit Zwangsarbeit, Drill, schlechter Ernährung, aber auch Schikanen des Personals unterdrückt. Durch die unmenschliche Behandlung, willkürliche Ermordung und durch Exekutionen errichteten die Nationalsozialisten ein beispielloses Terrorsystem.

Die SA

Die *SA* stellte mit ihren 3 Mio. Mitgliedern für Hitler eine Gefährdung dar, weil sie sich gemäß den sozialistischen Vorstellungen des Parteiprogramms mit den gesellschaftlichen Umwälzungen bis zum Jahr 1934 nicht zufrieden zeigte. Die Wehrmacht befürchtete ihre Entmachtung durch die SA. Am 30. Juni 1934 ließ Hitler ***Ernst Röhm*** und andere SA-Leute unter dem Vorwurf, die SA habe einen Putsch geplant, hinrichten; weitere Gegner wie der ehemalige Reichskanzler ***Kurt von Schleicher*** wurden ermordet, die SA entmachtet. Entsprechend loyal zeigte sich die Wehrmacht gegenüber Hitler.

Propaganda und Massenlenkung

Mit dem Einsatz moderner Kommunikationstechnik (Rundfunk, Wochenschau), spektakulären, bis ins Kleinste organisierten und dramatisch inszenierten Großveranstaltungen erreichte die NSDAP die Bevölkerung. Der Nationalsozialismus trat auch mit dem Anspruch an, das deutsche Volk im Sinne der nationalsozialistischen Ideen umzuerziehen. So zog das Reich die legislativen Kompetenzen von den Ländern ab und zentralisierte das Erziehungssystem. Rassenkunde und Vererbungslehre wurden nun unterrichtet, Lehrpläne und Lehrerschaft auf die nationalsozialistische Ideologie ausgerichtet. Diese Ausrichtung galt auch für die Hochschulen.

Kunst, Literatur und Massenmedien sollten der Propagierung

der nationalsozialistischen Ideologie dienen. Im März 1933 wurde das „Reichsministerium für Volksaufklärung und Propaganda“ unter ***Joseph Goebbels*** geschaffen. Das Ministerium schaltete das Kulturleben und die Medien gleich. Durch eine tägliche Reichspressekonferenz, Repressalien gegenüber Unbotsamen und die Gleichschaltung der Medien erzwang Goebbels eine gemeinsame Sprachregelung und eine Angleichung von Themen. Die Chefredakteure hafteten für den Inhalt ihrer Zeitungen.
Die ***Reichskulturkammer*** schloss alle Bereiche künstlerischen Schaffens zusammen: Film, Literatur, Musik, Presse, Rundfunk.

12.5 Die Gleichschaltung von Staat und Gesellschaft

Mit der Beseitigung der Gewaltenteilung und der Besetzung der staatlichen Machtpositionen schaltete Hitler staatliche Institutionen wie Gesellschaft gleich. Die bislang demokratischen staatlichen Institutionen wurden in die Hierarchie des NS-Staates und ihre zentralistische Diktatur eingebunden. Mit dem „Gesetz zur Sicherung von Partei und Staat“ (1. 12. 1933) wurde die ***NSDAP*** zur einzigen und herrschenden Partei. Alle leitenden Funktionen des Staates waren von Mitgliedern der Partei besetzt und in dieser wiederum in ein hierarchisches System eingebunden. In den Ländern wurden Reichskommissare eingesetzt. Die Reichsstatthalter ernannten und entließen die Länderregierungen; damit waren die Länder faktisch beseitigt. Auf allen Ebenen standen Staats- und Parteiorganisation parallel nebeneinander.
Mit der Einbindung aller gesellschaftlichen Gruppen in die NSDAP, die die weibliche und männliche Bevölkerung ab dem 10. Lebensjahr erfasste und berufsständisch gliederte, war die gesellschaftliche Gleichschaltung abgeschlossen. Durch Hitlerjugend ***(HJ)*** und den Bund deutscher Mädel ***(BdM)*** wurde die männliche und weibliche Jugend gleichgeschaltet und im Sinne der nationalsozialistischen Ideologie manipuliert.

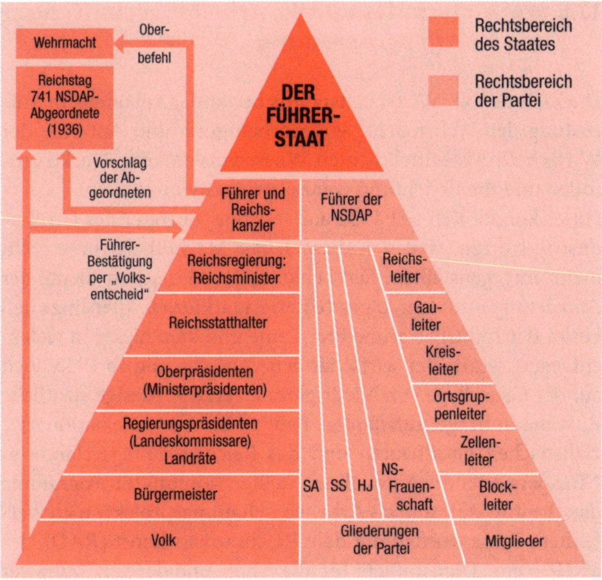

Das nationalsozialistische Herrschaftssystem

Mit dem „Gesetz zur Wiederherstellung des Berufsbeamtentums" (7. 4. 1933) wurden jüdische, aber auch politisch anders gesinnte Beamte aus dem Staatsdienst entfernt. Der Auflösung der Gewerkschaften (abgeschlossen am 15. 5. 1933) stand die Gründung der Deutschen Arbeitsfront *(DAF)* gegenüber. Mit der Erklärung des 1. Mai zum Feiertag und der Gründung der Organisation Kraft durch Freude, die ein Freizeitangebot bereitstellte, dieses aber auch kontrollierte, sollte die Arbeiterschaft für den nationalsozialistischen Staat gewonnen werden. 12

12.6 NS-Wirtschaftspolitik: Arbeitsbeschaffung und Kriegsvorbereitung

Die Ziele der NS-Wirtschaftspolitik bestanden vorrangig in Aufrüstung der Wehrmacht, Vollbeschäftigung und Autarkie der Wirtschaft. Als Mittel dienten Wirtschaftslenkung, Marktkontrollen und die Errichtung von Betriebsgemeinschaften.
Hitler konnte sich seit 1932 auf wichtige Vertreter der Großindustrie stützen, weil sich diese seiner Machtübernahme nicht mehr entgegenstellten. Die Lenkung der Wirtschaft diente der Aufrüstung und dem angestrebten Autarkieziel. Allerdings ließ Hitler der Industrie große Freiräume und kam dieser in vielem entgegen, wurde der wirtschaftliche Aufschwung ab 1933 doch auf der Grundlage von Niedriglöhnen erzielt. Riesige staatliche Rüstungsaufträge, aufwändige Bauvorhaben wie die nationalsozialistischen Großbauten und das Reichsparteitagsgelände in Nürnberg oder die Autobahnen stellten Konjunkturprogramme dar, die ihre Wirkung als Arbeitsbeschaffungsprojekte nicht verfehlten. Diese wurden mit dem Reichsarbeitsdienst ***(RAD)***, der ab 1935 eine Dienstpflicht für alle erhob, und der Erhöhung der Wehrpflicht auf zwei Jahre noch unterstützt.
Der Vierjahresplan von 1936 legte den Schwerpunkt der wirtschaftlichen Anstrengungen auf das Erreichen der Autarkie und sollte dem Staat zur Kriegsfähigkeit verhelfen. Die erforderlichen Summen waren auf dem herkömmlichen Weg über Steuern und Anleihen nicht zu beschaffen. Der Reichsbankpräsident ***Hjalmar Schacht***, ein international anerkannter Finanz- und Wirtschaftsfachmann, schuf mit dem Mefo-Wechsel (Abkürzung für Metallforschungs-GmbH) eine Möglichkeit der Finanzierung. Die Wechsel stellten eine Form von Krediten dar, die von der Reichsbank garantiert wurden. Der Mefowechsel wurde somit von den Banken anstelle von Bargeld akzeptiert, das Bargeld selbst konnte in voller Höhe in Umlauf gebracht werden; eine Finanzierung durch Erhöhung der Geldmenge und eine daraus resultierende Inflation wurde vermieden. Eine Rückzahlung, die nach fünf

Jahren geplant war, fand nicht statt, da der Staat keine Rücklagen gebildet hatte. Der Geldmengenumlauf und die Staatsverschuldung stiegen maßlos an. Der Kriegsausbruch von 1939 verschob das Problem der Rückzahlung der Staatsschulden auf den versprochenen Endsieg.
Die Wirtschaftspolitik war aus Sicht der Bevölkerung erfolgreich. Ab 1937 herrschte faktisch Vollbeschäftigung, das Niveau der Reallöhne von 1928 wurde im Jahr 1937 erstmals leicht überschritten. Jedoch wurde der wirtschaftliche Aufschwung in der Folgezeit mit niedrigen Reallöhnen finanziert. Auch die Sozialpolitik des NS-Staates wurde als propagandistisches Instrument benutzt, um die wirtschaftlichen Erfolge des NS-Staates zu verkünden. Die Freizeitprogramme von Kraft durch Freude, die Familienpolitik, die durch zinslose Darlehen geförderten Eheschließungen und die staatliche Förderung von Geburten bestätigten den Mythos, Hitler sei der Beseitiger der wirtschaftlichen, gesellschaftlichen und politischen Not von 1933, ohne allerdings auf die Zielrichtungen der NS-Sozialpolitik einzugehen: eine Bevölkerung potenziell in Kriegsbereitschaft zu versetzen.

12.7 NS-Rassenpolitik

„Zuchtprogramm" und Euthanasie

Unhistorisch und pseudowissenschaftlich verherrlichte der Nationalsozialismus die nordeuropäischen Völker. Die „indoeuropäische Herrenrasse" stand der „asiatischen Dienerrasse" und der „jüdischen Schmarotzerrasse" gegenüber. Die nationalsozialistische Ideologie schrieb den nordischen Völkern alle positiven Eigenschaften zu, von denen sie wiederum den Herrschaftsauftrag der Arier (= aus der Sprachgeschichte entlehnte Bezeichnung für ein indoeuropäisches, idealisiertes Volk) ableitete.
Auf der Grundlage der Idealisierung des Kampfes und der Vorstellung von einer jüdischen Weltverschwörung propagierte die NS-Ideologie den Kampf des Semitisch-Bösen gegen das Nor-

disch-Gute, das von der göttlichen Vorsehung zur Weltherrschaft berufen sei und die Herrschaft über alle anderen Rassen erlangen müsse.
In der Aktion Lebensborn sollte die Züchtung des „rassereinen" nordischen Menschen vorangetrieben werden. Gleichzeitig betrieb man die Zwangssterilisation von Erbkranken und die als Gnadentötung (***Euthanasie*** = Gnadentod) bezeichnete Ermordung von geistig und körperlich Kranken und Behinderten. Dies sollte der „Rassenreinheit" dienen. Bis August 1941 wurden in besonderen Tötungsanstalten ca. 60 000–80 000 Menschen umgebracht.
Die Verfolgung und Vernichtung der Sinti und Roma und der Juden ist ebenfalls als Teil der Rassenpolitik zu sehen.

Antijüdischer Terror bis Kriegsbeginn

Die sogenannten *Nürnberger Gesetze* (15. 9. 1935) mit dem Reichsbürgergesetz und dem „Gesetz zum Schutz des deutschen Volkes und der deutschen Ehre" bildeten einen gravierenden Einschnitt in die Rechtsstellung der Juden.
Damit wurde die jüdische Bevölkerung juristisch aus der deutschen ausgegrenzt. Sie verlor die Rechte der deutschen Reichsbürger. Mischehen wurden verboten, bestehende Mischehen konnten aufgelöst werden. Auf den Nürnberger Gesetzen basierte die weitere Politik des Ausschlusses, der Entrechtung und Verfolgung. Den Gesetzen vorangegangen war der Aufruf zum Boykott jüdischer Geschäfte vom 1. 4. 1933, welcher den Juden die Existenzgrundlage entziehen sollte.
Am 9./10. 11. 1938 wurden in der ***Reichspogromnacht*** (die verharmlosend „Reichskristallnacht" genannt wurde) 7 500 jüdische Geschäfte und 250 Synagogen zerstört. Damit suchten die Nationalsozialisten die Fundamente jüdischen Lebens in Deutschland zu vernichten.

1938

- Anwälten und Ärzten wird die Ausübung ihres Berufes untersagt.
- Alle Juden werden gezwungen, sich den Namen (Beinamen) Israel oder Sarah zuzulegen.
- Juden ist der Zutritt zu Theatern, Kinos, Konzerten, Vorträgen, Tanzvorführungen usw. nicht gestattet.
- Kein jüdisches Kind darf mit einem nichtjüdischen Kind eine Schule besuchen.

1939

- Juden ist es verboten, Gold, Platin, Silber, Edelsteine und Perlen zu erwerben oder zu verkaufen.
- Juden ist der Betrieb von Einzelhandelsgeschäften sowie die Führung eines selbstständigen Handwerks untersagt.
- Juden dürfen keine Betriebsführer sein. Juden kann die Wohnung fristlos gekündigt werden.
- Juden müssen um 20 Uhr zu Hause sein.

1941

- Jeder Jude muss auf der linken Brustseite einen gelben Stern (Davidsstern) mit schwarzer Aufschrift „Jude“ fest aufgenäht tragen.
- Juden dürfen keine Verkehrsmittel benutzen. Sie dürfen keinen Gebrauch von Fernsprechern und Fahrkartenautomaten machen. Sie dürfen keine Grünanlagen betreten, keine Gaststätten aufsuchen, sich nicht auf Bahnhöfen aufhalten, zu keinem „arischen Friseur“ gehen.

ab 1942

- Juden dürfen keine Zeitungen und Zeitschriften beziehen, keine Bücher kaufen.
- Juden dürfen keine Haustiere halten.
- Nach und nach waren abzuliefern: Rundfunkgeräte, Schallplatten, Schreibmaschinen, Kameras, elektrische und optische Geräte, Fahrräder, Pelz- und Wollsachen.
- Verbot des Besitzes von Autos und Motorrädern. Juden erhalten keine Fleisch- und Fischwaren, keine Weizenerzeugnisse,

keine Vollmilch und keine Obstkonserven, keine Süßwaren und Rasierseifen.

Verfolgung und Vernichtung der europäischen Juden
Mit dem Ausbruch des Krieges 1939 fielen die letzten durch internationale Beobachtung und internationales Recht gesetzten Hemmschwellen, die den Nationalsozialisten bisher für die Umsetzung ihrer Vernichtungspolitik im Wege gestanden hatten. Zudem beherrschte das NS-Regime bis 1942 einen Großteil des europäischen Kontinents, sodass der Verwirklichung der Vernichtungspolitik kaum geographische Grenzen entgegenstanden. Parallel zur Besetzung der eroberten Länder wurden diese auch nach Juden durchkämmt.
Der Errichtung von Ghettos in Polen (Lodz, Lublin und Warschau) folgten nie verwirklichte Deportationspläne, die Madagaskar und später Sibirien als neue „Siedlungsräume" in die Überlegungen einbezogen. In einer Rede am 30. 1. 1939 hatte Hitler vor dem Reichstag für den Fall eines Krieges mit der „Vernichtung der jüdischen Rasse" gedroht. Am 31. 7. 1941 beauftragte Göring den Stellvertreter Himmlers, ***Reinhard Heydrich***, mit einer Planung für die „Gesamtlösung der Judenfrage im deutschen Einflussgebiet in Europa". Im September 1941 wurde das Giftgas Zyklon B an 900 sowjetischen Kriegsgefangenen erprobt. Im polnischen Chelmno begann 1939 die systematische Vernichtung der Juden. Auf der ***Wannsee-Konferenz*** vom 20. 1. 1942 wurde unter der Leitung Heydrichs die Ausrottung des europäischen Judentums organisatorisch vorbereitet.
Allein in den ***Vernichtungslagern*** Auschwitz, Birkenau, Sobibor, Belzek, Majdanek, Treblinka, Chelmno fielen etwa 4 Mio. Juden den Nationalsozialisten zum Opfer. Insgesamt wurden etwa 6 Mio. Juden ermordet. Hinter den Zahlen verbirgt sich ein Vernichtungsprogramm, das neben der sofortigen Vergasung als arbeitsunfähig eingestufter Menschen, die „Vernichtung durch Arbeit", unmenschliche Behandlung und medizinische Versuche mit den Methoden eines modernen Industriestaates zum Ziel

hatte und einzigartig in der Geschichte der Menschheit dasteht.
Ausrottung von Minderheiten
Neben Juden wurden auch ***Sinti*** und ***Roma*** und sowjetische Kriegsgefangene in den Konzentrations- und Vernichtungslagern und durch Massenmorde getötet; ehemalige Emigranten, Regimegegner, Kritiker, Widerstandskämpfer, oppositionelle Angehörige der Konfessionen, Zeugen Jehovas, Homosexuelle, usw. zählten ebenfalls zu den Opfern der Nationalsozialisten.

12.8 Der NS-Staat und die Kirchen

Der NS-Staat und die Kirchen standen sich anfangs zurückhaltend gegenüber. Gegenseitige Provokationen sollten vermieden werden. Vor allem Hitlers Garantieerklärung für die Kirchen in seiner Regierungserklärung vom 23. 3. 1933 schien den Kirchen eine gewisse Zukunftsperspektive zu signalisieren. Trotz gewaltsamer Übergriffe auf katholische Gläubige schlossen die katholische Kirche und der NS-Staat ein Konkordat (20. 7. 1933). Darin wurden der ***katholischen Kirche*** wichtige Rechte garantiert (z. B. Freiheit des Bekenntnisses, staatlicher Schutz für Geistliche, freies Besetzungsrecht für alle Kirchenämter, Recht auf kirchliche Vereine), denen andererseits wenig Zugeständnisse der Kirche gegenüberstanden (Verzicht auf politische Tätigkeiten). Bald aber zeigte sich, dass Hitler häufig gegen systemkritische Priester und Laien entgegen den Vereinbarungen des Konkordats vorging. In seiner Enzyklika „Mit brennender Sorge“ (1937) verlieh Papst Pius XII. dem Misstrauen der Kirche Ausdruck und warf dem NS-Staat den Bruch des Konkordats vor. Zugleich wurden die Gläubigen aufgerufen, für ihre Überzeugung einzustehen. Obwohl Hitler die katholische Kirche letztlich vernichten wollte, ließ er dieses Vorhaben nicht mit allem Nachdruck in Angriff nehmen. Die kirchlichen Vereine aber wurden aufgelöst, Tausende von Priestern und Gläubigen verfolgt und in die Konzentrationslager gebracht.

Die katholische Kirche übte insgesamt Zurückhaltung, um nicht den eigenen Bestand und ihre Gläubigen zu gefährden. Offener Widerstand wurde im Wesentlichen von einzelnen Priestern wie beispielweise dem Münchner Jesuitenpater Rupert Maier und dem Münsteraner Bischof Clemens Graf von Galen geleistet. Dass aber die katholische Kirche und ihre Mitglieder durch aktive Hilfe (z. B. gegenüber Bedrohten, Flüchtigen, Verfolgten) insgesamt das Leben vieler Menschen gerettet hat, ist unbestritten.

Innerhalb der evangelischen Kirche bestand zunächst ein geringerer Vorbehalt gegenüber der Herrschaft der Nationalsozialisten. Die evangelische Kirche war 1933 in 28 Landeskirchen organisiert, die sich im ***Deutschen Evangelischen Kirchenbund*** locker zusammengeschlossen hatten. Innerhalb der NSDAP existierten seit 1932 die ***Deutschen Christen*** als Organisation. Als sich nach 1933 ein Machtkampf zwischen dem Kirchenbund und den Deutschen Christen um die Neuorganisation der evangelischen Kirche anbahnte, ernannte Hitler den Königsberger Militärpfarrer Ludwig Müller zum Reichsbischof.

Nach internen Kämpfen entstand unter dem Druck der Partei eine neuorganisierte Deutsche Evangelische Kirche. Obwohl die Landeskirchen innerhalb der neuen Reichskirche selbstständig blieben, sahen viele Gläubige nun die Eigenständigkeit nicht mehr gegeben. Pastor Niemöller rief 1933 den Pfarrernotbund ins Leben. Im Mai 1934 verabschiedeten Vertreter lutherischer, reformierter und unierter, freier Synoden, Kirchentage und Gemeindekreise eine Erklärung der Bekennenden Kirche, die sich bewusst von der Reichskirche abgrenzte und sich als die rechtmäßige Kirche bezeichnete. Damit war die Gleichschaltung der evangelischen Kirche unterbunden. Die Bekennende Kirche spaltete sich zwei Jahre später. 1936 aber sprach sich ein Teil der Bekennenden Kirche in einer Denkschrift an Hitler nachdrücklich gegen Antisemitismus, Konzentrationslager und „Naziwahlmethoden" aus. Ein Mitverfasser der Denkschrift, Dr. Friedrich Weißler, wurde im Konzentrationslager ermordet, Martin Niemöller 1937 verhaftet und bis 1945 inhaftiert. Ab 1939 bot Hitler der evangelischen Kirche einen Burgfrieden an, den diese weitgehend annahm.

12.9 Der deutsche Widerstand

Abweichende politische Standpunkte, Kritik an staatlichen Maßnahmen und jede Form von Widerstand gegen den nationalsozialistischen Staat wurde mit Repression und Verfolgung der auf Machterhalt bedachten totalitären Diktatur geahndet. Grundsätzlich musste schon bei einem Witz über das Regime mit Haftstrafe gerechnet werden. Demonstrationen, Treffen von Gleichgesinnten, um Aktionen oder Demonstrationen zu organisieren, Flugblätter und kritische Karikaturen wurden von den Nationalsozialisten nicht einmal ansatzweise geduldet.
Auch Formen des passiven Widerstands (Kritik verkleidet in Witz und Zynismus, Protest, Dienst nach Vorschrift, Nichtbefolgen von Anweisungen, Eides- und Kriegsdienstverweigerung, Streik, Desertion) konnten ebenso lebensbedrohliche Folgen haben wie die aktiven Formen (Aufrufe zum Umsturz, Hilfe für Regimegegner, Streik, Konspiration, Sabotage, Attentat).
Der Begriff Widerstand suggeriert eine organisatorische und weltanschauliche Geschlossenheit, die nicht existieren konnte, da weder die technische Möglichkeit zu einer gemeinsamen Konspiration gegeben war noch eine einheitliche Motivlage. So umfasste die Widerstandsbewegung verschiedene gesellschaftliche Gruppierungen, wie Jugendliche, Schüler, Studenten, aber auch Teile der Kirchen, konservatives Bürgertum, Militär und die Linke.

Politische und gesellschaftliche Zielvorstellungen

In München bildete sich 1941 ein Kreis von Studenten, die *Weiße Rose.* Die Studenten um Hans und Sophie Scholl, Willi Graf, Christoph Probst und den Professor Kurt Huber wandten sich

gegen die Inhumanität und die Kriegspolitik des Nationalsozialismus. Die Gruppe agierte aus idealistischen Motiven, sie begriff sich als ein Teil der europäischen Zivilisation und griff auf sozialistische Ideen zurück. Die Gruppe wurde entdeckt, als sie Flugblätter in den Lichthof der Universität in München warf. Ihre Mitglieder verurteilte der *Volksgerichtshof* zum Tode.
In beiden Konfessionen bildete sich Widerstand gegen das NS-Regime. Motiv war christlich-humanes Denken, das unvereinbar mit Verfolgungspolitik, Euthanasie, Rassenpolitik und Massenvernichtung war. In der Evangelischen Kirche setzten Martin Niemöller und Dietrich Bonhoeffer Zeichen des Widerstands ebenso wie die Katholiken Augustin Rösch, Theophil Wurm und Clemens Graf von Galen.
Die spektakulärste und am umfassendsten geplante militärische Aktion war der Anschlag vom 20. Juli 1944 auf Hitler, der von Graf ***Schenk von Stauffenberg*** ausgeführt und vom ***Kreisauer Kreis*** um ***Beck*** und ***Goerdeler*** mitgetragen wurde. Der misslungene Bombenanschlag hatte das Scheitern der weiteren Umsturzpläne zur Folge. Insgesamt wurden mehrere Tausend von Verschwörern verhaftet und hingerichtet.
SPD und *KPD* konnten ihre Parteiorganisationen im Untergrund zumindest so rudimentär erhalten, dass ein Widerstandsnetz aufgebaut werden konnte. Marxistischer Widerstand äußerte sich in der Spionagetätigkeit des Agentennetzes Rote Kapelle, das von Moskau aus gesteuert wurde.

12.10 Schuld und Verantwortung

Für die Generationen nach dem Krieg stellte die Auseinandersetzung und Akzeptanz der eigenen Geschichte eine der größten Aufgaben dar.

- Unmittelbare Nachkriegszeit: Die Ausmaße der nationalsozialistischen Verbrechen, die die Frage nach der Allgemeinschuld des deutschen Volkes und die Frage, wie ein Volk zu entnazifizieren sei, stellten, standen einem Bewusstsein von Teilen der Bevölkerung gegenüber, das die eigene Schuld mit der der Alliierten aufzurechnen versuchte, die Niederlage als nationale und persönliche Schmach empfand und sich in Selbstmitleid flüchtete. Dabei suchte man sich der Verantwortung, die sich aus dem historischen Ausmaß der nationalsozialistischen Verbrechen ergab, zu entziehen.

- ***Auschwitzprozesse*** 1963–1965: In den Prozessen wurde versucht, das Aufsichtspersonal der Konzentrationslager zur Rechenschaft zu ziehen. Dies gelang nur begrenzt. Da im Zuge der Prozesse aber Material über die Massenvernichtung des Dritten Reiches in bisher nicht bekannter Deutlichkeit und Genauigkeit über die Medien publiziert wurde, wurden die Ausmaße nationalsozialistischer Unmenschlichkeit der gesamten deutschen Bevölkerung, gerade auch den Jüngeren, vor Augen geführt und bewusstgemacht.
- ***Historikerstreit:*** Ende der 1980er-Jahre brach ein Streit in der Geschichtswissenschaft und Teilen der Presse darüber aus, inwieweit die nationalsozialistische Judenvernichtung in der Geschichte ein einzigartiges Phänomen darstellte. Im Zuge der Diskussion setzte sich die Unhaltbarkeit der Relativierungstheorie durch.
- ***Goldhagen-Debatte:*** 1996 stellte der Soziologe Goldhagen in seinem Buch „Hitlers willige Vollstrecker“ die keineswegs neue, schon überholt geglaubte These von der Allgemeinschuld der Deutschen am NS-Terror auf. Wenn auch die von Goldhagen vertretene Behauptung relativiert wurde, forderte sie doch eine neue und intensive Auseinandersetzung über die Mitwisserschaft und Mittäterschaft der Deutschen heraus.
- Diskussion um die Errichtung eines Denkmals der Opfer des Nationalsozialismus in Berlin: Die Frage, ob in der Mitte Berlins ein Denkmal für die Opfer des Nationalsozialismus in der Größe eines Fußballfeldes entstehen solle, war von Beginn an umstritten. Martin Walser ging in seiner Rede anlässlich des Friedenspreises des deutschen Buchhandels (1998) auf das

Denkmal ein und bezeichnete Befürworter als Vertreter der „Banalität des Guten".

- Alle ernsthaften Diskussionsbeiträge, die versucht haben, die Schrecken des Nationalsozialismus in Anbetracht anderer Untaten zu relativieren und zur „historischen Normalität" überzugehen, sind gescheitert. Die Notwendigkeit der Übernahme der historischen Verantwortung der Deutschen für ihre Geschichte kann nicht zurückgewiesen werden. Die persönliche Schuldfrage tritt in den Hintergrund gegenüber durch die geschichtliche Schuld erwachsenen Konsequenzen. Diese immer wieder begreiflich zu machen, ist die Aufgabe der folgenden Generationen.

13 Der Zweite Weltkrieg (1939–1945)

13.1 Revision des Versailler Vertrages

Nach der „Machtergreifung" verfolgte Hitler zunächst eine Politik der Revision des ***Versailler Vertrages.*** Diese Politik wurde nach außen als Friedenspolitik deklariert, diente aber dazu, im Geheimen die Expansion Deutschands vorzubereiten. Dass Hitler nicht nur eine Revision des Versailler Vertrages, sondern eine Expansion des Deutschen Reiches anstrebte, wird aus seinen Äußerungen ersichtlich. Die Lebensraumpolitik, die ihr Ziel in Eroberungen im Osten sah, um damit den ca. 85 Mio. Deutschen zusätzlichen Siedlungsraum zu verschaffen, spielte in den außenpolitischen Überlegungen Hitlers eine bedeutende Rolle.
1934 schloss Hitler einen Nichtangriffspakt mit Polen und erschütterte damit das französische Bündnissystem. Doch schon im Oktober 1933 war Deutschland aus dem ***Völkerbund*** ausgetreten, als Frankreich einen britischen Abrüstungsplan nicht unterzeichnete. Misslang Hitler 1934, nach dem gescheiterten Putschversuch der Nationalsozialisten in Österreich gegen die Diktatur von ***Dollfuß,*** die Macht in Österreich zu erringen, so wurde 1935 die Volksabstimmung der Saarländer für die nationale Zugehörigkeit zu Deutschland entsprechend gefeiert. Anschließend wurde die allgemeine eineinhalbjährige Wehrpflicht gegen die Bestimmungen des Versailler Vertrages eingeführt. Trotz internationaler Proteste schlossen Deutschland und Großbritannien 1935 ein Flottenabkommen im Verhältnis 100 : 35 bei den Schiffen (bei den U-Booten im Verhältnis 1 : 1) für die Briten; dadurch wurde eine deutsche Aufrüstung zur See ermöglicht. Am 7. März 1936 rückten deutsche Truppen in die entmilitarisierte Zone des Rheinlands ein.

Wie vorsichtig Hitler zu diesem Zeitpunkt allerdings noch agierte, zeigte sich daran, dass die deutschen Truppen den Auftrag hatten, sich bei einem militärischen Widerstand Frankreichs zurückzuziehen. Mit der erfolgreichen Besetzung des Rheinlands kündigte Deutschland den Locarno-Pakt. Die Westmächte protestierten, dabei blieb es aber auch. Die Olympischen Sommerspiele in Berlin 1936 zeigten die Anerkennung, die Deutschland international wieder genoss.

Antikommunistische Bündnisse und Politik

Ab 1936 schlossen sich die Diktaturen in Europa enger zusammen. Zeitweilig schien es so, als wenn die demokratischen Systeme abgewirtschaftet hätten und die Zukunft den Diktaturen gehörte. Nach anfänglichen Verstimmungen zwischen Italien und Deutschland verkündeten im Herbst 1936 Hitler und Mussolini die sogenannte ***Achse Berlin-Rom.***
Mit Japan schloss Deutschland im November des gleichen Jahres den ***Antikominternpakt,*** dem im Januar 1937 Italien, im März 1939 Spanien beitraten. Den italienischen Krieg gegen Abessinien unterstützte Deutschland durch Waffenlieferungen ebenso wie den faschistischen General Franco im ***spanischen Bürgerkrieg*** (1936–1939) durch aktive Beteiligung deutscher Truppen.

13.2 Besetzung Österreichs und Zerschlagung der Tschechoslowakei

Das „Hoßbach-Protokoll" ist eine Gedächtnisniederschrift des Oberst Hoßbach anlässlich einer Besprechung Hitlers mit wichtigen militärischen Oberbefehlshabern am 5.11.1937. Aus ihm wird deutlich, wie zielstrebig Hitler Expansionsziele entwarf. Die Armee sollte möglichst rasch zur Kriegsbereitschaft aufgerüstet werden. Erste Ziele der Aggression waren Österreich und die Tschechoslowakei. Mit aller Deutlichkeit verfolgt Hitler nationalistische und imperialistische Zielsetzungen.

„Anschluss" Österreichs

1934

25.7. Putschversuch der NSDAP in Österreich scheiterte; Ermordung des österreichischen Bundeskanzlers Dollfuß.

1936

11.7. Abkommen zwischen Deutschland und Österreich: Souveränität Österreichs bleibt gewahrt, Nichteinmischung Deutschlands wird garantiert.

1938

12.2. Zusammenkunft Hitlers mit dem österreichischen Bundeskanzler ***Schuschnigg*** in Berchtesgaden und Abschluss des ***Berchtesgadener Abkommens*** (Unterstützung der deutschen Politik durch Österreich, Forderung, den Nationalsozialisten ***Seyß-Inquart*** ins Kabinett aufzunehmen, Verbot der Diskriminierung der österreichischen Nationalsozialisten).

9.3. Schuschnigg richtete einen Aufruf an das österreichische Volk, sich in einer für den 13.3. anberaumten Volksabstimmung für Österreichs Selbstständigkeit auszusprechen.

11.3. Rücktritt Schuschniggs, Übernahme der Regierung durch Seyß-Inquart. Ein angebliches Telegramm Seyß-Inquarts an die deutsche Regierung mit der Bitte der Truppenentsendung zur Wiederherstellung von Ruhe und Ordnung (in Berlin verfasst) wurde Anlass für das Eingreifen in Österreich.

12.3. Einmarsch deutscher Truppen in Österreich.

13.3. „Wiedervereinigung Österreichs mit dem Deutschen Reich"

10.4. Bei einer Volksabstimmung in Österreich und Deutschland stimmen 97 % aller Wähler für den Anschluss Österreichs. Umstritten ist die Äußerung des österreichischen Politikers Karl Renner: „Es entspricht durchaus den Tatsachen, dass zwei Drittel der Bevölkerung Österreichs Hitler den Vorzug gaben vor Schuschnigg."

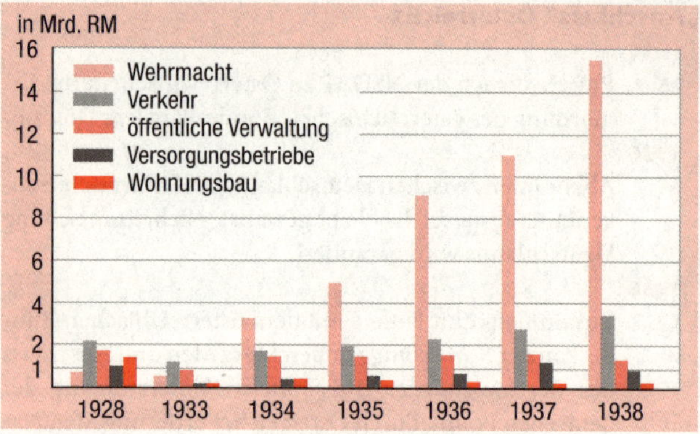

Öffentliche Ausgaben im Deutschen Reich 1928–1938

Sudetenkrise und Zerschlagung der Tschechoslowakei

Unmittelbar nach dem „Anschluss" Österreichs verfolgte Hitler das Ziel, die Tschechoslowakei zu zerschlagen.

1938

28.3. Hitler konferierte mit dem Führer der nationalsozialistischen Sudentendeutschen Partei Konrad Henlein.

24.4. Das *Karlsbader Programm* der Sudetendeutschen Partei forderte die Gleichberechtigung mit den Tschechen, Autonomie und Wiedergutmachung der seit 1918 erlittenen Benachteiligung. Die innenpolitischen Konflikte zwischen Deutschen und Tschechen verschärften sich.

20.5. Teilmobilmachung in der Tschechoslowakei

30.5. Hitler gab die geheime Anweisung an die Wehrmacht, „die Tschechei durch eine militärische Aktion zu zerschlagen". Lord Runciman besuchte als britischer Beobachter und Vermittler die Tschechoslowakei.

12.9. Hitler drohte auf dem Nürnberger Parteitag mit Krieg. Im September 1938 besuchte der britische Premierminister Chamberlain Deutschland. Auf Druck Englands und Frankreichs auf die Tschechoslowakei wurden die sudetendeutschen Randgebiete an das Deutsche Reich abgetreten

26.9. Rede Hitlers, dass die Abtretung des Sudetenlandes seine letzte Forderung gewesen sei

29.9. Beginn der deutschen Mobilmachung, Münchner Abkommen zwischen ***Hitler, Mussolini, Chamberlain*** und ***Daladier***

Das ***Münchner Abkommen*** beinhaltete

- Abtretung der sudetendeutschen Randgebiete an Deutschland,
- Befriedigung der ungarischen und polnischen Ansprüche,
- Garantie der Unabhängigkeit der Rest-Tschechei durch Frankreich und England,
- Versicherung von Deutschland und Italien nach Erfüllung der ungarischen und polnischen Ansprüche, die gleiche Garantie abgeben zu wollen,
- Gebietsabtretungen an die Slowakei und Ungarn.

Mit dem Münchner Abkommen erreichte die ***Appeasementpolitik*** (= Beschwichtigung, Beruhigung; Beschreibung und Beurteilung des britischen Nachgebens gegenüber deutscher Revisionspolitik, vor allem durch den britischen Premierminister Chamberlain, 1937–40) ihren Höhepunkt. Die Kriegsgefahr war mit dem Münchner Abkommen nicht beseitigt, wie sich bald zeigte. Sein Bruch durch Hitler schockierte das übrige Europa, führte zu einem Ende der Appeasementpolitik.

1.10. Einmarsch deutscher Truppen in die Tschechoslowakei.

21.10. Entschluss Hitlers zur Zerschlagung der „Resttschechei“.

1939

14.3. Die Slowakei erklärte sich für unabhängig und stellte sich unter deutschen Schutz. Ungarn besetzte die Karpato-Ukraine.

15./16.3. Besetzung der Rest-Tschechei durch Deutschland. Errichtung des Reichsprotektorats Böhmen und Mähren.

13.3 Der Überfall auf Polen und die „Blitzkriege"

Überfall auf Polen (1939)

Nach dem Abschluss des Münchner Abkommens hatte Hitler das Äußerste erreicht, was die Alliierten an territorialen Erwerbungen zu tolerieren bereit waren. Der Bruch des Münchner Abkommens zerstörte jede Glaubwürdigkeit der Beteuerungen Hitlers, dass Deutschlands Gebietsansprüche mit den sudetendeutschen Gebieten befriedigt seien. England ging von seiner Appeasement-Politik zugunsten einer Eindämmungspolitik ab: Die britische Regierung gab nun eine Garantieerklärung für Polen ab. Am 3. 4. 1939 entschloss sich Hitler zum Angriffskrieg. Er kündigte den ***deutsch-polnischen Nichtangriffspakt*** und das ***deutsch-englische Flottenabkommen.*** Mit der Sowjetunion schloss Hitler einen *Nichtangriffspakt* (23. 8. 1939), der in einem geheimen Zusatzabkommen die Abgrenzung von deutschen und russischen Interessensphären beinhaltete.
Hitler forderte seit März 1939 einen Korridor durch die polnischen Gebiete nach Ostpreußen sowie die Rückkehr von Danzig. Die polnische Regierung lehnte ab. Nach einem gescheiterten Ultimatum der deutschen Regierung befahl Hitler für den 1. 9. den Angriff auf Polen. Mit der Hoffnung auf einen Separatkrieg hatte er sich getäuscht. England, das bis zuletzt zu vermitteln versucht hatte, und Frankreich erklärten nach ultimativer Aufforderung, die Truppen zurückzuziehen, dem Deutschen Reich am 3. 9. 1939 den Krieg. Da beide Staaten jedoch nicht gerüstet waren, griffen sie noch nicht militärisch ein.

Die Blitzkriege (1939/40)

In der 1. Phase des Krieges erzielte Hitler große militärische Erfolge, die er nutzte, um sich den Mythos eines genialen Feldherren zu verschaffen. Polen und Frankreich waren schnell besiegt, aber bereits 1940 zeigte sich, dass England nicht zu besiegen war. Die Luftschlacht über England ging verloren, der Invasionsplan wurde aufgegeben.

Die Expansion des Deutschen Reiches, 1935–1942

13

1939

- Angriff Deutschlands auf Polen
- England und Frankreich erklären Deutschland den Krieg.
- Die Sowjetunion besetzt, gemäß der Vereinbarung des Hitler-Stalin-Pakts, den östlichen Teil Polens.
- Polen kapituliert.
- Die Sowjetunion greift Finnland an, Winterkrieg.

1940

- Dreimächtepakt zwischen Deutschland, Italien und Japan, der allerdings nicht die von Hitler erwartete militärische Überlegenheit bringt.
- Finnland und die Sowjetunion schließen Frieden.
- Finnland tritt Grenzgebiete an die Sowjetunion ab.
- Dänemark und Norwegen werden von deutschen Truppen besetzt (sogenannte Weserübung); deutsche Truppen kommen dadurch englischer Landung in Narvik zuvor.
- Angriff Deutschlands auf Frankreich, Belgien, die Niederlande und Luxemburg
- Evakuierung von 340 000 englischen und französischen Soldaten aus Dünkirchen
- Kriegseintritt Italiens, da Mussolini befürchtet, dass Italien bei dem bald erwarteten deutschen Sieg in territorialer und politischer Sicht „leer" ausgehen könnte
- Kapitulation Frankreichs. Besetzung Nordfrankreichs durch deutsche Truppen, Gründung der Vichy-Regierung in Südfrankreich
- Die Sowjetunion besetzt die baltischen Staaten (Litauen, Lettland, Estland).
- Luftkrieg gegen England zur Vorbereitung einer Invasion („Unternehmen Seelöwe")
- Hitler gibt nach dem Scheitern der Luftschlacht die Invasion auf und entscheidet sich für den Angriff auf die Sowjetunion.
- Italienische Offensiven von Libyen aus gegen Ägypten und von Albanien aus gegen Griechenland

13.4 Überfall auf die Sowjetunion und Kriegseintritt der USA

Bereits 1940 fasste Hitler den Entschluss, Krieg gegen die Sowjetunion zu führen. Hitlers Plan, Asien zwischen der Sowjetunion und Japan in Interessensphären aufzuteilen, scheiterte. Stalins Politik zielte auf die Annexion der baltischen Staaten und des Südostens Finnlands, auf Bessarabien, Bukowina und auf die Dardanellen. Hitler sah die Erdölreserven Rumäniens, die von Deutschland dringend für den Krieg benötigt wurden, gefährdet und beschloss am 6. 4. 1941 zur Vorbereitung des Russlandfeldzugs die Eroberung Jugoslawiens und Griechenlands. Am 22. 6. 1941 wurde von ihm der Angriff auf die Sowjetunion befohlen. Als der schnelle Vorstoß der drei deutschen Heeresgruppen im Herbst 1941 gestoppt wurde, war Hitlers Strategie, den Krieg in schnelle einzelne Blitzkriege aufzuteilen, endgültig gescheitert. Nachdem Japan am 7. 12. 1941 den US-Marinestützpunkt Pearl Harbour angriffen hatte, erklärte Hitler am 11. 12. den USA den Krieg. Er bezweckte vermutlich eine Aufsplitterung der amerikanischen Kräfte, den Krieg mit den USA hielt er zu diesem Zeitpunkt für unvermeidbar.

1941

- Unterstützung der Italiener in Nordafrika durch ein deutsches Afrikakorps
- Japan schließt Neutralitätsabkommen mit der Sowjetunion.
- Angriff auf Jugoslawien und Griechenland
- Kapitulation des jugoslawischen (17. 4.) und des griechischen Heeres (21. 4. deutsche Luftlandung in Kreta)
- Angriff auf die Sowjetunion („Unternehmen Barbarossa")
- Die deutsche Offensive kommt vor Moskau nach einem frühen Wintereinbruch zum Erliegen.
- Hitler übernimmt den Oberbefehl über das Heer.
- Überfall Japans auf die US-Flotte in Pearl Harbour
- Deutschland und Italien erklären den USA den Krieg.

1942

- Japanische Truppen erobern Singapur, besetzen Burma, Indonesien, die Philippinen und die Aleuten.
- Beginn der amerikanischen Gegenoffensive gegen Japan im Pazifik
- Sieg der amerikanischen Flotte in der Seeschlacht bei den Midway-Inseln
- Vorstoß deutscher Truppen bis zum Kaukasus

13.5 Die militärische Wende

Mit der Niederlage der Japaner in der Seeschlacht bei den Midway-Inseln, der Niederlage der 6. Deutschen Armee bei Stalingrad und der Kapitulation des italienisch-deutschen Afrikakorps wurde die Wende im Kriegsgeschehen bereits 1943 offensichtlich und die Niederlage Deutschlands und seiner Verbündeten unvermeidbar. Die Mobilisierung aller deutschen Kräfte durch Goebbels' Totalisierung des Krieges verlängerte diesen bis in das Jahr 1945, die Zahl der Kriegsopfer erhöhte sich in der letzten Phase des Krieges um mehr als das Doppelte. Hitlers Stellung als unangefochtener Diktator war trotz des Attentates vom 20. Juli nicht zu erschüttern.

1943

- Die 6. Armee erobert Stalingrad, wird aber im Zuge der sowjetischen Gegenoffensive dort eingeschlossen.
- Hitler verbietet einen möglichen Ausbruch aus Stalingrad.
- Landung alliierter Truppen in Marokko und Algerien
- Kapitulation der 6. Armee in Stalingrad
- Goebbels verkündet in einer Rede im Berliner Sportpalast den totalen Krieg.
- Abberufung von Generalfeldmarschall Erwin Rommel, Kapitulation des Afrika-Korps; 275 000 Mann gehen in Gefangenschaft.

- Sturz ***Mussolinis*** in Italien
- Kapitulation Italiens im September
- Offensive der Sowjetunion: Beginn des deutschen Rückzugs

1944

- Alle deutschen Truppen auf dem Rückzug
- Beginn der alliierten Invasion in Nordfrankreich
- Beginn des Beschusses von London durch „V(ergeltungs)"-Waffen
- Bombenattentat Graf ***Stauffenbergs*** auf Hitler in dessen Hauptquartier „Wolfsschanze" in Ostpreußen
- Zusammenbruch und Kapitulation der deutschen Bundesgenossen Rumänien, Finnland, Bulgarien, Ungarn. Räumung Griechenlands und Jugoslawiens durch die deutschen Truppen
- Sowjetische Truppen stehen vor Budapest, Warschau und in Ostpreußen; amerikanisch-englische Truppen an der deutschen Westgrenze.

1945

- Sowjetische Truppen erreichen die Oder, amerikanische den Mittelrhein.
- Höhepunkt der Flucht von Millionen Deutschen nach Westen
- Sowjetische Truppen besetzen Wien und dringen in Berlin
- ein.
- Amerikanische und sowjetische Truppen treffen in Torgau an der Elbe zusammen.
- Amerikanische Truppen besetzen ganz Süddeutschland.
- Selbstmord ***Hitlers*** in Berlin am 30.4.; neue Regierung unter Admiral ***Dönitz*** in Schleswig-Holstein
- Gesamtkapitulation Deutschlands am 7./8.5.
- Abwurf der ersten Atombombe auf Hiroshima am 6.8.
- Die Sowjetunion erklärt Japan am 8.8. den Krieg.
- Abwurf der 2. Atombombe über Nagasaki am 9.8.
- Bedingungslose Kapitulation Japans am 2.9.

13.6 Politische und militärische Strategien der Anti-Hitler-Koalition

Die Gegner des nationalsozialistischen Deutschland England, Frankreich, Russland und die USA führten den Krieg aus unterschiedlichen Gründen. Frankreich und England wollten zunächst die expandierende deutsche Kriegspolitik gegen dessen östliche Nachbarn verhindern, die USA unterstützten zuerst England indirekt durch Rüstungslieferungen, später auch Russland, das einen Großteil der Last des Krieges gegen Deutschland zu tragen hatte. Aufgrund des ***Leih- und Pachtgesetzes*** erhielt England seit März 1941 amerikanische Hilfe ohne Gegenleistungen, dann auch Russland. Auch nach dem Kriegseintritt der USA wurde Deutschland als Hauptgegner betrachtet. Russland kämpfte auf eigenem Territorium um das Überleben seines Staates. Mit dem Bekanntwerden der nationalsozialistischen Verbrechen wurde der Kampf der Alliierten auch zu einem Krieg für die Werte der Zivilisation. In mehreren Konferenzen während des Krieges wurden Kriegsführung, Strategien und Ziele der militärischen Gegner des deutschen Reiches aufeinander abgestimmt.

Beschlüsse der Kriegskonferenzen

Roosevelt hatte vor dem Kriegseintritt der USA im Januar 1941 als die vier Freiheiten Rede- und Religionsfreiheit und die Freiheit von Angst und Not für alle Nationen verkündet.

Atlantikcharta (14. 8. 1941)

Von ***Churchill*** und ***Roosevelt*** formuliert, später von allen gegen die Achsenmächte kriegführenden Mächten unterzeichnet:
- Verzicht auf Annexionen
- Selbstbestimmungsrecht der Völker
- Sicherung des Friedens durch politische und wirtschaftliche Zusammenarbeit der Völker

Am 1.1.1942 schlossen sich weitere 24 Staaten zu einem „Pakt der Vereinten Nationen" zusammen. Dieser Pakt stellte das Fundament für die Gründung der UN am 26.6.1945 dar.

Konferenz von Casablanca (14.–24.1.1943)

Roosevelt und Churchill trafen sich in Casablanca zu einer Unterredung, in der die Forderung

- nach der bedingungslosen Kapitulation Deutschlands, Italiens und Japans im Mittelpunkt stand.
- Den feindlichen Mächten wurde das Selbstbestimmungsrecht abgesprochen, der Zerstörung des Kriegspotenzials
- und der Beseitigung der Weltanschauung wurde Vorrang eingeräumt.
- Der Forderung der UdSSR nach einer zweiten Front in Europa wurde nicht entsprochen, aber die Landung alliierter Streitkräfte in Sizilien vereinbart.

Außenministerkonferenz in Moskau (19.–30.10.1943)

Im Herbst des Jahres 1943 wurde zwischen den Alliierten

- die Besetzung Deutschlands durch die drei Siegermächte,
- die Beseitigung des Nationalsozialismus und
- Veränderung der politischen Struktur Deutschlands beschlossen.

Konferenz von Teheran (28.11.–1.12.1943)

Auf der Grundlage der Außenministerkonferenz in Moskau beschlossen ***Roosevelt, Churchill*** und ***Stalin***

- eine staatliche Zerstückelung Deutschlands,
- die Westverschiebung Polens bis zur Oder,
- die Errichtung einer zweiten Front in Frankreich,
- die Invasion in Nordfrankreich.

Londoner Abkommen (14.11.1944)
Im Londoner Protokoll legte man fest
- die Aufteilung Deutschlands in Besatzungszonen,
- die Aufteilung Berlins in drei Sektoren,
- die Einrichtung eines alliierten Kontrollrats,
- die Behandlung Deutschlands als Gesamtstaat.

Ungeklärt blieb
- die Beteiligung Frankreichs als Siegermacht,
- die Aufteilung der ***Reparationen,***
- die Art und Weise des wirtschaftlichen Vorgehens in Deutschland.

Konferenz von Jalta (4.–11.2.1945)
Die „Großen Drei" (Churchill, Roosevelt, Stalin) kamen über ein
- Deutschland zu entwaffnen, zu entmilitarisieren und zu entnazifizieren,
- Deutschland in Besatzungszonen aufzuteilen,
- Deutschland zur Zahlung von Reparationen zu verpflichten,
- den Völkern das Selbstbestimmungsrecht einzuräumen (ohne dass Stalin dies in den von der Roten Armee befreiten Staaten zuließ),
- Polen nach Westen zu verschieben.

13.7 Die Bilanz des Krieges

In der deutschen Geschichte hat es wohl keine andere so tief einschneidende Zäsur gegeben wie die durch den Nationalsozialismus in zwölf Jahren Machtmissbrauch verursachte: Der Nationalsozialismus hatte die in über 2000 Jahren entwickelten Vorstellungen von der Bedeutung der Menschenrechte völlig negiert, schließlich die Welt mit Verbrechen und einem Krieg nie gekannten Ausmaßes überzogen. Er hinterließ ein in weiten

Teilen verwüstetes Europa und ein in seinen wirtschaftlichen, kulturellen, staatlichen und, schlimmer noch, in seinen sittlichen Grundlagen zerstörtes Deutschland, das schwerste Schuld auf sich geladen hatte.
Etwa 55 Mio. Menschenleben waren nach dem Krieg weltweit zu beklagen, darunter das von ca. 6 Mio. Juden. Es gab Millionen Kriegsversehrte und allein in Deutschland 11 Mio. Flüchtlinge. 8–10 Mio. ***Displaced Persons*** (zur Zwangsarbeit Verschleppte) hofften auf ihre Rückkehr in die Heimat. Die Infrastruktur war fast völlig zerstört. Es fehlte an Nahrungsmitteln, Wohnraum und Energie. Familien waren auseinandergerissen worden, rückkehrende Soldaten suchten nach ihren Angehörigen. Es existierte keine deutsche Regierung, die Militärverwaltungen der Alliierten waren im Besitz der staatlichen Hoheitsrechte.
Deutschlands politische und staatliche Zukunft war ungewiss. Ungeklärt war auch die Zukunft der Werte, noch zog sich nationalsozialistisches Gedankengut durch die Schriften, aber auch durch die Vorstellungen der Menschen. Weder die Kriegsschuld der einzelnen Deutschen war geklärt, noch waren die wahren Schuldigen bestraft. Wie sollte die politische Zukunft aussehen? Wie sollte man eine glaubhafte Ethik und eine geistige Wiederbelebung in der Tradition des europäischen Humanismus finden angesichts des zerstörten Landes?

14 Zwischen Konflikt und Kooperation

14.1 Neue amerikanische Politik, Blockbildung und Kalter Krieg

Auf den Kriegskonferenzen verständigte sich die Anti-Hitler-Koalition auf eine gemeinsame Politik nach dem Krieg. Auch nach Kriegsende hielt man an ***Roosevelts*** Vorstellung der ***One-World-Politik*** fest. Dahinter stand die Vorstellung, internationale Probleme künftig auf dem Verhandlungsweg im Rahmen einer internationalen Institution, der UN, zu lösen. Regelmäßige Außenministerkonferenzen sollten einer gemeinsamen Politik dienen. Die Amerikaner wollten nach dem Krieg ihre Präsenz in Europa weitgehend aufgeben. Auf dieser Grundlage wurde auch der Vertrag von Potsdam geschlossen (▶ S. 233 f.).

Grundsätze amerikanischer Außenpolitik 1914–1945

Die Selbstisolation der USA gegenüber Europa entsprach der Tradition der amerikanischen Außenpolitik. Auch vor dem 1. Weltkrieg mischten sich die USA zunächst nicht in die Politik der europäischen Staaten in Europa ein. Erst im 1. Weltkrieg sahen sie sich veranlasst einzugreifen (▶ S. 149). Nach dem Krieg verfolgte Präsident Wilson den Aufbau einer demokratischen und friedlichen Welt. Er schlug die Gründung des Völkerbunds vor, der amerikanische Kongress verweigerte jedoch den Beitritt der USA und leitete so eine neue Phase der Isolation ein. Von dieser Politik rückten die USA erst wieder im 2. Weltkrieg ab. Ein neuerlicher Rückzug aus Europa erwies sich aber mit den politischen Interessen und Verpflichtungen einer Weltmacht nicht mehr vereinbar. Vor allem zeigte sich, dass die USA, bald

auch die Sowjetunion, ihren Status von dem einer Weltmacht zu dem einer Supermacht verändert hatten.
Eine Supermacht lässt sich folgendermaßen definieren: Sie kann globale politische und wirtschaftliche Abläufe maßgeblich beeinflussen und prägen und hat die militärischen, technischen, wirtschaftlichen und politischen Möglichkeiten, die eigenen Interessen durchzusetzen. Dabei hat eine Supermacht ihre Grenzen, beispielsweise dadurch, dass auch sie lange zögern wird, bevor sie atomare Waffen zum Einsatz bringt. Auch internationalen Bündnissen kann sie sich nicht entziehen.

Anfänge des Kalten Krieges

Nach der Konferenz von Potsdam im Jahr 1945 verschlechterte sich das Verhältnis zwischen den USA und der Sowjetunion jedoch bald. Zurückzuführen war dies auf die Expansion der Sowjetunion (baltische Staaten seit 1940, Ostpolen 1941, Moldawien, Karpato-Ukraine), den Aufbau von kommunistischen Satellitenstaaten (Rumänien, Bulgarien, Ungarn, Tschechoslowakei) und die Bildung von russlandfreundlichen Regierungen (Lubliner Komitee in Polen). Außerdem beanspruchte die Sowjetunion (erfolglos) die Dardanellen und unterstützte die Kommunisten im griechischen Bürgerkrieg ebenso wie die chinesischen unter der Führung Mao Zedongs in China. Bereits am 12. 5. 1945 sprach ***Churchill*** von einem ***Eisernen Vorhang,*** der Europa trenne. Nachdem der Kommunismus in allen Regionen der Welt expandierte, begannen die Amerikaner ihre Politik zu überdenken. In Japan und Italien war die Sowjetunion als Besatzungsmacht bereits ausgeschlossen. Als es im Frühjahr 1946 wegen der Wirtschaftspolitik im besetzten Deutschland zu Auseinandersetzungen mit der Sowjetunion kam, ließ General *Clay* die Reparationslieferungen aus dem Ruhrgebiet an die Sowjetunion einstellen. Man erkannte, dass ein wirtschaftlich geschwächtes Deutschland den Siegermächten hohe Kosten verursachen würde. Deshalb reduzierte man in der britischen und englischen Besatzungszone die Demontagen, verbot sie teilweise.

Auf der Außenministerkonferenz von 1946 konnten noch Friedensverträge mit Italien, Rumänien, Ungarn, Bulgarien und Finnland geschlossen werden. Die Friedensverträge mit Deutschland und Österreich scheiterten dagegen auf den Außenministerkonferenzen von Moskau und London im Jahre 1947 an der Uneinigkeit der Siegermächte.
Die englische Regierung teilte zu Beginn des Jahres 1947 mit, sie könne dem Druck der Sowjetunion in Griechenland und der Türkei nicht mehr standhalten. Daraufhin versprach Truman allen Staaten, in denen die Freiheit bedroht sei, finanzielle und personelle Hilfe. Damit definierten sich die USA als Führungsmacht in der freien Welt und gingen zur Eindämmungspolitik ***(Containment)*** der sowjetischen Ausweitungsbestrebungen über. Fortan ging die Sowjetunion von der ***Zwei-Lager-Theorie*** aus, die die Welt in ein imperialistisches, antidemokratisches Lager unter der Herrschaft Amerikas und in ein demokratisches, antiimperialistisches Lager unter der Führung der Sowjetunion aufteilt, welche das andere Lager zu bekämpfen habe. Eine Folge dieser Politik war die Gründung des westlichen Militärbündnisses, der NATO (1949), und die des östlichen, des Warschauer Paktes (1955). Die Polarisierung der Welt wurde offenkundig:

- 1947, 12. 3. ***Truman-Doktrin***
- 1948/49 ***Berlin-Blockade***
- 1949 Gründung zweier deutscher Staaten (BRD und DDR)
- Gründung des Rates für gegenseitige Wirtschaftshilfe (RGW) durch die Sowjetunion, um die Satellitenstaaten auch wirtschaftlich dominieren zu können (und als Antwort auf den Marshall-Plan)
- Chinesischer Bürgerkrieg (bis 1949)
- Koreakrieg (1950–1953)

Die Welt war in zwei Lager gespalten, die sich mit allen Möglichkeiten des Kalten Krieges bekämpften. Darunter versteht man alle Varianten der außen- und innenpolitischen Auseinandersetzung mit Ausnahme des direkten Krieges. Seine Mittel umfassten ein großes Spektrum: ideologische Auseinandersetzungen, Aufbau von Feindbildern, Unterstützung von verbündeten Staaten, Versuch der Einflussnahme auf Drittländer, territoriale Abschirmung; Fehlen von diplomatischen Beziehungen bzw. Auseinandersetzung auf der Ebene der Diplomatie, Wettrüsten, Spionage, Wirtschaftskrieg, Boykottmaßnahmen, Wettbewerbsbeschränkungen, Stellvertreterkriege. Der Kalte Krieg dauerte in abgestuften Formen, bald von „Tauwetterperioden“ und Abrüstungsphasen abgemildert, bis zum Zerfall der Sowjetunion (1991).

14.2 Die Supermächte zwischen Konfrontation, Koexistenz und Kooperation (1947–1975)

Polarisierung der Lager (1948–1955)

In den 50er-Jahren verschärften sich zunächst die Gegensätze. Nach dem Tod Stalins 1953 zeigten sich jedoch auch erste Anzeichen von Entspannung. Mit der ***Rollback-Politik*** des amerikanischen Präsidenten ***Eisenhower*** allerdings sollte der Kommunismus zurückgedrängt werden, de facto aber stellte sie eine Fortsetzung der ***Containment-Politik*** dar. Im Untersuchungsausschuss des Senators ***McCarthy*** nahm die Verfolgung von angeblichen Kommunisten in Amerika fanatische Züge an.

Konfrontationen und „Tauwetterperioden" (1955–64)

14

Stalins Nachfolger, ***Nikita Chruschtschow,*** veranlasste innere Reformen in der Sowjetunion und übte Kritik an der Stalin-Ära. Gleichzeitig setzte er aber auch die aggressive Politik seines Vorgängers fort, wie sich bei der Niederschlagung des sowjetfeindlichen ***Aufstandes in Ungarn*** (1956) durch sowjetische Truppen sowie anlässlich der ***Berlin-*** und ***Kubakrise*** (1958 bzw. 1962) zeigte. In den letzten beiden Fällen aber zog sich die Sowjetunion kurz vor der letzten Eskalation zurück. Die Stationierung von sowjetischen Atomsprengköpfen im sozialistischen Kuba wurde nach der entschlossenen Intervention des amerikanischen Prä-

sidenten ***John F. Kennedy*** ebenso aufgegeben wie der Versuch, Gesamt-Berlin zu einem dritten deutschen Staat zu erklären.
Unter ***Chruschtschow*** wurde die These der ***friedlichen Koexistenz*** beider Blöcke entwickelt, die jedoch keine Aufgabe des Sozialismus bedeutete. Die Sowjetunion unterstützte weltweit kommunistische Parteien, trieb das Wettrüsten voran und zeigte 1957 mit dem Bau eines Satelliten, dass sie die USA im Technologiewettlauf zumindest in einem Bereich überholt hatte ***(Sputnik-Schock*** 1957***)***.
Die Kuba-Krise, die fast zum Weltkrieg geführt hätte, war für die USA der Anlass, die NATO-Strategie der „massiven Vergeltung" durch die der „angemessenen Reaktion" ***(flexible response)*** zu ersetzen. Letztere bedeutete auch die Abkehr von einer Politik, die den atomaren Erstschlag im Falle eines bewaffneten Konflikts zugrunde legte. Allerdings stellte die SU bald das atomare Patt her und war in der Lage, auch noch durch einen Zweitschlag den Gegner tödlich zu treffen. Das „Gleichgewicht des Schreckens", die Möglichkeit, dass beide Supermächte einander und die übrige Welt mehrfach zerstören konnten, führte allmählich zur Einsicht, dass nur gegenseitige Kontrolle und Abrüstungsverhandlungen auf Dauer einen Krieg verhindern konnten. Bald nach der Kuba-Krise wurde eine Fernschreibverbindung zwischen dem Kreml in Moskau und dem Weißen Haus in Washington eingerichtet. Der Teststopp (5.8.1963) für oberirdische Atomversuche war das erste Ergebnis von Abrüstungsvereinbarungen.

- 1956 Niederschlagung des Aufstandes in Ungarn durch sowjetische Truppen
- 1961 ***Mauerbau*** in Berlin
- 1961/62 ***Kubakrise:*** Die sowjetischen Raketenbasen werden nach einem Ultimatum der USA abgebaut.

Der Kampf um die Positionen: Der Vietnamkrieg (1963–75) und die Invasion in der ČSSR (1968)

Südvietnam wurde seit der Teilung Vietnams (nach dem Abzug der französischen Kolonialmacht) im Jahr 1954 von den USA unterstützt. Eine gesamtvietnamesische Wahl scheiterte am Widerstand Südvietnams. Im Norden regierte der kommunistische Revolutionär Ho Chi Minh. Das korrupte, prowestliche Südvietnam stand unter dem Einfluss Ngo Dinh Diems, gegen den sich die kommunistische Widerstandsbewegung Vietkong formierte. Nach Diems Tod wollte Nordvietnam das Land wieder einen. Im folgenden Bürgerkrieg wurde Südvietnam durch den offensiven Einsatz von US-Einheiten unterstützt. Die USA wollten gemäß der ***Domino-Theorie*** das Land nicht den Kommunisten überlassen. Ab 1965 eskalierte der Bürgerkrieg. Die Amerikaner, die ihre Truppenpräsenz laufend verstärkten (500 000 Soldaten), konnten trotz des massiven Einsatzes von modernsten Waffen und chemischen Stoffen den Krieg gegen die Guerillataktik der Vietkong nicht gewinnen. Der Druck der weltweiten Friedensbewegung zwang die amerikanische Regierung zum Rückzug aus Vietnam. 1975, nach dem Sieg der Vietkong über Südvietnam, wurde das Land wieder geeint. Für die USA bedeutete die Niederlage einen Schock, aber sie zeigte auch die Wichtigkeit von Abrüstung und Verständigung auf.

Während sich die USA in den Vietnamkrieg verstrickten, geriet auch die Sowjetunion zunehmend unter Handlungsdruck. Zum einen schlug das kommunistische China unter Mao Zedong einen unabhängigen Weg ein, zum anderen wandte sich auch Rumänien dem Westen zu, indem es mit der Bundesrepublik diplomatische Beziehungen aufnahm. In der ČSSR entstand eine Oppositionsbewegung mit Intellektuellen wie Pavel Kohout und Vaclav Havel an der Spitze, die sich gegen den zentralistischen Kommunismus sowjetischer Prägung wandten. Als 1968 ***Alexander Dubček*** an die Spitze der kommunistischen Partei der ČSSR gewählt wurde und Reformen in Angriff nahm, sah sich die Sowjetunion zum Handeln gezwungen. ***Leonid Breschnew,***

seit dem Sturz von ***Chruschtschow*** neuer Staats- und Parteichef der Sowjetunion, veranlasste den Einmarsch von Truppen des Warschauer Pakts in die ČSSR (1968). Die führenden Köpfe des ***Prager Frühlings*** wurden verhaftet, der Widerstand gegen die Truppen blutig niedergeschlagen. Der Westen griff nicht ein, da die Gefahr für einen Krieg als zu groß eingeschätzt und der Einflussbereich der Sowjetunion geachtet wurde.
Die ***Breschnew-Doktrin*** verkündete die Einschränkung der Souveränität der sozialistischen Länder; sie beanspruchte, auch mit Gewalt in sie einzumaschieren, falls der Sozialismus bedroht sei.

- 1968, 21.8. Einmarsch von Truppen des Warschauer Paktes in die ČSSR
- 1968, November Breschnew-Doktrin
- 1975 Rückzug der USA aus Vietnam

Rüstungsbegrenzung (1965–1975/1992)

Das die gesamte Menschheit bedrohende militärische Zerstörungspotenzial und die Gefährlichkeit vorangegangener Konflikte veranlasste die beiden Supermächte USA und UdSSR, Verhandlungen über Rüstungsbegrenzungen aufzunehmen.

1968 Der Atomwaffensperrvertrag verhindert die unkontrollierte Verbreitung von Atomwaffen.

1971 Die Vereinbarung eines „heißen Drahts" ergänzt das Abkommen von 1963 zwischen den USA und der UdSSR, um einen Atomkrieg aus Fehlinformationen zu vermeiden.

1972 Das SALT-I-Abkommen („Strategic Arms Limitation Talks") begrenzt die Bereitstellung der Systeme zur Abwehr ballistischer Flugkörper (= ABM-Vertrag, „Anti Ballistic Missile") auf zwei Standorte je Land.
Das SALT-I-Interimsabkommen begrenzt die Gesamtzahl bestimmter strategischer Angriffswaffen beider Vertragspartner (ICBM und SLBM).

1973 Das Abkommen zur Verhinderung eines Atomkrieges sorgt für Zurückhaltung und Konsultationen, um die Gefahr eines Atomkrieges abzuwenden.

MBFR-Abkommen („Mutual Balanced Force Reductions") regelt den beiderseitigen Truppenaufbau der NATO und der Warschauer-Pakt-Staaten.

KSZE-Konferenz über Sicherheit und Zusammenarbeit in Europa: Die Schlussakte wurde 1975 von den Außenministern Europas, Kanadas und den USA unterzeichnet. Zu drei Bereichen, den sogenannten Körben, wurden Absichtserklärungen unterzeichnet:

1. Fragen der Sicherheit,
2. Zusammenarbeit in den Bereichen Wirtschaft, Technik, Wissenschaft, Umweltschutz.
3. Humanitäre und andere Bereiche (menschliche Kontakte, Informations- und Kulturaustausch).

Folgekonferenzen fanden 1977 in Belgrad, 1990 in Paris, 1992 in Helsinki, 1992 in Wien statt; seit 1995 umgewandelt in die OSZE (= Organisiation über Sicherheit und Zusammenarbeit in Europa).

1976 Atomteststoppvertrag (PNE-Vertrag) begrenzt unterirdische Atomtests zu friedlichen Zwecken.

1979 SALT-II-Vertrag begrenzt die Zahl der nuklearstrategischen Angriffswaffen. SALT-II-Protokoll begrenzt die Dislozierung und/oder Erprobung von mobilen Interkontinentalraketen sowie bestimmter Marschflugkörper bis zum 31.12.1982/unterzeichnet 1991.

Alle diese Verträge waren Ergebnis von Rüstungsbegrenzungsverhandlungen. Die folgenden Verträge waren die ersten, die zu wirklicher Abrüstung führten.

1981/1987 INF-Verträge („Intermediate Range Nuclear Forces") beinhalten Abbau und Vernichtung der nuklearen Mittelstreckenraketen in Europa.

1991 START-Vertrag („Strategic Arms Reduction Talks") regelt die Reduzierung der strategischen Offensivwaffen; START I-Vertrag (1991), START II-Vertrag (1993).

2010 New-START-Vertrag zur Reduzierung der atomaren Sprengköpfe von 2200 auf 1500.

14.3 Von Entspannungspolitik zur Politik der Stärke (1975–1985)

Sowohl die USA als auch die Sowjetunion zeigten in den 70er-Jahren ein hohes Maß an Verhandlungsbereitschaft, auch wenn die Rüstungsbeschränkungsabkommen von SALT II in Amerika nicht ratifiziert wurden. Ab 1975 geriet jedoch die Entspannungspolitik der USA immer mehr in die Krise. Nachdem Präsident ***Richard Nixon*** den Vietnam-Krieg beendet hatte, setzte ***Jimmy Carter*** zunächst den Entspannungskurs fort. Jedoch schien die Stellung der USA gefährdet. Ursache hierfür waren:

- die Niederlage der USA im Vietnam-Krieg 1975,
- der Sieg des Kommunismus in Angola 1976,
- der Sturz des Schahs und die Gründung der fundamentalislamischen Republik Iran durch Ajatollah Chomeini 1979,
- die linksrevolutionäre Regierung in Nicaragua 1979,
- die Guerillabewegung in San Salvador 1979.

Carter gelang es 1978 in Camp David, ein Abkommen zwischen Israel und Ägypten zu vermitteln. Als in Osteuropa Mittelstreckenraketen aufgestellt wurden, wurde mit dem NATO-Doppelbeschluss (1979) die Möglichkeit zur Nachrüstung bei gleichzeitiger Entspannungspolitk festgelegt. Die sowjetische Intervention in Afghanistan (1979–89) führte zu einer Verschärfung der Spannungen zwischen Ost und West. Nach raschen Anfangserfolgen und der Einrichtung einer kommunistischen Regierung erlitt die Sowjetunion hohe Verluste im Guerillakampf und musste den Krieg 1989 abbrechen. Die Niederlage wirkte sich auf die sowjetische Gesellschaft ähnlich aus wie die Niederlage der USA in Vietnam. Der republikanische Präsident der USA Ronald Reagan zwang die Sowjetunion mit einer Politik der Stärke in einen Rüstungswettbewerb unter Beibehaltung der Abrüstungsverhandlungen.

14.4 Russland nach dem Ende des Kalten Krieges: 1985–1991–2008–2017

1985 befand sich die Sowjetunion in einer schweren Krise. Zwar war sie eine militärische Supermacht, aber wirtschaftlich und gesellschaftlich gegenüber dem Westen weit im Rückstand. 1985 wurde ***Michail Gorbatschow*** zum Generalsekretär gewählt. Mit einer Politik der Offenheit ***(Neues Denken)*** schaffte er außenpolitisch Vertrauen. Die wirtschaftliche Krise der Sowjetunion zwang zur Einschränkung der Rüstung und zur Zusammenarbeit mit dem Westen: Gorbatschow nahm die INF- und START-Verhandlungen wieder auf, brach den Krieg in Afghanistan ab und überraschte den Westen mit dem Angebot von einseitigen Truppenreduzierungen. Innenpolitisch versuchte Gorbatschow mit ***Glasnost*** (Transparenz, Öffentlichkeit) und ***Perestroika*** (Umbau) die marode Wirtschaft und Gesellschaft zu reformieren, Privatbetriebe wurden zugelassen. 1988 übernahm Gorbatschow das Amt des Vorsitzenden im Obersten Sowjet, 1990 das des Staatspräsidenten. Da aber die Reformen für die Bevölkerung keine Verbesserung erbrachten und die Sowjetunion ihre Position als Supermacht zu verlieren drohte, verfiel auch Gorbatschows Autorität.

Am 19. 8. 1991 kam es zum Putsch der beharrenden Kräfte, kurz vor einem neuen Unionsvertrag, der den Republiken weitgehende Autonomie einräumen sollte. Der Putsch scheiterte am Widerstand der Bevölkerung und am Eingreifen des Reformers ***Boris Jelzin.*** Gorbatschow konnte an die Spitze des Staates zurückkehren, nicht aber die Auflösung der UdSSR verhindern. Schon im November 1990 hatten 22 KSZE-Staaten das Ende des Ost-West-Gegensatzes ausgerufen. Am 21. 12. 1991 bildeten elf ehemalige Sowjetrepubliken eine Gemeinschaft Unabhängiger Staaten. Gorbatschow trat zurück, Boris Jelzin wurde im Dezember 1991 Präsident Russlands. 2000 folgte ihm ***Wladimir Putin.*** Er versuchte, die Vormachtstellung der Sowjetunion wiederherzustellen. Im Irakkrieg, im Atomkonflikt der USA mit Iran und

Nord-Korea, die beide eine eigene atomare Bewaffnung anstrebten, agierte Russland als ausgleichende Macht, ebenso im Konflikt der UN mit der syrischen Assad-Regierung wegen des Bürgerkriegs. 2013 verhinderte Putin ein Assoziierungs- und Wirtschaftsabkommen zwischen der EU und der Ukraine.
Gaslieferungen an die EU und Deutschland sollen diese an Russland binden – eine Energiepolitik, die in Westeuropa nicht unumstritten ist. Gegenüber den Nachbarstaaten wird die Energiepolitik als Druckmittel eingesetzt. Putin verfolgt außenpolitisch eine Revisionspolitik, die die Grenzen der russischen Föderation absichern und territoriale Verluste beim Zusammenbruch der SU ausgleichen soll. Dies zeigt sich an der Annexion der Krim (2014) ebenso wie dem Anspruch auf ostukrainische Gebiete und der Unterstützung der dortigen Separationsbewegungen. Seit 2000 ist in Russland alle Macht direkt und indirekt auf Putin konzentiert. Mit der Verstaatlichung von Ölkonzernen und Banken festigte er seine Macht nach innen. Gegen oppositionelle Gruppierungen und Minderheiten lässt er hart vorgehen, die Meinungsfreiheit und unabhängige Presse werden kontrolliert und behindert. Nach eigenem Bekunden ist es Putin nicht gelungen, Korruption und bürokratische Strukturen zu beseitigen. 2008 kandidierte Putin nach zwei Amtszeiten (ab 2000) gemäß der Verfassung nicht mehr für das Amt des Staatspräsidenten. Sein Nachfolger war sein Vertrauter Dmitri Medwedew. Putin übernahm das Amt des Ministerpräsidenten. Im März 2013 gewann Putin die Präsidentschaftswahlen und trat seine 3. Amtszeit im Mai 2013 an.

1990 Litauen, Estland, Lettland: Selbstständigkeitserklärung

1991

25.2. Auflösung des ***Warschauer Paktes***

1991 Dezember Ausrufung der Gemeinschaft Unabhängiger Staaten *(GUS)*, Ende der Sowjetunion

1991–1992

Öffnung Russlands zum Westen unter Jelzin: Abschluss des Kooperations- und Partnerschaftsabkommens mit der EU; Mitglied des Internationalen Währungsfonds (IWF); schrittweise Einbindung in die G7 zur G8

ab 2000 – Revisionspolitik und autoritäres, auf Polizei, Machtgruppierungen und wirtschaftlich orientiertes System (= Putinismus); Wiedergewinnung einer Weltmachtstellung

2005 Vereinbarung einer Ostsee-Erdgaspipeline (Einweihung 2011) zwischen BASF, EON und Gazprom

2011 Russland bleibt im Syrienkonflikt (seit 2011) neutral, unterstützt das Assad-Regime jedoch auch militärisch.

2012 Austritt aus dem Kyoto-Abkommen auf der 18. Klimakonferenz; kein Beitritt zum Übereinkommen von Paris

2014 Ausschluss Russlands aus dem Kreis der G8
Am 21. März 2014 unterzeichnete Putin das Gesetz zur Aufnahme der Krim in die russische Föderation. Dies wurde international als Annexion gewertet und mit langfristigen Wirtschaftssanktionen beantwortet.

14.5 USA – die Supermacht im 21. Jh.

1990–2000: die USA, die einzig verbleibende Supermacht

Nach Auflösung der Sowjetunion (1990) stellten die USA ihren Status als einzige Supermacht unter Beweis.

- Als im August 1990 Truppen auf Befehl des irakischen Diktators Saddam Hussein das souveräne Kuwait besetzten, befreite eine Gemeinschaft aus 26 Staaten unter Führung der USA Kuwait im ersten Irak-Krieg.
- Die Konflikte, die 1992 in Bosnien und Herzegowina zwischen Serben, Kroaten und Bosniern als Folge des Zerfalls des Vielvölkerstaates Jugoslawien aufbrachen – Vertreibungen, Massenvergewaltigungen und kriegerische Auseinandersetzungen – wurden aufgrund des besonderen Drucks der USA im Bosnienkrieg 1995 beendet. Eine Militäraktion der NATO

(ohne UN-Mandat) konnte die Vertreibung von Albanern aus dem Kosovo durch die serbische Regierung unter Präsident Milošević beenden. In den Kosovo marschierte eine internationale Friedenstruppe (KFOR) ein.

Der 11. September 2001 und die Folgen für die Weltpolitik

Am 11. September 2001 griff die antiamerikanisch-islamische Terrororganisation das World Trade Center und das Pentagon an. Dieser Tag hat bis heute weitreichende Folgen für die nationale und internationale Politik.

- Die Verletzbarkeit der Supermacht USA steht repräsentativ für die Verwundbarkeit der Demokratien, die sich unter der Führung der USA zum „war on terror" zusammenschlossen.
- Auf die Anschläge vom 11. September reagierte die US-Regierung unter ***George W. Bush jun.*** (2001–2009) mit einem Krieg in Afghanistan (Beginn Oktober/November 2001) und beseitigte das islamistisch-fundamentalistische Taliban-Regime. Dieses hatte den Al-Quaida-Führer Osama Bin Laden, der den Terrorismus gegen die USA und die westliche Welt initiiert und global organisiert hatte, nicht ausgeliefert.
- Präsident (George W.) Bush sah seine vorrangige Aufgabe im Kampf gegen den internationalen Terrorismus. Die im September 2002 verabschiedete „Sicherheitsstrategie" erlaubt einen Angriff auf Staaten, von denen sich die USA bedroht fühlen. Auf dieser Grundlage griffen die USA im März/April 2003 den Irak an, dessen Diktator Saddam Hussein wegen des unterstellten Besitzes von Massenvernichtungswaffen als Bedrohung für die westliche Welt empfunden wurde. Eine „Koalition der Willigen" (u.a. USA, Großbritannien, Spanien) beseitigte in einem völkerrechtlich umstrittenen Krieg die Diktatur Saddam Husseins.
- Das militärische Potenzial der USA sollte im internationalen Verbund mit anderen Staaten eingesetzt werden, um den Terrorismus und die „Schurkenstaaten" global zu bekämpfen.

- Um bei der Bekämpfung des Terrors möglichst unabhängig vorgehen zu können, versuchten die USA internationale Bindungen zu lockern oder zu lösen. So vermeiden sie die Einbindung in internationale Abkommen und Verpflichtungen (wie den ABM-Vertrag = Anti-Ballistic Missile Treaty zur Begrenzung von Raketenabwehrsystemen oder den International Criminal Court als übergeordnete juristische Instanz bei internationalen Strafverfolgungen). Als legitimes Mittel der Kriegsführung werden unter gewissen Umständen vorbeugende Kriege sowie die Bedeutung der atomaren Abschreckung in einem Konfliktfall (amerikanische Militärdoktrin 2005) erachtet.
- Nach der zweiten Amtszeit von Georg W. Bush zeichnete sich inneramerikanische und internationale Kritik an seiner Außenpolitik ab.

Politik des „Change" durch Barack Obama und des „America First" durch Donald Trump

2008 gelang es dem afroamerikanischen Juristen und Senator Barack Obama (geb. 1961) erstmals in der Geschichte der USA als Amerikaner mit afrikanischen Wurzeln Staatsoberhaupt der Supermacht zu werden. In seinen Wahlkampf hatte Obama die Forderung nach „Change", einem Wandel in der Innen- und Außenpolitik, aufgestellt. Nach seiner Wahl suchte er sich von der Politik seines Vorgängers abzusetzen: Transparenz des Handelns, Gesundheitsreform, Wiederbesinnung auf die Verpflichtung der USA als Wahrer der Menschenrechte, Abzug der Truppen aus dem Irak, Neuorganisation der Präsenz in Afghanistan. Eine ebenfalls historische Aufgabe stellte sich Obama durch die schwerste Weltwirtschaftskrise (ab 2007) seit den 1930er-Jahren. Zukunftsweisend war die seit 2010 beschlossene und 2013 angelaufene Gesundheitsreform, die allen US-Bürgern eine gesetzliche Krankenversicherung garantieren soll. 2017 wurde Obama nach zwei Amtszeiten von Donald Trump, einem erfahrenen Geschäftsmann, mit deutlichen Kursänderungszielen abgelöst. Obama Care soll wieder abgeschafft werden.

Zweifache Kursänderungen unter Obama und Trump

Obamas Politik verfolgte das Ziel, der Supermacht Amerika neue Glaubwürdigkeit in der Welt zu verschaffen und sie wieder als global akzeptierte Ordnungsmacht zu etablieren:

- Trotz der neuen Politik von Obama und seiner Sympathiewerbung gegenüber den Muslimen haben die USA einen Großteil der islamischen Staaten und der Bevölkerung gegen sich. Dazu trägt auch der völkerrechtlich umstrittene Einsatz von Kampfdrohnen im afghanisch-pakistanischen Grenzgebiet bei.
- Völkerrechtlich umstritten war die Erschießung (2011) des Al-Quaida-Führers Osama Bin Laden in Pakistan.
- In der Bekämpfung der Weltwirtschaftskrise war die Politik Obamas sehr erfolgreich.
- Der globale Abrüstungsprozess wurde 2008 mit der Unterzeichnung des New-START-Abkommens (Reduzierung der atomaren Sprengköpfe von 2200 auf 1500, der Trägersysteme von 1600 auf 800) durch Obama und den russischen Präsidenten wieder aufgegriffen. 2011 trat das START-Abkommen in Kraft.
- Der Abzug der US-Truppen aus dem Irak wurde 2011 (18. 12.) abgeschlossen.
- Nach einer zwischenzeitlichen Truppenaufstockung in Afghanistan erfolgte 2013/14 der Teil-Abzug der Amerikaner, eine erneute Aufstockung 2017 durch Präsident Trump.
- Der Schwerpunkt der amerikanischen Außenpolitik wurde unter Obama in den südpazifischen Raum verlegt.
- Auf der UN-Klima-Konferenz 2015 in Paris wurde eine Vereinbarung erarbeitet und im April 2016 von 175 Staaten unterzeichnet, darunter USA, China und Deutschland, mit dem Ziel, eine Klimaerwärmung auf unter 2 Grad zu begrenzen.
- Die Annexion der vormals sowjetischen Krim durch Russland unter Putin (2014) konnte faktisch nicht verhindert werden. Die UN verurteilte völkerrechtlich unverbindlich die Annexion.

Donald Trump (US-Präsident ab 2017) proklamierte einen weiteren innen- und außenpolitischen Kurswechsel unter dem Motto „America first". Er strebt innenpolitisch die Abkehr von Obamas Gesundheitsreform an, ferner eine Steuerreform, eine Reduktion der Importe aus dem Ausland, die Ausweisung illegaler Zuwanderer, den Bau einer Mauer zu Mexiko sowie außenpolitisch reduziertes politisches und militärisches Engagements der USA in der Weltpolitik. Trump fühlt sich weniger der Republikanischen Partei verpflichtet als einer ultrakonservativen, weißen Bewegung jenseits der Parteien.

Grenzen einer Supermacht

- Der Aufbau Afghanistans mit demokratischen Vorgaben und dem Ziel, die internationalen Hilfstruppen (ISAF-Mandat) abzuziehen, erwies sich als schwierig, da die Taliban von Pakistan aus gegen die afghanischen Sicherheitskräfte und die internationalen Hilfstruppen vorgingen. 2004 wurde aus Afghanistan eine islamische Republik und verfügte mit Hamid Karsei über einen Präsidenten (bis 2014), der auch die Warlords und die Taliban als Bündnispartner suchte. 2013/14 wurden die ISAF-Truppen, darunter die amerikanischen und deutschen, reduziert. Die amerikanische Präsenz wurde 2017, nachdem der Einfluss der Taliban und des IS-Staates wuchs, verstärkt.
- Bisher ist es nur teilweise gelungen, den Irak zu befrieden. 2014 bildete sich auf irakischem und syrischem Boden der sogenannte ***Islamische Staat*** (IS), ein selbsternanntes Kalifat, welches mit Terrormethoden versucht, eine Herrschaft zu etablieren, die an die Ursprünge des Islam anzuknüpfen behauptet. 14
- Nach der Wahl Hassan Rohanis 2013, (Wiederwahl 2015), der den amerikafeindlichen und antisemitischen Mahmud Ahmadinedschad ablöste, bahnte sich im Iran eine Lösung im Streit mit dem Westen durch ein Atomabkommen (Abschluss 2016) an, das eine Kontrolle der Atompolitik Irans gegen eine Lockerung der Wirtschaftssanktionen vorsieht. Die US-Regie-

rung Trump versucht, das unter Obama zustande gekommene Abkommen zu revidieren.

- Im Nahen Osten gelang es nicht, einen Ausgleich zwischen dem Staat Israel und den Palästinensern herzustellen.
- Der massiv gegen die Menschenrechte verstoßende Umgang der USA mit Gefangenen in zum Teil geheim gehaltenen Lagern hat den völkerrechtlichen und moralischen Führungsanspruch der USA wohl auf Jahrzehnte beschädigt.
- Dem ***Kyoto-Protokoll*** (1997 beschlossen), einem internationalen Klimaabkommen, blieben die USA zunächst ebenso fern wie Vereinbarungen zum Verbot von Landminen (Ottawa Konvention von 1997). Der als dringlich eingestuften Pariser Vereinbarung (2015), dem die USA unter Obama beitraten, lehnt Trump ab und will sie neu verhandeln.

Der Nahostkonflikt 15

15.1 Historische Ursachen des Konflikts

Der Nahostkonflikt zwischen Israel und seinen Nachbarstaaten stellt eine permanente Gefährdung des Weltfriedens dar und droht die islamische Welt und die westliche Welt auf Dauer zu spalten. Da die Gründe des Konflikts weit zurück in die Vergangenheit reichen, ist der Friedensprozess langwierig und bedarf erheblicher Anstrengungen aller Beteiligten. Dazu gehören nicht nur Israel, die Palästinenser und Staaten der Region, sondern auch EU und USA.

Die Diaspora

Nach der Eroberung und Zerstörung des selbstständigen jüdischen Staates durch die Römer (70. n. Chr.) begann für die Juden die Diaspora (Zerstreuung). Zum Symbol hierfür wurde die Festung Masada. Die jüdische Besatzung widerstand den Römern, bis die Festung als letzter Rückzugsort 74 n. Chr. von den Römern nach dem kollektiven Selbstmord der Verteidiger eingenommen wurde. Die Juden siedelten im gesamten Mittelmeerraum, in Vorderasien und Afrika. Eine Minderheit blieb im eigenen Land. Im 7. Jh. eroberten die Araber die römische Provinz Judäa. Die Juden gaben in der Diaspora nie den Wunsch nach Rückkehr in das eigene Land und der Wiedererrichtung eines eigenen Staates auf.

Islam und Zeitalter der Kreuzzüge

Mit dem Sieg des Propheten Mohammed (570–632 n. Chr.) über seine Gegner begann der Siegeszug des Islams von der arabischen Halbinsel über Nordafrika bis nach Spanien und in Asien bis nach Indien. Zwischen Islam und Christentum kam es an einigen geografischen Punkten (Spanien; Byzantinisches Reich gegen Seldschuken in Kleinasien; Normannen gegen Muslime in Sizilien) zu Konflikten. 638 eroberten Muslime Palästina einschließlich Jerusalem und errichteten dort eine 450 Jahre dauernde Herrschaft. Jerusalem wurde von drei Religionen als religiöses Zentrum angesehen. Jüdische Gemeinden gab es sowohl in den christlichen wie auch in den islamisch regierten Städten und Ländern. Mit dem Sieg der Seldschuken über das Byzantinische Reich und der Einnahme von Palästina und Syrien (1076–78) wurde es für die Christen immer schwieriger, nach Jerusalem zu pilgern. Dies nahm Papst Urban II. (1088–99) zum Anlass, 1095 zu einem Kreuzzug ins Heilige Land aufzurufen. Dem Ruf folgten vor allem französische und lothringische Ritter. Die Kreuzzugsbewegung dauerte als wichtiger Bestandteil einer europäisch-christlichen Politik etwa 200 Jahre an (1095–1291).

Gründe und Verlauf der Kreuzzugsbewegung

- Demografie: Seit dem 10. Jh. wuchs die europäische Bevölkerung deutlich an, die herkömmlichen Siedlungsräume wurden knapp.
- Sozialstruktur und wirtschaftliche Situation: Viele Adelige konnten nicht auf herrschaftliche Positionen hoffen und suchten nach neuen sozialen Aufstiegsmöglichkeiten. Vor allem die nachgeborenen, in der Erbfolge zunächst nicht berücksichtigten Adeligen (Erstgeburtsrecht) erhofften sich eine materielle und soziale Perspektive.
- Religiosität: Ein religiöses Sendungsbewusstsein, im Auftrag Gottes die bekannte Welt zu verchristlichen, existierte seit Langem und verdichtete sich in der wirtschaftlichen und kulturellen Blütezeit des 11. Jh.s.

Im ersten und aus Sicht der Christen erfolgreichsten Kreuzzug (1096–99) wurden im Heiligen Land Kreuzfahrerstaaten errichtet, darunter das Königreich Jerusalem, das Fürstentum Antiochien sowie die Grafschaften Edessa und Tripolis.

Die Begegnung zwischen dem christlichen Abendland und dem Islam in Kleinasien bewirkte einen kulturellen und wirtschaftlichen Austausch, förderte diplomatische Beziehungen und erweiterte damit auch die politischen Dimensionen der beiden Welten. Andererseits blieben die religiösen Gegensätze letztendlich unüberwindlich, militärische Auseinandersetzungen überwogen, ein friedliches Neben- und Miteinander der Religionen war nicht möglich. In den folgenden Jahrhunderten unterstand die Region verschiedenen Machthabern.

Zionismus im 19. Jh.

Der Journalist und Schriftsteller *Theodor Herzl* gab der zionistischen Bewegung wichtige Impulse. Er forderte in seinem Buch „Der Judenstaat" (1896) einen modernen jüdischen Staat. 1897 organisierte er den ersten Zionistischen Weltkongress in Basel.

Einwanderung in Palästina und Staatsgründung

Mit dem zunehmenden Antisemitismus in Europa seit Ende des 19. Jh.s wanderten viele Juden in mehreren Einwanderungsbewegungen (Alija = hebr.: Aufstieg nach Zion) nach Palästina aus, z. B.:

- **1882–1904** 1. Alija, hauptsächlich aus Russland: Errichtung einer eigenständigen Landwirtschaft in Palästina
- **1904–1914** 2. Alija, hauptsächlich aus Russland: Basis für die Kibbuz- und Stadtgründungen (Tel Aviv)
- **1932–1938** 5. Alija, aus Deutschland, Polen, Tschechoslowakei, Rumänien, Ungarn

Auch die arabische Bevölkerung gewann an Selbstbewusstsein. Von 1517 bis 1917 stand Palästina unter dem Einfluss der türkischen Besatzung. Die Araber hatten sich unter der Führung des britischen Obersts Thomas E. Lawrence (Lawrence of Arabia) mit den Briten gegen die türkische Herrschaft gewandt (1916). Bereits 1915 hatte der britische Hochkommissar den Arabern ein Großarabisches Reich mit Palästina unter der Führung des

Großscherifs Hussein Ibn Alsi von Mekka versprochen. Nach dem Zusammenbruch der türkischen Herrschaft errichteten Frankreich und England im Nahen Osten eine nach Interessensphären abgegrenzte neue Fremdherrschaft. Am 2. 11. 1917 versprach die britische Regierung in der Balfour-Erklärung (nach dem Außenminister Artus James Balfour) den Vertretern der zionistischen Juden die Errichtung einer „nationalen Heimstätte" in Palästina. Die Grundlagen des heutigen Nahostkonflikts liegen so auch in dem widersprüchlichen Verhalten der beteiligten kolonialen Mächte.

Nach dem 1. Weltkrieg kam Palästina unter britisches Völkerbundmandat, Libanon und Syrien unter französisches Mandat. Zwischen 1920 und 1948 wurde Palästina von den Engländern verwaltet. Schon in den 20er- und 30er-Jahren gab es schwere Auseinandersetzungen zwischen der arabischen und jüdischen Bevölkerung. 1929 kam es in Hebron zu einem Massaker an der jüdischen Bevölkerung. Der Große Arabische Aufstand des Großmuftis von Jerusalem wurde 1939 von den Briten niedergeschlagen, den Vorschlag zur Teilung des Landes in einen arabischen und einen jüdischen Teil lehnte die arabische Bevölkerung ab. 1939 änderten die Briten ihre Politik zugunsten der Araber. Sie senkten die Zahl der jüdischen Einwanderer auf 75 000.

Als Reaktion darauf entstand eine jüdische Untergrundorganisation, die eine illegale Einwanderung organisierte. Die Haganah (hebr.: Verteidigung) hatte es sich zur Aufgabe gemacht, den Schutz der jüdischen Siedlungen vor den Arabern zu gewährleisten. Nach dem 2. Weltkrieg versuchten die Briten, die Einwanderung – 100 000 Juden war die illegale Einwanderung gelungen – zu unterbinden. Am 29. 11. 1947 (Resolution 181) stimmte die UN-Vollversammlung einer Teilung Palästinas in einen jüdischen und einen arabischen Staat zu. Die britische Regierung sollte ihr Mandat bis zum 15. 5. 1948 beenden und ihre Truppen abziehen. Bei der Durchführung des Teilungsplans kooperierte die britische Regierung nicht und verzichtete auf die Einsetzung einer provisorischen Regierung. Am 14.5.1948 endete das britische Mandat über Palästina. Am selben Tag noch proklamierte David Ben Gurion den Staat Israel. Am 15. Mai erklärten Ägypten, Transjordanien, Syrien, Libanon und Irak dem neu gegründeten Staat den Krieg. Unmittelbar nach Ablauf des Mandats kam es zu arabischen Angriffen auf Jerusalem, Jaffa und Tel Aviv sowie auf das Straßennetz des jungen neuen Staates.

15.2 Kriege zwischen Israel und angrenzenden Staaten

Die Kriege zwischen Israel und den arabischen Staaten betreffen vor allem das Existenzrecht Israels, das nicht von allen arabischen Staaten anerkannt wird, und das Recht der Palästinenser auf einen eigenen Staat.

- **1948/49** Israelischer Unabhängigkeitskrieg: Teilung Jerusalems in einen West- und einen Ostsektor; Gazastreifen unter ägyptischer Verwaltung; Waffenstillstand, kein Friedensvertrag
- **1956** Suez-Krise: Blockade der Straße von Tiran durch Ägypten; Bündnis zwischen Ägypten, Syrien und Jordanien gegen Israel; Besetzung der Sinaihalbinsel und des Gazastreifens durch Israel; Rückzug Israels nach Ultimaten der USA und der SU
- **1967** Sechs-Tage-Krieg: Präventivschlag Israels gegen Ägypten und Syrien; Besetzung der Sinaihalbinsel, des Gazastreifens und des Westjordanlandes
- **1973** Jom-Kippur-Krieg: Ägypten und Syrien greifen Israel einen Tag nach dem israelischen Unabhängigkeitstag an. Israel kann die Angreifer zurückdrängen.
- **1982** Libanonfeldzug: Zerschlagung der PLO im Libanon

Aufstände (Intifada) der Palästinenser und militanter Widerstand

1987–1993 1. Intifada (Erhebung, Abschüttelung)
2000–2005 Scheitern von Verhandlungen zwischen Israel und PLO; 2. Intifada

Organisationen der Palästinenser

Die wichtigsten Palästinenserorganisationen sind:
- PLO = Palästinensische Befreiungsorganisation (gegründet 1964); 1969–2004 durch Jassir Arafat geführt, Nachfolger ist Mahmud Abbas (*1935)
- Fatahbewegung = Bewegung zur nationalen Befreiung Palästinas; Fraktion innerhalb der PLO
- Hamas (= Eifer) verübt seit 1987 Selbstmordattentate; islamistisch-fundamentalistisch ausgerichtet; gesteht Israel kein Existenzrecht zu.
- Islamischer Dschihad verübt seit den 1980er-Jahren Selbstmordattentate; gesteht Israel kein Existenzrecht zu.

15.3 Ringen um den Frieden – Erfolge und Rückschläge

Die Gefährdung des Weltfriedens durch den permanenten Konfliktherd im Nahen Osten führte zu Friedensverhandlungen, die seit drei Jahrzehnten andauern und immer wieder gefährdet sind.

1978 Frieden von Camp David zwischen Ägypten und Israel
1979 Friedensvertrag zwischen Ägypten und Israel
1982 Rückzug Israels aus dem Sinai
1993 Gewaltverzicht der PLO; Akzeptanz eines palästinensischen Staates durch Israel
1994 Friedensvertrag zwischen Israel und Jordanien
2000 Verhandlungen zwischen Israel und PLO; Rückgabe des südlichen Libanons

2002 Roadmap (Friedensplan); Errichtung eines palästinensischen Staates für das Jahr 2005 geplant; Bau von Sperranlagen zwischen Israelis und Palästinensern

2005 Räumung der jüdischen Siedlungen im Gazastreifen auf Betreiben des israelischen Ministerpräsidenten Ariel Sharon

2006 Etablierung einer internationalen Friedenstruppe im Südlibanon; kurzfristige Besetzung des Libanons durch Israel; militärische Aktionen im Gazastreifen

2007 Übernahme des Gazastreifens durch die Hamas; Blockade des Gazastreifens durch Israel

2008 Schließung der Grenzübergänge in den Gazastreifen

2008–09 Erneute Offensiven Israels im Gazastreifen

2012 Der von 133 Staaten anerkannte (jedoch nur wenigen westlichen Staaten), 1988 ausgerufene Staat Palästina erlangt Beobachterstatus der Vereinten Nationen als Vorstufe einer Vollmitgliedschaft.

Rolle und Interessen der am Konflikt beteiligten Staaten

Am Konflikt beteiligt sind außer Israel und den Palästinensern, auch angrenzende Staaten, die USA, Russland und die EU.

Arabische Welt

- Ägypten: Schloss 1979 einen Friedensvertrag mit Israel und verfolgt eine Politik als Mittler und Verhandler.
- Jordanien: Vereinbarte 1994 mit Israel einen Friedensvertrag und sieht ein zentrales Ziel im Erhalt des eigenen Staates.
- Syrien: Betreibt eine antiisraelische Politik, weil es seine Existenz bedroht sieht.
- Iran: Seit 2013 überrascht Iran durch eine wesentlich moderatere Außenpolitik, die als Neuansatz gewertet wird.

Groß- und Supermächte

- EU: Verfolgt als Ziel den Interessenausgleich zwischen Israel und Palästina.
- SU: Erkannte die Existenz Israels an, unterstützte Palästina, ab den 70er-Jahren die PLO und die arabischen Staaten, verlor im Lauf der Zeit an Bedeutung.
- Russland: Ist als Nachfolger der SU an einer möglichst konfliktfreien Zone interessiert.
- USA: Unterstützen als einzig verbleibende Supermacht grundsätzlich Israel und verfolgen Friedensziele. Versuchen die Kontrolle über den Persischen Golf und den Zugang zum Indischen Ozean über den Suezkanal zu sichern.

Der Konflikt zwischen Israel und Palästinensern im 21. Jh.

Trotz der Roadmap existieren ungeklärte Streitpunkte, vor allem:

- Der Status von Jerusalem, das seit 1967 durch Israel annektiert ist, aber auch von den Palästinensern als Hauptstadt angesehen wird
- Die Siedlungspolitik Israels in den besetzten Gebieten
- Das Rückkehrrecht für palästinensische Flüchtlinge
- Die Bildung und Gestaltung eines palästinensischen Staates

Die Beschießung israelischen Gebiets durch palästinensische Raketen, Anschläge auf israelische Staatsbürger und Siedler, die fehlende Anerkennung Israels durch die Hamas, die permanenten Auseinandersetzungen an den Grenzen Israels mit den palästinensischen Gruppierungen, die Siedlungspolitik Israels in der Westbank, die Abriegelung des Gazastreifens, die Frage nach der Stellung Jerusalems als Hauptstadt Israels oder, im Ostteil, als Hauptstadt Palästinas erschweren eine dauerhafte Lösung. Trotz der Vermittlungsbemühungen durch die USA unter den Präsidenten Obama und Trump ist die angestrebte Zweistaatenlösung noch nicht realisierbar.

Deutschland nach 1945

16.1 Von der Viermächteverwaltung zur Blockintegration

Das Potsdamer Abkommen und seine Folgen

In der Nacht vom 8. auf den 9. Mai unterzeichneten Vertreter der deutschen Wehrmacht im Auftrag von Reichspräsident ***Dönitz*** die ***bedingungslose Kapitulation*** Deutschlands. Die Hoheitsgewalt lag nach der Berliner Erklärung vom 5.6.1945 bei den Alliierten. Deutschland war zwar in Besatzungszonen aufgeteilt, sollte aber von den Besatzungsmächten durch den ***Alliierten Kontrollrat*** als Gesamtheit verwaltet werden.

An der ***Konferenz von Potsdam*** (17.7.–2.8.1945) nahmen der amerikanische Präsident ***Truman*** (für den verstorbenen Roosevelt), ***Stalin*** und ***Churchill,*** nach dessen Abwahl als Premierminister, sein Nachfolger ***Attlee*** teil. Im Potsdamer Abkommen einigten sich die „großen Drei“ auf die Prinzipien der

- Demilitarisierung,
- Entnazifizierung,
- Dezentralisierung,
- Demontagen,
- Demokratie.

Deutschland wurde als politische und wirtschaftliche Einheit betrachtet und zentral verwaltet. Die unter polnischer Verwaltung stehenden deutschen Gebiete östlich der Oder und Neiße sollten allerdings unter Vorbehalt in einem späteren Friedensvertrag endgültig polnisch werden, wie auch das russisch verwaltete nördliche Ostpreußen sowjetisch werden sollte. Die Umsiedlung der in diesen Gebieten wohnenden Deutschen wur-

de beschlossen. Kriegsverbrecher sollten zur Verantwortung gezogen, die Grundlagen des Nationalsozialismus vollständig beseitigt und eine demokratische Ordnung eingeführt werden. Auch die Zahlung von Reparationen wurde festgelegt. Insgesamt jedoch waren die Abmachungen vage gehalten, die Begriffe Demokratisierung und Entnazifizierung waren nicht definiert.
Berlin kam als Hauptstadt eine Sonderrolle zu; es wurde von den Großmächten gemeinsam besetzt und in Sektoren eingeteilt. Aus der amerikanischen und englischen Besatzungszone wurde gemäß dem Beschluss von Jalta eine französische Besatzungszone in Berlin und im ehemaligen Reichsgebiet ausgegliedert.

Flucht und Vertreibung 1944–48

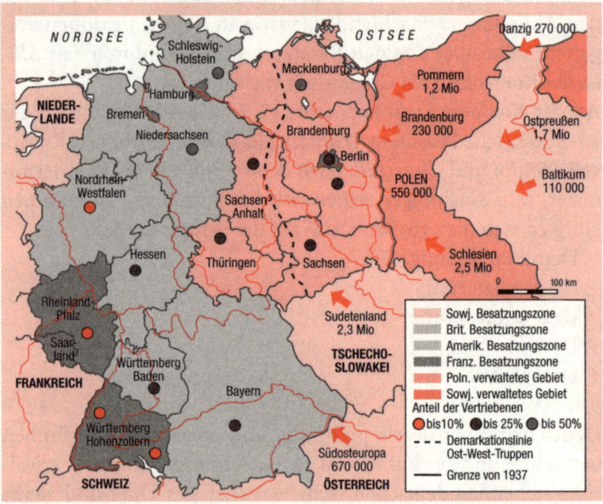

Flüchtlinge und Vertriebene aus den Ostgebieten und Osteuropa

Seit dem Sommer 1944 setzte mit dem Vordringen der sowjetischen Truppen im Baltikum und im Memelgebiet eine erste

Fluchtbewegung ein, im Herbst in Ostpreußen. Millionen Deutsche versuchten im Winter mit Flüchtlingstrecks oder Schiffsevakuierungen ins Innere des Deutschen Reiches zu fliehen. Über 2 Mio. Menschen verloren insgesamt (bis 1947) ihr Leben auf der Flucht. In Potsdam wurden nachdrücklich humane und geregelte Umsiedlungen gefordert. Zur Gewährleistung dieser Bedingungen verlangten die Westmächte einen Aufschub der Deportationen. Trotzdem gab es im Dezember 1945 unter katastrophalen Bedingungen eine zweite Fluchtwelle. Umsiedlungen Deutscher gab es auch aus Ungarn, Jugoslawien, Rumänien und anderen Staaten (Gesamtzahl der Umgesiedelten ca. 17 Mio., davon ungefähr 2 Mio. umgekommen; 11 Mio. in die Zonen vertrieben, 3,5 Mio. in die SBZ, 0,5 Mio nach Österreich ausgewiesen). Eine dritte Fluchtwelle setzte 1946 aus der SBZ ein. Die Hauptprobleme bei der Ankunft der unerwünschten Flüchtlinge bestanden

- im Konflikt mit der alteingesessenen Bevölkerung,
- in Lebensmittelrationierung,
- in Wohnungs- und Arbeitsplatzknappheit,
- in Krankheiten und Seuchen,
- in hoffnungsloser Überforderung der Militärregierungen
- und dem Verlust der Heimat.

Eine der größten Leistungen der Bundesrepublik bestand in der erfolgreichen Integration der Flüchtlinge.

Nürnberger Prozesse und Entnazifizierung

In der *Londoner Erklärung* (1942) wurden ein Gerichtsverfahren und die Bestrafung der Hauptverantwortlichen für die begangenen Verbrechen als zwei der wichtigsten Kriegsziele der Alliierten bezeichnet. Der Prozess wurde bereits während des Krieges vorbereitet (Verfahren vor einem internationalen Gerichtshof). Am 8.8.1945 erging ein Statut für den internationalen Militärgerichtshof, der vier Hauptanklagepunkte prüfen sollte:

1. Gemeinsamer Plan oder Verschwörung (zur Begehung der im Folgenden genannten Verbrechen)
2. Verbrechen gegen den Frieden
3. Kriegsverbrechen
4. Verbrechen gegen die Menschlichkeit

1945

18.10. Eröffnung des Verfahrens gegen die Hauptkriegsverbrecher Göring, Hess, von Ribbentrop, Ley, Keitel, Kaltenbrunner, Rosenberg, Frank, Frick, Streicher, Funk, Schacht, Krupp, Dönitz, Raeder, von Schirach, Sauckl, Jodl, Bormann, von Papen, Seyß-Inquart, Speer, von Neurath, Fritsche als Einzelpersonen sowie alle politischen Leiter der NSDAP, SS, SD, Gestapo, SA, Generalstab und Oberkommando der Wehrmacht.
Neben Personen wurden auch Organisationen wie die SS unter Anklage gestellt.

1946

1.10. Verkündung der Urteile: 12 Todesurteile, 7 bis zu lebenslange Freiheitsstrafen, 3 Freisprüche, Leiter der NSDAP, Gestapo, SS, SD wurden verurteilt, die Mitgliedschaft in diesen Organisationen allein war jedoch noch kein Verbrechen.

16.10. Vollstreckung der Todesurteile, Göring wählte den Freitod.

Trotz einiger juristischer Probleme konnte niemand ernsthaft bestreiten, dass Recht gesprochen wurde. Das Streben der Alliierten nach gerechter Behandlung der deutschen Kriegsverbrecher war stets zu erkennen. Die Hoffnung, dass die Grundsätze des Nürnberger Militärtribunals zur Grundlage einer neuen, besseren Weltordnung werden könnten, haben sich, trotz des Internationalen Gerichtshofs in Den Haag, bis heute nicht erfüllt. Auf der Grundlage eines im Dezember 1945 erlassenen Gesetzes zur Bestrafung deutscher Kriegsverbrechen fanden zahlreiche weitere Prozesse in den einzelnen Besatzungszonen vor Gerichten der Siegermächte statt. Prozesse wurden auch in ehemals von Deutschland besetzten Ländern geführt. Vor deutschen Gerichten kamen in den 50er- bis 70er-Jahren vor allem Verbrechen in Konzentrations- und Vernichtungslagern in Aufsehen erregenden Prozessen zur Anklage (▶ S. 191).

Entnazifizierung ist die Sammelbezeichnung für alle Maßnahmen der Besatzungsmächte in Deutschland nach 1945, die darauf abzielten, die NS-Herrschaft und ihre Grundlagen zu beseitigen und Vorsorge gegen ihre Wiederbelebung zu treffen.

Dabei übernahmen die Amerikaner eine Vorreiterrolle. Mit einem enormen bürokratischen Aufwand kam es zu einer radikalen Säuberung des politischen Lebens und zu Massenentlassungen (10 000 Lehrer allein in Bayern) aus dem öffentlichen Dienst. Ehemalige Parteigenossen wurden aus ihren Ämtern entfernt, 180 000 NS-Aktivisten in Internierungslager eingewiesen. Im März 1946 wurde der Vollzug der Entnazifizierung in deutsche Hände gelegt. Jeder Deutsche über 18 Jahre musste einen Fragebogen über seine berufliche und politische Vergangenheit ausfüllen. Dann wurde er einer von fünf möglichen Kategorien der nationalsozialistischen Belastung zugeteilt: Hauptschuldige, Belastete (Aktivisten, Nutznießer), Minderbelastete (Bewährungsgruppe), Mitläufer, Entlastete. Nur 1 % von den 13 Mio., welche den Fragebogen ausgefüllt hatten, wurden letztlich bestraft.

Diese Entnazifizierungspraxis wurde kritisch als „Mitläuferfabrik“ bezeichnet, weil doch häufig allzu schnell ein „Persilschein“ ausgestellt wurde. Während kleine Parteigenossen oft hart bestraft wurden, empfand man das Vorgehen gegen Parteigrößen manchmal als zu milde. Es kam zu Denunziationen und zum Missbrauch der Prozedur.

In der sowjetischen Zone wurden die nachgeordneten Parteigenossen häufig geschont. Radikal gesäubert wurden hingegen Polizei und Justiz, die die Kommunisten unter ihre Kontrolle bringen wollten. 150 000 Personen (von denen 70 000 unter den schweren Haftbedingungen ums Leben kamen) wurden in die UdSSR oder in Internierungslager deportiert. Die SMAD (Sowjetische Militäradministration) nutzte die Entnazifizierung auch, um Gegner des Kommunismus – nicht notwendigerweise ehemalige Nationalsozialisten – „auszuschalten".

16.2 Von der alliierten Kontrolle zur deutschen Selbstverwaltung

Die Alliierten versuchten, in Deutschland die Verwaltung wieder aufzubauen. Dazu setzten sie Bürgermeister und Landräte ein, die jedoch der Kontrolle durch die Besatzungsoffiziere unterlagen. Die Wirtschafts- und öffentlichen Positionen wurden an Personen vergeben, die sich durch eine demokratische Gesinnung auszeichneten. Das Pressewesen unterlag ebenfalls der Lizensierung.

Die Alliierten verfolgten in ihren jeweiligen Zonen unterschiedliche Ziele: Die Amerikaner gingen von einer Bestrafungs- und Umerziehungspolitik aus, schwenkten aber auch immer wieder rasch auf eine pragmatische Politik ein. Die Briten waren durch den Krieg hoch verschuldet und wollten rasch die durch die Besatzung verursachten Kosten senken: Dazu sollte die deutsche Wirtschaft wieder zu einer gewissen Stabilisierung geführt werden. Tiefes Misstrauen hegte die britische Regierung gegen die Sowjetunion, wobei man in einem künftigen deutschen Staat einen potenziellen Verbündeten sah.

Frankreich war an einer dauerhaften politischen und wirtschaftlichen Schwächung und der Kontrolle Deutschlands gelegen, sodass es eine gemeinsame Politik der westlichen Zonen häufig behinderte und in der Sowjetunion einen Bündnispartner fand.

Die Sowjetunion zielte auf eine Hegemoniepolitik ab. Ihr war an einer Kontrolle des gesamten Deutschland oder, wenn das nicht zu erreichen war, zumindest der Ostzone gelegen.

Westliche Besatzungszonen

In den westlichen Besatzungszonen wurden relativ rasch streng kontrollierte Verwaltungen auf Länderebene berufen. Zur Demokratisierung bedurfte es der Wiedergründung von Parteien, die in den Westzonen zunächst nur auf regionaler Ebene zugelassen wurden.

- Sozialdemokratische Partei Deutschlands ***(SPD):*** Wichtige Führungsperson der Nachkriegszeit blieb bis zu seinem Tod im Jahr 1952 ***Kurt Schumacher.***
- Christlich-Demokratische-Union ***(CDU)*** als Neugründung für konservativ-bürgerliche Schichten. Im März 1946 wurde in der britischen Zone der frühere Zentrumspolitiker ***Konrad Adenauer*** zum Vorsitzenden gewählt.
- Christlich-Soziale-Union ***(CSU)*** als Neugründung und auf Bayern beschränkte Partei aus klerikalen, liberalen und konservativen Strömungen
- Freie Liberale Partei ***(FDP),*** gegründet Ende 1948, als Zusammenschluss verschiedener liberaler Gruppierungen. Erster Vorsitzender wurde ***Theodor Heuss.***

Schon am 17.10.1945 bildete General ***Clay*** aus ernannten Ministerpräsidenten einen ***Länderrat*** in der amerikanischen Zone zur Koordinierung von Gesetzgebung, Verkehrs- und Postverbindungen sowie der Wirtschaftsentwicklung auf überregionaler Ebene. Die ersten Wahlen für die Gemeindeparlamente folgten in der amerikanischen Zone im Januar 1946, in der britischen und französischen Zone im September 1946. Ab Juni 1946 erarbeiteten verfassunggebende Versammlungen der Länder Verfassungen, die dann durch Volksabstimmungen parallel zu den Wahlen bestätigt wurden.

Sowjetische Besatzungszone

Schon zu Beginn des Monats Mai 1945 hatte die sowjetische Regierung die „Gruppe Ulbricht“, deutsche Exilkommunisten unter der Führung des ehemaligen KPD-Reichstagsabgeordneten

Walter Ulbricht, in die SBZ eingeflogen. Die Gruppe hatte den Auftrag, in wirtschaftlichen und politischen Spitzenpositionen möglichst schnell Einfluss und Macht zu gewinnen, ohne jedoch die anderen Parteien anfangs völlig zu verdrängen.
In der sowjetischen Besatzungszone verlief der Prozess der Parteiengründung anders als in den Westzonen. Schon am 10. 6. 1945 wurden Gewerkschaften und Parteien zugelassen. Die ***KPD*** konstituierte sich am 11. 6., ***SPD, CDU, LDPD*** (Liberal-demokratische Partei) folgten.
Als Massenorganisationen entstanden der Freie Deutsche Gewerkschaftsbund ***(FDGB)*** und der ***DK*** (Deutscher Kulturbund). Bald schlossen sich die Parteien zum „Block antifaschistisch-demokratischer Parteien" (14. 7.) unter Führung der KPD zusammen. Nach Wahlniederlagen der Kommunisten in Österreich und Ungarn drängte die KPD auf die Vereinigung mit der SPD. Dies verhinderte zunächst ***Kurt Schumacher***. Durch Druck wurde die SPD aber unter ***Otto Grotewohl*** zum Nachgeben gezwungen, und am 21./22. 4. 1946 wurden in Berlin SPD und KPD zur „Sozialistischen Einheitspartei Deutschlands" ***(SED)*** zusammengefasst. In der Folgezeit „säuberte" man CDU und LDPD in der sowjetischen Zone nach Wahlerfolgen von oppositionellen Kräften. Auch die SED unterwarf man „Säuberungen" und wandelte sie nach dem Vorbild der KPdSU in eine kommunistische Partei um.

16.3 Die Entstehung der Bundesrepublik und deren Integration in das westliche Bündnis

Reparationen im besetzten Deutschland

Über Höhe und Art der Reparationsleistungen kam es zwischen den Siegerstaaten bald zum Konflikt. Die Sowjetunion hatte im Krieg die größte Last und die größten Verluste zu tragen gehabt. Die deutschen Reparationen sollten helfen, die Schäden wieder zu beseitigen und der wirtschaftlichen Not abzuhelfen. So entnahm die Sowjetunion aus der SBZ bis 1953 66 Mrd. Reichsmark an Reparationen. In den Westzonen wurden, angesichts der dort herrschenden wirtschaftlichen Not und der geänderten Außenpolitik, die Reparationspläne revidiert. Schon 1946 ließ General Clay die Reparationslieferungen an die Sowjetunion einstellen. Nur 700 statt 1800 Betriebe wurden nach einem revidierten amerikanischen Plan abgebaut. Bereits 1949 erreichte man im Westen wieder die Produktionszahlen von 1936, im östlichen Deutschland erst fünf Jahre später.

Bi-Zone und Weichenstellung für die soziale Marktwirtschaft

Nachdem auf der ***Pariser Außenministerkonferenz*** (April bis Juli 1946) die Sowjetunion alle amerikanischen Vorschläge blockiert hatte, schlugen im Juli 1946 die USA im ***Alliierten Kontrollrat*** die wirtschaftliche Vereinigung der Zonen vor. Diese kam nicht zustande, da Frankreich und die Sowjetunion gegen den Vorschlag stimmten. Daraufhin schlossen sich die britische und amerikanische zur Bi-Zone zusammen. 1947 kam dieses vereinigte Wirtschaftsgebiet unter deutsche parlamentarische Kontrolle. Der aus Mitgliedern der Länderparlamente besetzte Wirtschaftsrat (Sitz in Frankfurt am Main) führte Aufsicht. Er bekam im Februar 1948 einen Länderrat zur Seite gestellt.

Der Marshall-Plan

Da die Sowjetunion ihre Einflussgebiete seit Kriegsende vergrößert hatte, fürchteten die USA um ihre exponierte Stellung. Die bis Ende 1947 nach Europa geflossenen Gelder (11 Mrd. Dollar) waren auch den osteuropäischen Ländern zugute gekommen, ohne jedoch den Zerfall der europäischen Wirtschaft aufhalten zu können. Nach dem Scheitern der Außenministerkonferenz in Moskau (10. 3.–24. 4. 47) brachte die amerikanische Regierung den Gedanken der politischen und wirtschaftlichen Stabilisierung Europas und Deutschlands ins Spiel und vollzog damit die Abkehr von der Kooperationspolitik Roosevelts. Gleichzeitig

wurde Frankreich von seiner antideutschen Haltung abgebracht. Am 10. 1. 47 war *George C. Marshall* zum amerikanischen Außenminister ernannt worden. Unter seiner Leitung wurde ein umfangreiches europäisches Wiederaufbauprogramm ERP (European-Recovery-Program = Marshall-Plan) entwickelt, das am 5. 6. 47 veröffentlicht wurde.
Der Plan sah vor:

- Verteilung von Hilfsleistungen auf Vorschlag der OEEC (Organization for European Economic Cooperation)
- Sachlieferungen, insbesondere Lebensmittel und Rohstoffe
- Vergabe von Krediten
- Sammlung von Gegenleistungen der jeweiligen Länder in Zentralbanken
- Investierbare Fonds zur Anregung von eigenen wirtschaftlichen Aktivitäten

16 europäische Länder schlossen sich zur OEEC, die die Verteilung der Hilfsmittel übernahm, zusammen. Am 15. 12. 49 trat Deutschland der OEEC bei. Bis 1957 erhielt es 1,7 Mrd. Mark für Wohnungsbau, Verkehrswesen und Landwirtschaft. Die osteuropäischen Staaten und die SBZ durften auf Druck der Sowjetunion, die um ihre Machtposition fürchtete, nicht teilnehmen.
In seiner psychologischen, sicherlich nicht in seiner wirtschaftlichen Auswirkung war das ERP Initiator des „Wirtschaftswunders". Auch trug es zur Abdrängung des Kommunismus aus den Westzonen und zur Auseinanderentwicklung der SBZ und der Westzonen bei.

Die Währungsreform

Die *Währungsreform* stellte eine der wesentlichen Voraussetzungen für die staatliche und wirtschaftliche Integration der Westzonen dar. Da die Nationalsozialisten die Aufrüstung über die Notenpresse finanziert hatten, herrschte ab 1937 eine verdeckte Inflation. Nach Kriegsende waren riesige Geldmengen im Umlauf, die Reichsmarkvermögen somit wertlos. Schwarzmarkt und

Naturalwirtschaft blühten, sodass eine Währungsreform unbedingt notwendig wurde.

Im Juli 1947 beschlossen die Westalliierten eine eigene Währung für die Westzone. Seit Oktober 1947 wurde das neue Geld in den USA gedruckt und am 1.3.1948 die Bank Deutscher Länder gegründet. Die Einführung der Deutschen Mark (DM) erfolgte am 20.6.1948. Die Währungsreform bedeutete eine Abwertung der Reichsmark (Einleger erhielten 6,5%), jeder Bürger erhielt 60 DM als „Kopfquote" (in zwei Raten zu 40 DM und zu 20), die Löhne wurden 1:1 in DM weiterbezahlt. Am selben Tag endeten weitgehend Zwangsbewirtschaftung und Preisbindung. Die entschädigungslose Enteignung der Sparer war eine große soziale Härte, die noch dadurch verschärft wurde, dass man die Besitzer von Sachwerten nicht heranzog.

Die Währungsreform hatte eine Preissteigerung bis Dezember 1948 und einen Anstieg der Arbeitslosigkeit bis Januar 1949 zur Folge. Ab 1949 verbesserte sich jedoch die Versorgungslage stetig und die Industrieproduktion stieg an.

In der SBZ wurde als Reaktion auf die Entwicklung im restlichen Deutschland am 23.6.1948 die Ostmark eingeführt (Abwertung 1:10, die Kopfrate lag bei 70 DM). Die wirtschaftliche und politische Spaltung Deutschlands war damit besiegelt.

Die Berlin-Blockade (4.8.1948–12.5.1949)

Die Berliner Blockade war die von der sowjetischen Besatzungsmacht verfügte Sperrung aller Land- und Wasserwege, die von den Westzonen durch die Ostzone nach Berlin führten.

Auslöser war der Streit um die Einführung der neuen Währungen in Berlin. Am 24.6.1948 befahl der sowjetische Militäroberbefehlshaber dem Berliner Senat die Einführung der DM Ost; stattdessen aber führten die Stadtkommandanten die DM West ein. Motiv für das Verhalten des sowjetischen Befehlshabers war die Absicht der Sowjetunion, Gesamt-Berlin in die SBZ einzubinden. Mit der Berlin-Blockade sollten die Schwäche der West-

mächte aufgezeigt und die Pläne für einen deutschen Weststaat zum Scheitern gebracht werden.
Ab dem 24. 6. 1948 wurden der Strom in Westberlin und sämtliche Zufahrtswege nach Berlin gesperrt. Vom 25. 6. an setzte die Luftversorgung Westberlins durch die Amerikaner ein (Luftwbrücke der „Rosinenbomber"). Das Viermächteabkommen (4. 5. 1949) in New York brachte den Beschluss zur Beendigung der sowjetischen Blockade und am 12. 5. deren offizielles Ende. Unterschiedliche Stadtregierungen in der Ost- und Westzone und die Ungleichheit der Währungen trugen zur schnellen Spaltung Berlins bei. Die Gründung eines Weststaates war nicht mehr zu verhindern. Im Mai 1949 wurde die BRD, im Oktober 1949 die DDR gegründet.

Entstehung des Grundgesetzes der Bundesrepublik Deutschland

Im Juni 1947 scheiterte die Ministerpräsidentenkonferenz aller Länder. Von diesem Zeitpunkt an strebten die USA die Gründung eines deutschen Weststaates an, der auch Frankreich zustimmte. Die Weststaatslösung wurde Grundlage der Deutschlandpolitik der drei westlichen Besatzungsmächte. Die nicht informierte Sowjetunion trat aus Protest gegen dieses Vorgehen aus dem ***Alliierten Kontrollrat*** aus (20. 3. 1948) und beendete damit offiziell die gemeinsame Besatzungspolitik.
Im Juni 1948 wurde auf der ***Londoner Sechsmächtekonferenz*** die westdeutsche Staatsgründung beschlossen; die drei Militärgouverneure erteilten den elf deutschen Ministerpräsidenten mit den ***Frankfurter Dokumenten*** (1. 7. 1948) den Auftrag zur Bildung einer verfassunggebenden Versammlung, die eine freiheitlich-demokratische Staatsordnung auf der Basis von Grundrechtsgarantie und Bundesstaatlichkeit erarbeiten sollte. Um der Spaltung Deutschlands nicht Endgültigkeit zu verleihen, war den Ministerpräsidenten sehr daran gelegen, den provisorischen Charakter und die Vorläufigkeit dieses Vorgehens zu betonen. Die verfassunggebende Versammlung sollte demnach als ***Parla-***

mentarischer Rat einberufen werden und statt einer Verfassung ein Grundgesetz erarbeiten. Die von den Westmächten geplante Volksabstimmung zur Bestätigung der Verfassung sollte entfallen, weil die Deutschen in der SBZ nicht daran hätten teilnehmen können. Stattdessen sollte die Verfassung von den Landtagen verabschiedet werden.
In langen und zähen Verhandlungen, die auch von den Kontrollmächten beeinflusst wurden, erarbeitete der Parlamentarische Rat das Grundgesetz. Am 8. 5. 1949 wurde es im Parlamentarischen Rat angenommen. Von den Militärgouverneuren am 12. 5. genehmigt, wurde es anschließend von den Ländern (mit Ausnahme Bayerns) ratifiziert.

Grundzüge des Grundgesetzes

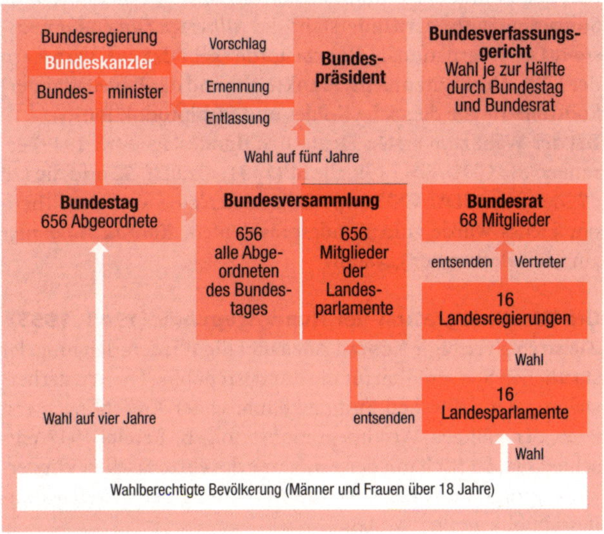

Staatsorgane der Bundesrepublik Deutschland

16

In den Art. 1–19 des GG wurden die Grundrechte festgelegt. Deren Grundlage sind die unverletzbaren und unveräußerlichen Menschenrechte, die Gesetzgebung, vollziehende Gewalt und Rechtsprechung als unmittelbar geltendes Recht binden.
Die Bundesrepublik ist ein demokratischer und sozialer Bundesstaat nach dem Prinzip der repräsentativen Demokratie. Sie wird durch horizontale und vertikale ***Gewaltenteilung*** kontrolliert. Höchstes judikatives Organ ist das Bundesverfassungsgericht.
Die Bundesversammlung wählt den Bundespräsidenten, dessen Stellung im Wesentlichen auf eine repräsentative Funktion beschränkt ist. An der Spitze der Regierung steht der durch die Parlamentsmehrheit gewählte Bundeskanzler, der nur durch ein ***konstruktives Misstrauensvotum*** zu stürzen ist.
Die Bundesrepublik besaß in Fragen des Außenhandels, der Reparationen und der Entmilitarisierung zunächst nicht die volle Souveränität, sondern unterstand der ***Alliierten Hohen Kommission.*** Die Internationale Ruhrbehörde (gebildet aus Vertretern der USA, Großbritanniens, Frankreichs und der Beneluxländer) kontrollierte die deutsche Kohle- und Stahlproduktion.
Bei der Wahl zum ersten Deutschen Bundestag (14. 8. 1949) errangen die CDU/CSU 139, die SPD 131, die FDP 52 und die DP 17 Mandate. CDU/CSU und FDP bildeten eine Koalition. Theodor Heuss wurde zum Bundespräsidenten, ***Konrad Adenauer*** zum Bundeskanzler gewählt.

Die Westintegration der Bundesrepublik (1949–1955)

Zielstrebig verfolgte Konrad Adenauer die Wiedererlangung der staatlichen Souveränität für die Bundesrepublik. Die Wiederherstellung der deutschen Einheit konnte seiner Ansicht nach erst nach der völligen Westintegration erfolgen. Bereits 1947 entschied sich faktisch mit der Annahme des europäischen Wiederaufbauprogramms der USA die Anbindung der späteren Bundesrepublik an den Westen.
Durch den Beitritt (1949) zur OEEC (Organisation zur Entgegennahme und Verteilung der amerikanischen Hilfsmittel aus

dem Marshallplan) gehörte die Bundesrepublik einer wirtschaftlichen Gemeinschaft an, die auch eine Zollunion bilden sollte. Im November 1949 wurde durch das ***Petersberger Abkommen*** der Bundesrepublik der Beitritt zu internationalen Organisationen und die Errichtung von Konsulaten eingeräumt. Die Bundesrepublik sollte als assoziiertes Mitglied in den Europarat (zehn europäische Staaten zur Entwicklung einer gemeinsamen Zukunft) und in die Internationale Ruhrbehörde aufgenommen werden. 1950, nach dem Beitritt der Bundesrepublik zu den beiden Gemeinschaften, schlug der französische Außenminister ***Robert Schuman*** die Gründung der EGKS (Montanunion) vor, um einen gemeinsamen europäischen Markt für Kohle und Stahl zu schaffen. 1952 traten ihr die Bundesrepublik, Italien, Frankreich und die Beneluxstaaten bei.

Die militärische Integration der Bundesrepublik folgte der wirtschaftlichen. In den Brüsseler Verträgen von 1948 garantierten sich Großbritannien, Frankreich und die Beneluxländer Beistandspflicht bei jedem bewaffneten Angriff auf Europa. 1949 wurde die ***NATO*** (North Atlantic Treaty Organisation) von den USA, Kanada, England, Frankreich, Italien, Benelux, Dänemark, Norwegen, Portugal und Island als antisowjetisches Verteidigungsbündnis gegründet. Mit dem ***Koreakrieg*** (1950–53) allerdings wuchs das Interesse der USA an einem europäischen, auch einem deutschen Verteidigungsbeitrag als Schutz vor der Sowjetunion. Adenauers Bemühungen um einen Beitritt der Bundesrepublik in eine Europaarmee stießen auf den Widerstand der Nachbarländer. Schließlich sollte die Bundesrepublik in eine europäische Verteidigungsgemeinschaft (EVG) integriert werden. 1952 unterzeichneten Frankreich, Deutschland und Italien den Vertrag. Für die Bundesrepublik wurde eine Beschränkung der Rüstungsproduktion und des Waffenbesitzes festgelegt, im Verteidigungsfall sollte die EVG der Nato unterstellt werden. Stalin suchte in einer Note vom selben Jahr den EVG-Vertrag zu verhindern, indem er die deutsche Wiedervereinigung anbot ***(Stalinnote).***

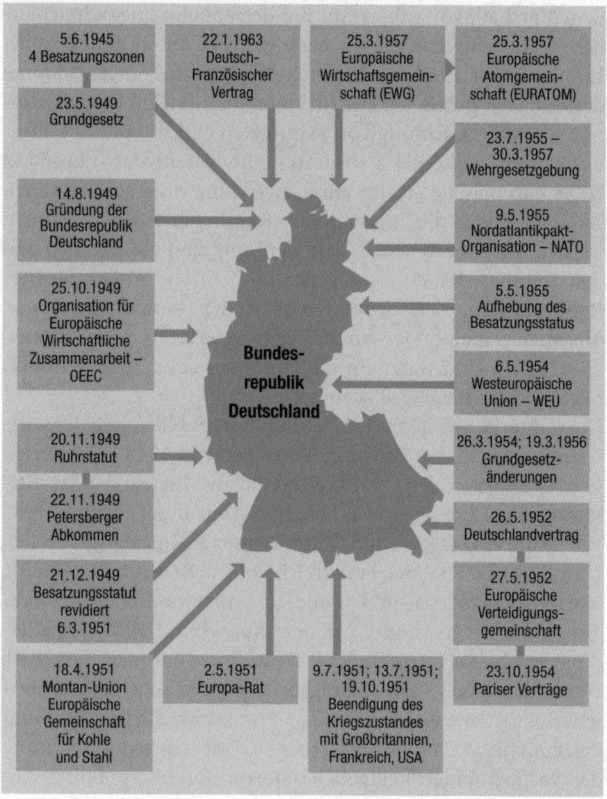

Vom alliierten Besatzungsstatut zur Souveränität der Bundesrepublik

Die deutsche Regierung schloss den ***Deutschland-Vertrag*** ab, der die innere und äußere Souveränität zum größten Teil herstellen sollte. Die EVG jedoch scheiterte am Widerstand des französischen Parlaments. Daraufhin setzten sich die USA für den Eintritt der Bundesrepublik in die NATO und in die Westeuropäische Union *(WEU)* ein, die 1949 im Brüsseler Vertrag von England, Frankreich, Italien und den Beneluxstaaten gegründet worden war. Mit den ***Pariser Verträgen*** von 1954 trat die Bundesrepublik der NATO und der WEU bei. Dies brachte die Wiedererlangung der Souveränität der Bundesrepublik mit sich, ferner die Aufhebung des ***Besatzungsstatuts,*** die Anerkennung der bundesrepublikanischen als der einzigen legitimen deutschen Regierung und die Sicherheitsgarantie für die BRD und Berlin durch die Westmächte.

16.4 Von der sowjetischen Besatzungszone zur DDR und deren Integration in das östliche Bündnissystem

Die Wirtschaft der DDR

Von Beginn an war die Sowjetunion daran interessiert, in der *SBZ* politisches Leben, z. B. durch Länder- und Parteiengründungen, zu gewährleisten, und sie zu zentralisieren, um sie so effektiv der eigenen Kontrolle unterwerfen zu können. Die *SED* besetzte die Schlüsselstellen in der Verwaltung und hatte bald die Gewalt über Gewerkschaften und Massenbewegungen. Seit Juni 1947 verfügte die SED im Vorstand des Freien Deutschen Gewerkschaftsbundes *(FDGB)* über eine breite Mehrheit.

Bis Kriegsende war die mitteldeutsche Wirtschaft mit den übrigen Wirtschaftszentren im Westen eng verbunden. Nach dem Krieg wurden diese Verbindungen gelöst. Stark hemmend für die Wirtschaft in der SBZ wirkten sich die Reparationsleistungen aus. Durch ***Demontagen*** und Entnahme aus der laufenden Produktion entstanden beispielsweise mehr Zerstörungen als durch Kriegseinwirkungen. Im Juli 1945 wurden Banken und Sparkassen ohne Entschädigung enteignet. Im September führte man eine radikale Bodenreform durch, Großgrundbesitzer wurden entschädigungslos enteignet (Großgrundbesitz von über 100 Hektar wurde an 500 000 Kleinbauern verteilt).

Es folgte die Ansiedlung von 83 000 Vertriebenen aus dem Osten und 119 000 Landarbeitern als selbstständige Bauern, aber auch die Vergabe von enteignetem Grund und Boden an Länder, Kreise und Gemeinden (volkseigener Besitz).

Die Entstehung der DDR (1945–1949)

Die SED hatte den Entwurf einer gesamtdeutschen Verfassung für eine Deutsche Demokratische Republik schon 1946 erarbeitet. Im Dezember 1947 wurde dieser Verfassungsentwurf durch den ersten Volkskongress verabschiedet. Ein Deutscher Volksrat (400 Mitglieder) wurde von einem zweiten deutschen Volkskongress gewählt. Dieser nahm den revidierten Verfassungsentwurf von 1946 an. Ein dritter Volkskongress wurde im Mai 1949 nach einer *Einheitsliste* gewählt: Die zu wählenden Kandidaten, die von den Blockparteien und Massenorganisationen aufgestellt wurden, konnten insgesamt abgelehnt oder akzeptiert werden. Die Verfassung der Demokratischen Republik wurde vom Volkskongress am 30. 5. 1949 bestätigt, die Volkskammer neu gewählt. Am 7. 10. 1949 proklamierte der im Mai gewählte Deutsche Volksrat die Deutsche Demokratische Republik.

Die DDR-Verfassung von 1949

Zentrale Institution der DDR-Verfassung war offiziell die Volkskammer. Ihre 400 Abgeordneten kontrollierten die Gesetzgebung, wählten die Ministerpräsidenten und hatten das Recht, Richter abzusetzen. Damit war ganz bewusst das System der *Gewaltenteilung* aufgehoben. Nach 1952 gab die Volkskammer ihre Kontrollrechte an den Ministerrat ab. Das föderative Prinzip, in der Verfassung durch die Länderkammer, die ein Vetorecht hatte, vertreten, wurde 1952 abgeschafft, sodass der zentralistische Staatsaufbau noch stärker betont wurde (▶ S. 267 f.). Parteienpluralismus existierte nicht, da nach einer Einheitsliste gewählt wurde, die die Zahl der zu vergebenden Mandate schon vor den Wahlen vorgab, und da die SED die übrigen Parteien und Massenorganisationen kontrollierte. Zum Regierungschef

wurde ***Otto Grotewohl*** (SED), zum Präsidenten der Deutschen Demokratischen Republik ***Wilhelm Pieck*** (SED) gewählt.
De facto lag die Macht bei den SED-Funktionären, die die wichtigsten Ministerien und Schüsselpositionen besetzt hielten. Die Wirtschaftsordnung legte die DDR auf die Planwirtschaft nach sowjetischem Vorbild fest.

Die Einbindung der DDR in das östliche Bündnis (1949–1955)

Im Jahr 1950 erfolgten gemeinsame Erklärungen der DDR und osteuropäischer Staaten:

- 6.6. Warschauer Deklaration mit Polen
- 23.6. Prager Deklaration mit der ČSSR
- 24.6. mit Ungarn

Die Staaten versicherten sich des Friedens und der Freundschaft miteinander und betonten die Zusammenarbeit sowie die Nichtexistenz strittiger Fragen. Damit kamen sie Ängsten der Nachbarn entgegen: Die Aussiedlung der Sudetendeutschen wurde als unabänderlich, gerecht und endgültig gegenüber der ČSSR bestätigt. Im ***Görlitzer Abkommen*** mit Polen (6.7.1950) erkannte die DDR die ***Oder-Neiße-Grenze*** als endgültig an und leitete damit bessere Beziehungen zu Polen ein. Die DDR gewann an politischer Bedeutung und machte sich zum Garant polnischer und tschechischer Interessen.
Die wirtschaftliche Einbindung der DDR in den Ostblock erfolgte durch die Aufnahme in den Rat für gegenseitige Wirtschaftshilfe (RGW) bzw. ***COMECON.*** Auch damit wurden Vorbehalte gegenüber der DDR abgebaut und deren wirtschaftliches Potenzial für den Ostblock gesichert. Mit dem Abschluss von langfristigen Handelsabkommen in den Jahren 1950 und 1951 wurde die UdSSR wichtigster Rohstofflieferant der DDR. Damit war die DDR bereits im Jahr 1952 in das Wirtschaftssystem des Ostblocks eingebunden.

Ab 1954/55 vertrat die UdSSR hinsichtlich Deutschland die ***Zwei-Staaten-Theorie.*** Ihr zufolge sollte der ostdeutsche Staat seine Souveränität gewinnen, gleichzeitig auch gesichert und in den Ostblock integriert werden. Am 25. 3. 1954 gab die Sowjetunion eine Erklärung über die Anerkennung der Souveränität der DDR ab. Damit war die politische Gleichberechtigung der DDR unbeschadet der sowjetischen Dominanz innerhalb der östlichen Welt hergestellt. Die Sowjetunion erklärte den Kriegszustand mit Deutschland für beendet (25. 1. 1955).

1955 war ein Schlüsseljahr für die DDR. Der Warschauer Vertrag und der Staatsvertrag mit der Sowjetunion garantierten die Unabhängigkeit, staatliche Integrität und besiegelten die sozialistische Entwicklung der DDR.

Die Entwicklung der Bundesrepublik

17.1 Die politische und wirtschaftliche Entwicklung in den 50er-Jahren

Die junge Bundesrepublik erfuhr unter der Kanzlerschaft von ***Konrad Adenauer*** und ihres Wirtschaftsministers ***Ludwig Erhard*** einen so ungewöhnlichen wirtschaftlichen Aufschwung, dass man vom deutschen Wirtschaftswunder sprach: Die Wachstumsrate stieg von 1950 bis 1960 auf das Dreifache, 1958 war Vollbeschäftigung erreicht. Löhne und Gehälter stiegen moderat, aber stetig. Die Bundesrepublik entwickelte sich zu einer modernen Industriegesellschaft mit einem ausgeprägten Dienstleistungssektor, die Landwirtschaft verlor an Bedeutung.
Ludwig Erhards Konzept der ***sozialen Marktwirtschaft*** stellte entscheidende Weichen für diese Entwicklung. Mit seinem Einsatz für den freien Wettbewerb und den Privatbesitz an Produktionsmitteln knüpfte er an den Liberalismus des 19. Jh.s an. Dem Neoliberalismus wurde jedoch als Korrektiv der Sozialstaat beigestellt.
Gründe für das Wirtschaftswachstum waren

- die positiven Auswirkungen des Marshallplans,
- die am Neoliberalismus des Freiburger Wirtschaftswissenschaftlers Walter Eucken orientierte Politik der sozialen Marktwirtschaft,
- die Integration der bundesdeutschen Wirtschaft in den Weltmarkt,
- die positiven Auswirkungen des Entschuldungsabkommens von 1953,
- der enorme Investitionsbedarf der Wirtschaft nach dem Krieg,
- das niedrige Lohnniveau,

- die Erstellung von Industrieanlagen nach dem neuesten Stand der Technik,
- der Wertekonsens innerhalb der Gesellschaft.

Die Gesellschaft der Bundesrepublik entwickelte sich zu einer Konsumgesellschaft, die durch eine relativ hohe vertikale Mobilität gekennzeichnet war und eine breite Mittelschicht aufwies. Die Konsumgewohnheiten von Arbeiterschaft und Angestellten glichen sich einander zunehmend an.
Im Konsumverhalten lösten sich verschiedene Phasen ab: Den Hungerjahren folgte die Fresswelle, dann folgte die Bekleidungs und Wohnwelle sowie die Motorisierungswelle, welche schließlich die Freizeitgesellschaft vorbereitete.

Konflikte um Westorientierung und Wiederaufrüstung

Konrad Adenauer dominierte als Kanzler und Parteivorsitzender innerhalb seiner eigenen Partei, aber auch innerhalb der Regierungskoalition und gegenüber der Opposition, sodass man von einer Kanzlerdemokratie sprach. Zu großen innenpolitischen Auseinandersetzungen führten die Diskussionen um einen deutschen Wehrbeitrag im Zusammenhang mit den Verhandlungen zu ***EVG*** und zu den ***Pariser Verträgen*** (1952–54).
Das Ansehen Adenauers und seiner Regierung stieg durch seine außen- und innenpolitischen sowie wirtschaftlichen Erfolge. Die Bevölkerung zeigte eine relativ unpolitische Haltung, die sich in ihrer Orientierung auf die Privatsphäre und den Konsumäußerte.

Das Ende der Ära Adenauer

1961 verlor die Union ihre absolute Mehrheit und musste die FDP an der Regierung beteiligen. Der FDP war an Ludwig Erhard als Kanzler gelegen, aber die CDU setzte durch, dass der 85-jährige Adenauer als Kanzler bestätigt wurde. Das Ansehen der Regierung Adenauer erlitt 1962 durch die „Spiegel"-Affäre einen großen Verlust. Das Nachrichtenmagazin „Der Spiegel" warf

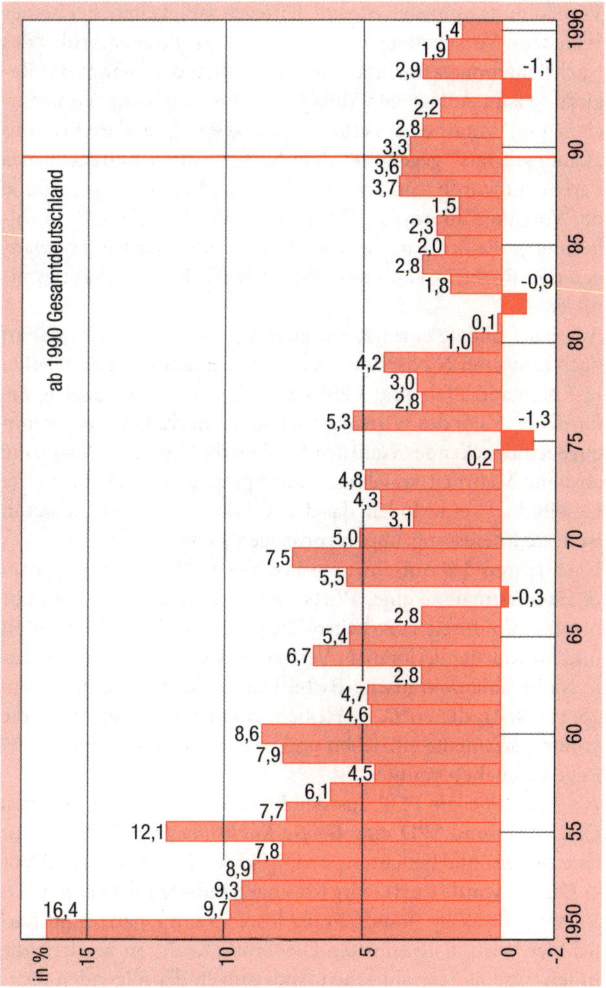

Das jährliche Wirtschaftswachstum der Bundesrepublik 1950–1996 (in %)

Verteidigungsminister ***Strauß*** Unregelmäßigkeiten bei seiner Wahl zum Vorsitzenden der CSU vor. Ein kritischer Artikel des Nachrichtenmagazins über ein NATO-Manöver nahm die Regierung zum Anlass, den Verlag staatsanwaltschaftlich untersuchen und Mitarbeiter verhaften zu lassen. Die Vorwürfe des „Landesverrats“ gegenüber dem Spiegel waren unhaltbar, das Parlament wurde zum Teil nicht korrekt über die Hintergründe der Vorgänge informiert. Die gesamte Aktion rief in der Bevölkerung große Erregung hervor: Die FDP-Abgeordneten erzwangen den Rücktritt von Franz Josef Strauß als Verteidigungsminister.

Adenauer bildete eine neue Regierung, trat aber im Jahr darauf nach schweren Niederlagen der CDU bei den Landtagswahlen in Rheinland-Pfalz und Berlin zurück. Ihm folgte ***Ludwig Erhard,*** der „Vater des Wirtschaftswunders“ nach: 1965 gelang ihm ein beeindruckender Wahlsieg, bei dem die Union nur knapp die absolute Mehrheit verfehlte. Erhard propagierte die „formierte Gesellschaft“, ein Modell, das der Auflösung der Gesellschaft in isolierte Interessengruppen vorbeugen sollte.

Nach Jahren des Aufschwungs und der Vollbeschäftigung kam es 1966 erstmals zu einer Wirtschaftsrezession. Die Konjunktur brach ein, zahlreiche Arbeitsplätze gingen verloren. Die Union und ihr Kanzler verloren an Vertrauen, sodass die rechtsradikale Nationaldemokratische Partei Deutschlands (gegründet am 28.11.1964), die ***NPD,*** in Hessen, Bremen und Bayern in die Landesparlamente einziehen und in der Folgezeit immense Erfolge verbuchen konnte.

Als sich 1966 die FDP aus der Koalition zurückzog, bildeten CDU/CSU und SPD eine ***Große Koalition.*** Die FDP war nur eine zahlen- und bedeutungsmäßig schwache Opposition. Neuer Kanzler wurde Kurt Georg Kiesinger, Außenminister der SPD-Vorsitzende Willy Brandt, Franz Josef Strauß Finanz- und Karl Schiller Wirtschaftsminister. Die Große Koalition bereitete die innen- und außenpolitischen Änderungen der folgenden 70er-Jahre entscheidend vor.

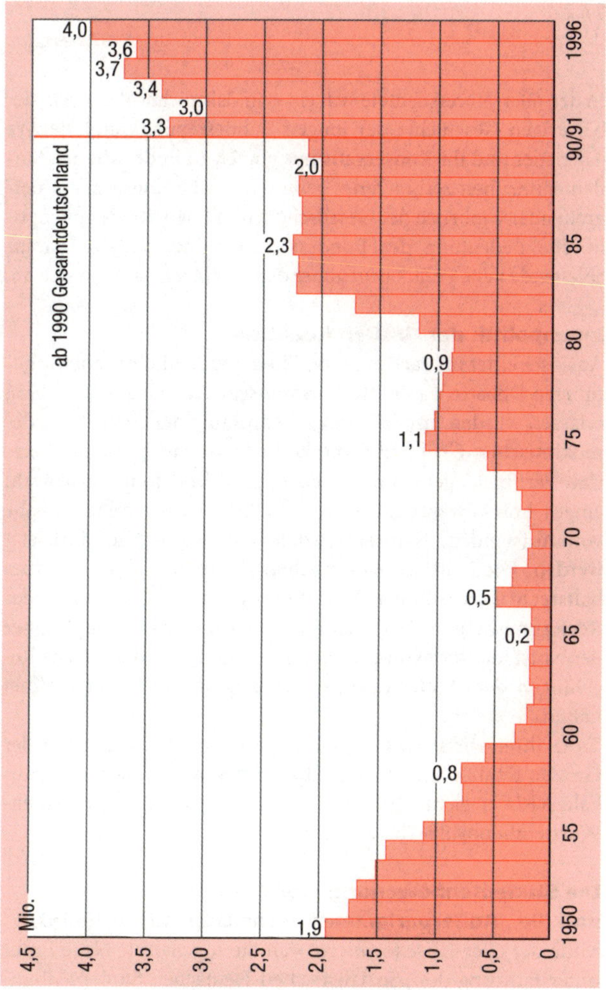

Arbeitslose in der Bundesrepublik 1950–1996 (in Mio. Personen)

17.2 Kontinuität und Wandel in der Bundesrepublik in den 60er-Jahren

In den 60er-Jahren deutete sich ein grundsätzlicher Wandel in der bisherigen Geschichte der jungen Bundesrepublik an. Die Ära Adenauer und ihr Konservatismus gingen zu Ende. Mit den Studentenunruhen zerbrach der gesellschaftliche Konsens, ein tiefgreifender Umbruch der Gesellschaft, die zunehmende außenpolitische Bedeutung der Bundesrepublik und die sich daraus ableitende neue Politik gegenüber dem Ostblock bahnten sich an.

Innenpolitik der Großen Koalition

Auslöser einer im Parlament und in der Öffentlichkeit heftig geführten Debatte waren die ***Notstandsgesetze,*** die am 30. 5. 1968 erlassen wurden. Im Falle einer Bedrohung der freiheitlich-demokratischen Grundordnung konnten Grundrechte wie Post- und Fernmeldegeheimnis, Freizügigkeit und freie Berufswahl eingeschränkt werden. Die Sicherheit des Staates sollte im Falle von Aufständen, Naturkatastrophen und Krieg gewährleistet werden. Die Notstandsgesetzgebung löste das alliierte Vorbehaltsrecht ab, das für den Ausnahmezustand die Übernahme der Regierungsbefugnisse durch die Alliierten vorsah. Die Gegner der Notstandsverfassung argumentierten damit, dass solche Regelungen dem Hitler-Regime den Weg an die Macht eröffnet hätten.

Trotz ihrer wirtschaftlichen Erfolge verlor die Regierung der Großen Koalition die Fähigkeit zur Integration. Die rechtsradikale *NPD* erreichte 1968 in den Landtagswahlen von Baden-Württemberg 9,8 % der Stimmen.

Die Studentenbewegung (1967–1969) und die „Außerparlamentarische Opposition" (APO)

Mitte der 60er-Jahre formierte sich die sogenannte Neue Linke unter Führung des „Sozialistischen Deutschen Studentenbundes" *(SDS).* Diese Neue Linke bildete seit 1966 nach Gründung

der Großen Koalition und der schwachen FDP-Opposition im Parlament eine außerparlamentarische Opposition (APO). Die APO – hauptsächlich Studenten – versuchte vor allem durch Demonstrationen auf der Straße politische Einflussnahme zu erreichen.
Die APO argumentierte neomarxistisch und bekämpfte das „Establishment", das „spätkapitalistische Herrschaftssystem", bestehende Autoritäten (Justiz, Kirche, Universität) sowie die Notstandsgesetzgebung, den Vietnamkrieg, die „imperialistischen USA", die Verfassung der Universitäten (eine Parole lautete: „Unter den Talaren der Muff von tausend Jahren"), das Konsumverhalten, aber auch die Elterngeneration und deren Werte. Sie sah sich durch parallele Entwicklungen in Amerika und Frankreich, aber auch durch die Vorgänge des Prager Frühlings unterstützt. Zu ihrer Radikalisierung führte die Erschießung des Studenten Benno Ohnesorg (1967) in Berlin während einer Demonstration gegen den Schah von Persien und das Attentat auf den SDS-Führer Rudi Dutschke an Ostern 1968.
Von der Studentenbewegung ging für die Jugend, auch der kommenden Jahrzehnte, der Impuls zu alternativen Lebensentwürfen aus, die in sich wandelnden Formen fester Bestandteil unserer Kultur wurden: Alternative Familienformen (Großfamilie, Kommunen), unangepasstes Verhalten, provokatives Aussehen und gesellschaftskritisches Denken wurden propagiert; die Jugend identifizierte sich mit der anglo-amerikanischen Popkultur, orientierte sich an der Flower-Power-Bewegung und ihren antibürgerlichen, utopisch-idealistischen Vorstellungen („Make love not war"). Politisch forderte man das Ende des Vietnamkrieges und der „imperialen" Stellung der USA in Lateinamerika.
Beeinflusst war die Bewegung von der sogenannten Frankfurter Schule, zu der Theodor W. Adorno, Max Horkheimer und Jürgen Habermas gehörten. Politische Idole waren der kubanische Revolutionär Che Guevara, ferner der Vietnamese Ho-Tschi-Minh und der Chinese Mao Zedong.

Als Folge der 68er-Bewegung sind zu sehen:

- Die Rote Armee Fraktion *(RAF)* entwickelte sich nach 1970 aus einem Teil der APO, der Gewalt gegen Sachen und Personen befürwortete. Bis in die jüngste Vergangenheit waren ihre Nachfolgeorganisationen („Bewegung 2. Juni“, „Revolutionäre Zellen“) in Deutschland durch Terroranschläge präsent.
- Die Demokratie erwies sich als wehrhaft.
- Bürgerinitiativen wurden im verstärkten Maße gegründet.
- Die ***Grünen*** gingen aus antibürgerlichen alternativen Gruppierungen hervor und entwickelten sich nach heftigen internen Richtungskämpfen zu einer demokratie- und regierungsfähigen Partei (als Koalitionspartner der SPD auf Bundesebene seit der Bundestagswahl von 1998).
- Mit der nationalsozialistischen Vergangenheit begann eine vertiefte Auseinandersetzung.

17.3 Innenpolitik zwischen Reformen und Krisenbewältigung (1969–1982)

Auf dem Freiburger Parteitag (1969) setzte sich der linke Flügel der FDP unter Walter Scheel durch. Nach der Bundestagswahl 1969 bildeten SPD und FDP eine ***sozialliberale Koalition*** mit ***Willy Brandt*** als Bundeskanzler. Die 70er-Jahre waren geprägt von einer neuen, die öffentliche Meinung spaltenden Ostpolitik, von umfassenden Reformen und einer Aufbruchsstimmung, aber auch gekennzeichnet durch gesellschaftliche und wirtschaftliche Krisen, die der Politik zunehmend die Rolle eines Krisenmanagements zuwiesen.

Sozialliberale Reformvorhaben

Die neue Regierung bewegte sich noch in den politischen Bahnen der Großen Koalition, wenn auch mit nachdrücklicherer Akzentuierung von Entspannungs- und Reformpolitik.
Innere Reformen zielten auf eine verstärkte Demokratisierung

von Staat und Gesellschaft ab. Volljährigkeit und Wahlalter wurden von 21 auf 18 Jahre herabgesetzt. Ein Mitbestimmungsgesetz sollte die politische Beteiligung in Wirtschaft und Staat stärken. Die „Bildungsoffensive" verringerte den Mangel an gut ausgebildeten und akademischen Arbeitskräften und verbesserte maßgeblich die Chancengleichheit. Universitäten wurden ausgebaut, Schulen neu errichtet, die Ausbildungspläne erneuert und eine Ausbildungsförderung (BAföG) gesetzlich beschlossen. Soziale Ungleichheit sollte durch das Schwerbehindertengesetz und die Verbesserung des Wohngeldes abgebaut werden. Eine Verwaltungs- und Gebietsreform vereinfachte und zentralisierte die Verwaltung.

Ostverträge und konstruktives Misstrauensvotum

Die „neue Ostpolitik" von Bundeskanzler Brandt sollte eine friedliche Beziehung der Bundesrepublik mit den Ostblockstaaten Sowjetunion, Polen, CSSR und DDR gewährleisten und zu einer Normalisierung der Verhältnisse mit diesen Staaten führen. Vor allem die Verträge mit der UdSSR und Polen im Jahr 1970 (▶ S. 281) sorgten für eine Polarisierung der Meinungen. Die Koalition verlor durch Austritte von Abgeordneten ihre Mehrheit im Bundestag (politisches Patt), sodass der Oppositionsführer Rainer Barzel (CDU) mit einem ***konstruktiven Misstrauensvotum*** im April 1972 die Regierung zu stürzen versuchte. Die erforderliche absolute Mehrheit für seine Wahl zum Kanzler verfehlte er um eine Stimme. Die von ***Willy Brandt*** angestrebte Neuwahl des Bundestages brachte für die SPD 45 %, für die FDP 8 % der Stimmen. Somit konnte die sozialliberale Koalition weitergeführt werden. 1972 wurde der ***Grundlagenvertrag*** mit der DDR und 1974 der ***Prager Vertrag*** mit der ČSSR abgeschlossen. Brandt erweiterte damit die Außenpolitik Adenauers: Eingebunden in das westliche Bündnissystem, ermöglichte die Kontaktaufnahme zur DDR und den östlichen Nachbarn Annäherung, ein gewisses Maß an Verständigung.

Extremistenbeschluss

Um die innere Sicherheit zu gewährleisten, die durch die von der marxistischen Ideologie beeinflusste Studentenbewegung und die APO gefährdet schien, wurde im Januar 1972 von den Ministerpräsidenten der Länder der Beschluss gefasst, alle Bewerber für den öffentlichen Dienst daraufhin zu überprüfen, ob sie bereit seien, „jederzeit für die freiheitlich demokratische Grundordnung einzutreten". 1976 rückten die von SPD und FDP regierten Länder von diesem Beschluss wieder ab.

Terrorismus als Herausforderung von Staat und Gesellschaft

Aus der *APO* und der Studentenbewegung heraus entwickelte sich seit 1970 die terroristische Bewegung der *RAF* (Rote-Armee-Fraktion) unter Führung des ehemaligen Studenten Andreas Baader, der Journalistin Ulrike Meinhof und des Anwalts Horst Mahler (Baader-Meinhof-Bande). In den Anfängen wurden in Kaufhäusern als Symbole des „westlichen Kapitalismus" Brände gelegt; bald aber bekämpfte die RAF die Bundesrepublik, der sie Faschismus und Imperialismus vorwarf, mit Entführung, Erpressung, Anschlägen und Morden an Repräsentanten aus Staat und Gesellschaft.

Ölkrise, Rezession und Kanzlerwechsel

Ölschock 1973/74

Als Folge des 3. Nahostkrieges, in dem Israel durch die westliche Welt Unterstützung fand, gelang es der arabischen Welt, durch eine strenge Drosselung der Erdölproduktion die bis dahin relativ niedrigen Ölpreise zu verdreifachen. Dies führte in der Bundesrepublik zu einem Rückgang des Wirtschaftswachstums und zu einem Anwachsen der Arbeitslosenzahl auf eine Million. Eine hohe „Sockelarbeitslosigkeit" konnte auch in den folgenden Jahren und bis heute nie mehr nachhaltig abgebaut werden. Die wirtschaftlichen Folgen waren äußerst schmerzhaft, bewirkten aber auch einen technologischen Innovationsschub, der die Produktionsmethoden revolutionierte und zu neuen Investitionsanreizen, aber auch zu einschneidenden Rationalisierungsmaßnahmen führte, die wiederum einen Abbau der hohen Arbeitslosigkeit nicht zuließen.

Die Ablösung Brandts durch Helmut Schmidt

Die Wirtschaftskrise ließ die Begeisterung, die *Willy Brandt* wegen seiner Ostpolitik durch viele Bürger entgegengebracht worden war, abkühlen. Als sich herausstellte, dass sein persönlicher Referent Guillaume ein hochrangiger DDR-Spion war, trat Brandt nicht zuletzt auch aufgrund des Drucks seiner eigenen Partei als Kanzler zurück. Am 16. 5. 1974 wurde *Helmut Schmidt* (SPD) sein Nachfolger. Die Regierung Schmidt sah sich mit einer Reihe von Problemen konfrontiert: Dazu gehörten

- der Terrorismus der RAF,
- die Ölkrisen von 1973/74 und 1979 und die daraus folgende Rezession,
- die elektronische Revolution mit einhergehenden strukturellen Veränderungen für Arbeitsplätze und Gesellschaft (Höherqualifikation der Arbeitnehmer; Wegfall von Billigarbeitsplätzen, Entstehung neuer Berufe).

Schmidt führte die Regierung in Form eines Krisenmanagements, sodass ihm bald der Beiname „Macher“ durchaus anerkennend anhaftete. Die zweite Hälfte der 70er-Jahre war für die Bundesrepublik zunächst erfolgreich. Zwar war das Wachstum rückläufig, aber die Bundesrepublik bewahrte wirtschaftliche Stabilität. Dazu trug der Wechsel zu einer angebotsorientierten Wirtschaftspolitik bei, wozu eine Senkung der Lohnkosten und der Inflationsrate gehörten. Die Stabilität der DM bestätigte Schmidts Kurs. Innerhalb der EG nahm Deutschland auch wegen seines wirtschaftlichen Erfolges eine Führungsrolle ein, die es mit Frankreich teilte.

Die zweite drastische Ölpreiserhöhung von 1979 drängte die Regierung Schmidt in eine Krise. In der Bundestagswahl von

1980 gewann die sozialliberale Koalition gegen den Kanzlerkandidaten der Union, ***Franz Josef Strauß,*** nur knapp. Die notwendigen Reformen in der Umgestaltung des Sozialen Netzes und in der Dämpfung der Gesundheitskosten unterblieben.

Umweltpolitik

Zum ersten Mal in der Geschichte der Bundesrepublik rückten Umweltfragen in das Bewusstsein von Politik und Gesellschaft. Man erkannte das Phänomen des Waldsterbens, ein Dioxin-Skandal im oberitalienischen Seveso (1976) und der radioaktive Unfall von Harrisburg (USA, 1979) zeigten die Gefahren für Mensch und Umwelt drastisch auf. Die Begrenztheit der Rohstoffe, ihre Vergeudung und die Probleme der Abfallentsorgung sowie die daraus resultierende Notwendigkeit, Energie zu sparen, forderten das Eingehen von Politik und Wirtschaft auf diesen Themen. Aus Enttäuschung über die zögerlichen staatlichen Reaktionen bildeten sich ***Bürgerinitiativen,*** die versuchten, auf dringliche Probleme im Bereich der Umwelt aufmerksam zu machen. 1972 wurde der Bundesverband Bürgerinitiativen Umweltschutz (BBU) gegründet. 1979 waren ca. 1,8 Mio. Bundesbürger an Initiativen dieser Art beteiligt. Gegenstand von Kritik und Angriffen waren auch einige umstrittene Großprojekte wie der Bau von Kernkraftwerken und Großflughäfen. Die Bewegungen radikalisierten sich, Polizeigroßeinsätze wurden erforderlich. Verschiedene alternative Bewegungen, die sich auf basisdemokratische, pazifistische und umweltbezogene Ideen stützten, innerlich aber sehr inhomogen waren, gründeten 1980 die Partei ***Die Grünen.*** Die Partei war gespalten in einen Flügel der Pragmatiker (Realos) und der kompromisslosen Fundamentalisten (Fundis). In den 80er-Jahren gelang es der Partei, in die Landtage einzuziehen. Durch ihre Präsenz und die Dringlichkeit ihrer Anliegen zwang sie die etablierten Parteien zum Umdenken und Handeln. Dieser Umstand war auch ein maßgeblicher Grund dafür, dass die Bundesrepublik innerhalb Europas zu einem anerkannten Vorreiter der Umweltpolitik werden konnte.

17.4 Nachrüstung, Friedensbewegung und deutsche Einheit (1982–1998)

Die christlich-liberale Regierung unter ihrem Kanzler *Kohl* prägte von 1982 bis 1998 die Geschicke der Bundesrepublik maßgeblich. Der Zerfall des Ostblocks, die Wiedergewinnung von deutscher und voller staatlicher Einheit, der Ausbau der europäischen Einheit sowie einer fortschreitenden Elektronisierung, welche die Informations- und Kommunikationstechniken revolutionierte und die Globalisierung vorantrieb, waren herausragende Ereignisse, die die Bundesregierung mitgestaltete und sie vor neue Aufgaben stellte.

Regierungswechsel

1982 entschloss sich die *FDP* nach schweren Auseinandersetzungen mit der SPD in Fragen der Steuerentlastungen und Haushaltseinsparungen zum Koalitionswechsel. Die FDP trat aus der Koalition mit der SPD aus und wählte gemeinsam mit der Union den CDU-Vorsitzenden Helmut Kohl zum Kanzler.

Der Wechsel wurde als „Wende" proklamiert: Er brachte Einschränkungen im Sozialbereich mit sich, führte aber die Ostpolitik der sozialliberalen Regierung fort. In der Wirtschaft setzte sich ein liberaler Geist durch. Trotz des Ansteigens des allgemeinen Wohlstands zeichnete sich eine neue soziale Frage ab, die in der These von der Zweidrittel-Gesellschaft ihren Ausdruck fand. Die hohe Sockelarbeitslosigkeit von ca. 2 Mio. Arbeitslosen konnte nicht abgebaut werden.

Nachrüstungsdebatte und Friedensbewegung

Die Regierung Kohl setzte den *NATO-Doppelbeschluss* von 1979 um, der die Stationierung von Pershing II-Raketen und Marschflugkörpern vorsah, falls die Sowjetunion nicht bereit sein sollte, die SS-20-Raketen aus Mitteleuropa abzuziehen. Aus Teilen der SPD, der Grünen und alternativen Gruppierungen bildete sich eine Friedensbewegung gegen die Raketenstationierung.

Die deutsche Einheit und der Weg von der „Bonner" zur „Berliner Republik"

Seit 1986 zeichnete sich ein Zerfall des Ostblocks ab, der, als er tatsächlich eintrat, in seinen Konsequenzen kaum begriffen werden konnte. Im August 1989 wurde die ungarisch-österreichische Grenze geöffnet, am 9.11. die Mauer in Berlin. Das Jahr 1990 stand ganz im Zeichen der Vereinigung beider deutscher Staaten, die Helmut Kohl gegen Widerstände im In- und Ausland vorantrieb und die sich nach der Zustimmung der Sowjetunion am 3. Oktober vollendete. Als ein Zeichen der deutschen Einheit wurde Berlin wieder Regierungssitz.
Mit der Wiedergewinnung der deutschen Einheit ergaben sich für die Bundesrepublik wirtschaftliche, soziale und gesellschaftliche Chancen, aber auch Probleme.

Die Politik nach der Einheit

Die Jahre 1991 bis 1998 wurden für die Bundesrepublik von den wirtschaftlichen, sozialen und gesellschaftlichen Folgen der Wiedervereinigung geprägt. Ein enormer finanzieller Einsatz seitens der Bundesrepublik erwies sich als unerlässlich. Im Zuge der Globalisierung wurden das Sozial- und Wirtschaftssystem der Bundesrepublik schweren Belastungen unterworfen und bedurften der Neuordnung. Die Bundesregierung war aufgrund einer starken SPD-geführten Opposition nur teilweise imstande, Reformgesetze zu erlassen. In der Bundesrepublik machte sich im Zuge der wiedergewonnenen Einheit ein neuer ***Rechtsradikalismus*** breit, der durch die enttäuschten wirtschaftlichen Hoffnungen verstärkt wurde. Für die Bundesrepublik stellte sich im Zuge ihrer wiedererlangten Souveränität auch die Frage, politische und militärische Verantwortung in Europa und der Welt zu übernehmen.

- **1991, 15.3.** Durch den ***Zwei-plus-Vier-Vertrag*** wurde die deutsche Einheit völkerrechtlich wirksam.
- **1992** Rechtsextreme Angriffe auf Asylbewerberheime
- **1994** Abzug der letzten russischen Militäreinheit

17.5 Die rot-grüne Koalition unter der Regierung Schröder (1998–2005)

Nach 16 Jahren Regierungsverantwortung wurde die christlich-liberale Koalition 1998 durch eine rot-grüne Koalition unter Kanzler ***Gerhard Schröder*** (Wiederwahl 2003) abgelöst. 2003 (14. März) stellte Schröder die Agenda 2010 vor, deren zentrales Anliegen der Umbau des Arbeitsmarktes und des Sozialstaats wurde. Im Herbst 2005 zog Schröder die für 2006 vorgesehenen Bundestagswahlen mithilfe von Vertrauensfrage und Neuwahlen vor. Die SPD unterlag knapp der CDU/CSU.

Die Bilanz der Regierung Schröder war zwiespältig; unumstritten war die Bedeutung der Agenda für den Aufschwung.

- Die Umstellung auf den Euro (seit 1. Januar 1999) war trotz der Eurokrise (ab 2009) erfolgreich.
- Die weltweite wirtschaftliche Stagnation seit 2001 verhinderte die Senkung der Arbeitslosenzahlen und hatte die Verletzung der EU-Stabilitätsvorgaben zur Folge.
- Verfehlung eines Haushaltsziels ohne Neuverschuldung.
- Senkung der Anspruchsberechtigung von Arbeitslosen und Sozialhilfeempfängern sowie der Bezugsdauer des Arbeitslosengeldes (Hartz IV; zentrales Anliegen der Agenda).
- Bei Friedenseinsätzen stellte die Bundeswehr Truppen im Kosovo und in Afghanistan.
- Deutsche Vermittlungen zwischen Israelis und Palästinensern steigerten das Ansehen Deutschlands.
- Belastung des Verhältnisses zu den USA durch die Nichtteilnahme Deutschlands am Irak-Krieg (März/April 2003).

17.6 Die Regierungen Merkel (seit 2005)

Nach dem Sieg der CDU/CSU bei der vorgezogenen Bundestagswahl von 2005 wurde ***Angela Merkel,*** Spitzenkandidatin der CDU/CSU, zur ersten Kanzlerin Deutschlands gewählt. Der von ihr geführten Großen Koalition aus CDU/CSU und SPD stellten sich folgende Aufgaben:

- Festhalten an der Agenda 2010
- Gesundheitsreform, Erhöhung der Mehrwertsteuer, Familien- und Bildungspolitik, Senkung der Lohnkosten
- Bewältigung der Weltwirtschaftskrise seit dem Winter 2008

Ansehen erlangte die Regierung in der Außenpolitik: Der Vertrag von Lissabon (▶ S. 297) konnte auf den Abstimmungsweg gebracht werden und mit international koordinierten Maßnahmen wurde der Weltwirtschaftskrise erfolgreich begegnet.
Die zweite Regierung Merkel (2009–2013) bestand aus einer Koalition von CDU/CSU und FDP. Ein Problem stellte die Währungskrise der Euro-Länder dar, nachdem Griechenland, Portugal, Irland und Spanien hohe Staatsschulden angehäuft hatten. Innenpolitische Aufgaben waren die Abschaffung der Wehrpflicht sowie die Gesundheits- und Rentenreform (Erhöhung des Rentenantrittsalters auf 67 Jahre) und der Austritt aus der Kernkraftgewinnung nach dem Reaktorunfall von Fukushima (11. 3. 2011). Der durch die EU verordnete Sparkurs wurde Merkel angelastet, ihrem Ansehen tat er keinen Abbruch. Ein Erfolg waren der permanente Rückgang der Arbeitslosigkeit und das steigende hohe Beschäftigungsniveau.
Bei der Bundestagswahl von 2013 verpasste die CDU/CSU knapp die absolute Mehrheit; die FDP fiel unter die 5-Prozent-Hürde. Die von Merkel geführte dritte Große Koalition aus CDU/CSU und SPD musste die aus dem Atomausstieg resultierende Energiewende bewältigen. Als Aufgaben stellten sich zunächst eine Kontrolle des Bankensystems, die Einführung des Mindestlohns sowie die Sanierung des Straßen- und Verkehrsnetzes. Die Wäh-

rungskrise, vor allem in Griechenland, wurde weiter entschärft. Ab 2015 stellte ein Flüchtlingsansturm über die sogenannte Balkanroute die Bundesrepublik vor die langfristige Herausforderung, über 1 Million Schutzsuchende aufzunehmen, die Asylberechtigung festzustellen und die Aufnahmefindenden zu integrieren. Wegen Menschenrechtsfragen verschlechterten sich die Beziehungen zur Türkei.

18 Die Entwicklung der DDR

18.1 Umstrukturierung von Staat und Gesellschaft (1949–1961)

Aufbau einer sozialistischen Diktatur

Von 1949–1953 wurde die DDR im Sinne des sozialistischen Zentralismus umgestaltet. Die wichtigen Positionen in Staat, Wirtschaft und Gesellschaft wurden durch SED-Funktionäre besetzt. Das 1950 errichtete Ministerium für Staatssicherheit (STASI) schaltete die Opposition aus. 1950/51 wurden 150 000 Mitglieder aus der Partei ausgeschlossen, viele von ihnen verhaftet.

Die Strukturen von *CDU* und *LDPD* wurden zerstört. Mit der Gründung der DDR erfolgte zugleich die Bildung der *Nationalen Front* aus *SED, Blockparteien* und Massenorganisationen. Sie hatte die Aufgabe, den Sozialismus in die Bundesrepublik zu tragen und nach innen die politische Konzeption der SED durchzusetzen.

Die SED sollte als „Partei neuen Typs" für die Verwirklichung der kommunistischen Politik sorgen. Der bereits 1949 proklamierte demokratische Zentralismus stellte die Hierarchisierung der Partei sicher, ohne diese durch innerparteiliche Wahlen und Abstimmungen zu legitimieren. Die Nationale Front erstellte zur Wahl von 1950 eine *Einheitsliste,* die nur als Ganzes befürwortet oder abgelehnt werden konnte. Da die Stimmabgabe auf Wunsch der Machthaber öffentlich erfolgte, lag die Wahlbeteiligung bei 98 %. 99,7 % der Wähler stimmten für die Nationale Front. In der Volkskammer waren die SED mit 100, CDU und LDPD mit je 60 Sitzen, NDPD und DBD mit je 30 und FDGB mit 40, die übrigen Massenorganisationen mit insgesamt 80 Sitzen vertre-

ten. Fast alle gewählten Abgeordneten waren auch SED-Mitglieder.
Die Abstimmung spiegelte jedoch die eigentliche Volksmeinung nicht wider, da die Sitze schon vor der Wahl verteilt wurden. Zwischen 1949–1961 flohen ca. 2,7 Mio. Menschen aus der DDR.

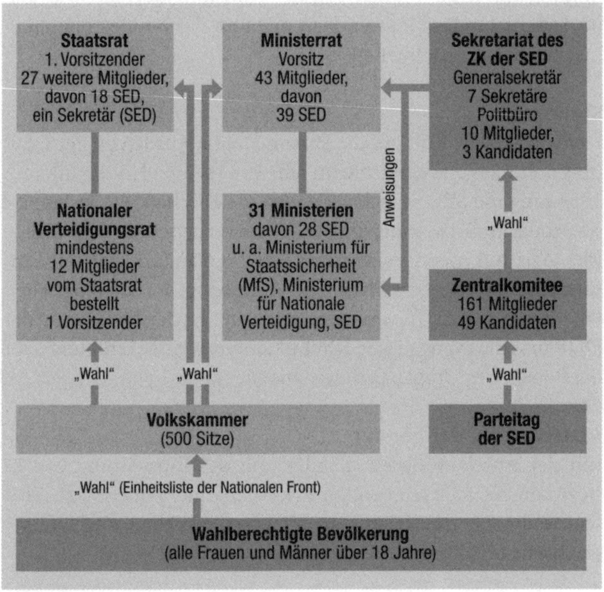

Staatsorgane der DDR

Sozialisierung der Wirtschaft

Auf dem 3. Parteitag im Juni 1950 stellte der Staatsratsvorsitzende ***Ulbricht*** den ersten ***Fünfjahresplan*** vor. Die Produktion sollte bis zum Jahr 1956 verdoppelt werden. Auf der 2. Parteikonferenz der SED im Juli 1952 wurde der planmäßige Aufbau des Sozialismus beschlossen. Nahezu alle privaten Betriebe in Handwerk, Industrie, Dienstleistung und Landwirtschaft wurden in

der Folge verstaatlicht. Die Zahl der Volkseigenen Betriebe (VEB) stieg innerhalb eines Jahres (1949/50) von 1764 auf 5 000. Als Vorbild für die Wirtschaft galt die stalinistische Planwirtschaft.
Die Konzentration der Wirtschaft galt der Stahl- und Kohleproduktion (2,1 Mio. Tonnen). In der Konsumgüterindustrie und im Lebensstandard konnte man nicht an das bundesrepublikanische Niveau anschließen.

Stalinkult

Der sowjetische Kult um die Person Stalins wurde von der DDR übernommen und erreichte im Jahr 1953 seinen Höhepunkt. Ab 1953 ging die SED verschärft gegen die Kirchen vor, indem sie sie propagandistisch angriff, Geistliche verhaftete und die eigene Ideologie mit pseudoreligiösen Zügen versah (z. B. mit der Einführung der Jugendweihe). Die Auflösung der theologischen Fakultäten an den Universitäten gelang nicht; der Ministerrat der DDR und die evangelische Kirche kamen zu einer Einigung über die Regeln des Umgangs miteinander.

Abschaffung der Länder

Mit der Abschaffung der Länder und der Einrichtung von 14 Bezirken, Bezirkstagen und Bezirksräten unter Führung der SED wurde die Zentralisierung weiter vorangetrieben und alte gewachsene Strukturen zerschlagen.

Der Volksaufstand vom 17. Juni 1953

Nach dem Tod Stalins (5. 3. 1953) änderte die DDR auf Betreiben der Sowjetunion ihre bisherige Politik und verkündete den „Neuen Kurs“. Damit sollte ein Ende der Unterdrückung und eine Rücknahme der Preissteigerungen signalisiert werden. Mit den Versprechungen war jedoch keine Rücknahme der seit Mai 1953 erhöhten Arbeitsnormen verbunden. Daraufhin streikten die unzufriedenen Arbeiter; am 17.6. weitete sich der Streik zum offenen Aufstand aus. Freie Wahlen wurden gefordert.

Um die Lage unter Kontrolle zu halten, setzte die UdSSR Panzer ein und löste die Demonstrationen gewaltsam auf. Gegen die Wortführer verhängte man hohe Strafen. In der Bundesrepublik wurde der 17. Juni 1953 bis zur Wiedervereinigung im Jahre 1990 gesetzlicher Feiertag. Das gewaltsame Vorgehen führte zu einer Stärkung der Position Ulbrichts. Weitere „Säuberungen" wurden durchgeführt. Die Regierung senkte allerdings im Herbst des Jahres die Preise, um der allgemeinen Unzufriedenheit entgegenzutreten.

Entstalinisierung der DDR – Mauerbau

Der von der Sowjetunion ausgehende Prozess der Entstalinisierung (Chruschtschow-Rede auf dem 20. Parteitag der KPdSU) wurde gezwungenermaßen auch von den Machthabern der DDR übernommen. Politische Gegner wurden aus den Zuchthäusern entlassen, aus der Partei ausgeschlossene Funktionäre zum Teil wieder rehabilitiert. Dass diese Maßnahmen der Machterhaltung und Stabilisierung und nicht einer Liberalisierung galten, wurde an neuerlichen Säuberungen ersichtlich.

Durch den zweiten *Fünfjahresplan* (1955–60) mit dem Schwerpunkt Produktionsmechanisierung und Automatisierung sollten die Löhne gesteigert und die Arbeitszeiten gesenkt werden. Zudem wurde die Verstaatlichung der Wirtschaft weiter vorangetrieben. Das Wirtschaftswachstum kam jedoch 1959 zum Erliegen; die Zahl der Flüchtlinge in den Westen stieg wieder an.

Bereits 1958 hatte der russische Generalsekretär Chruschtschow durch ein Ultimatum vergeblich versucht, Berlin zu einer „freien Stadt" zu machen. Im August 1961 beschloss Ulbricht mit der Zustimmung der UdSSR, eine Mauer zwischen dem Ost- und den Westsektoren Berlins errichten zu lassen. In der Nacht vom 12. zum 13. 8. besetzten Truppen der NVA (= Nationale Volksarmee) die Sektorengrenzen und errichteten eine Mauer.

Die westlichen Staaten protestierten, ließen aber den *Mauerbau* zu, solange der Status von Berlin gesichert war und die Zufahrtswege und die Lebensfähigkeit der Stadt erhalten blieben. In den nächsten Jahren wurden die Mauer und die Grenze zur Bundesrepublik weiter militärisch ausgebaut. In der NVA herrschte Schießbefehl gegenüber Republikflüchtigen.

18.2 Stabilisierung und Bedeutungszuwachs: die Ära Ulbricht (1961–1971)

Die Mauer brachte zuerst durchaus den erwünschten Erfolg für die DDR. Sie versuchte nun Anschluss an die wirtschaftlichen Leistungen des Westens zu finden. Dazu sollte das „Neue ökonomische System der Planung und Leitung" (NÖSPL) dienen, das mehr Planungsfreiheit für die Betriebe und finanzielle Motivation für die Beschäftigten bringen sollte. 1970 war die Industrieproduktion des Deutschen Reiches von 1936 überschritten worden. Der DDR-Gesellschaft wurde nun vonseiten der Führung mehr Freiheiten zugestanden. Man sprach von einer „Nischengesellschaft", d. h., dass der Staat den Bürgern einen kleinen Privatraum ließ, in dem er sie nicht störte, wenn sie sich äußerlich angepasst verhielten. Mit einer großzügigen Kultur- und einer erfolgreichen Sportpolitik konnte die DDR dennoch eine gewisse Identifikation von Staat und Bürgern herstellen. In der Verfassung von 1968 wurde die DDR als sozialistischer Staat deutscher Nation definiert, als das bessere, weil sozialistische Deutschland. Entsprechend suchte man in der Geschichte nach Ereignissen, die man als sozialistische Tradition zu vereinnahmen suchte (z. B. Bauernkriege, Revolution von 1918).

1968 war die NVA am Einmarsch der Warschauer-Pakt-Staaten in die Tschechoslowakei beteiligt.

Im Zuge der Entspannungspolitik zwischen den Blöcken und der sich anbahnenden Normalisierung der Verhältnisse geriet Ulbricht, der die Ostverträge und das Berlin-Abkommen ablehnte, in Gegnerschaft zum Kurs der Sowjetunion. Am 3. 5. 1971 wurde Ulbricht durch Erich Honecker als Erster Sekretär der SED abgelöst.

18.3 Der Kurswechsel unter Honecker

Honecker führte den von der Sowjetunion erwarteten Kurswechsel durch. Er nahm das Berlin-Abkommen hin und schloss den *Grundlagenvertrag* (21. 12. 1972) mit der Bundesrepublik. Die DDR fand internationale Anerkennung. Wie die Bundesrepublik wurde sie Mitglied der UN. Löhne und Gehälter stiegen und damit auch der Wohlstand der Bevölkerung. Die SED konnte ihre Machtposition ungefährdet sichern. Mit dem Anstieg der volkswirtschaftlichen Leistung wuchs auch das Selbstbewusstsein. In der Verfassung von 1974 wurde der Begriff „deutsche Nation“ getilgt; auch war nicht mehr die Rede von Wiedervereinigung.
Nach der Unterzeichnung der KSZE-Schlussakte in Helsinki erwachten in der DDR Hoffnungen auf ein liberaleres Klima. Robert Havemann setzte sich für eine Opposition in der DDR ein, Rudolf Bahro entwarf ein alternatives Modell für die Wirtschaft. Der SED-Staat reagierte mit Repression: 1976 wurde Wolf Biermann zwangsausgesiedelt. Weitere Künstler verließen nach erfolglosen Protesten das Land und siedelten in die Bundesrepublik über.

18.4 Der Zusammenbruch der SED-Diktatur (1989–1990)

Die Folgen der beiden Ölkrisen in den 70er-Jahren hatten auf die Entwicklung der DDR verheerende Auswirkungen. Während durch die ***Ölkrise*** in den westlichen Industriestaaten letztlich ein technischer Innovationsschub ausgelöst wurde, welcher die gesamte Produktion und die Wirtschaftssysteme änderte, konnte die DDR, wie auch andere Ostblockstaaten, diese Entwicklung nicht mehr mitvollziehen. Da die DDR ihre Erdöl-Lieferungen aus der UdSSR in harten Devisen zahlen musste, fehlten die notwendigen Mittel für Neuinvestitionen. Dazu kamen eine hohe

Auslandsverschuldung sowie der aufwändige Unterhalt für die DDR-Grenzbefestigungen und die durch die ***STASI*** verursachten Kosten. Diese hohen Aufwendungen konnten auch nicht durch Zahlungen aus der Bundesrepublik (Transitpauschale, Freikauf von politischen Häftlingen) ausgeglichen werden. 1982 drohte der DDR die Zahlungsunfähigkeit, die nur auf Vermittlung eines Milliardenkredits aus dem Westen verhindert werden konnte.
Die Finanzen reichten jedoch nicht zur Sanierung der Städte und zur Verhinderung oder Beseitigung von Umweltschäden. Vor allem bei den Jugendlichen stieg die Unzufriedenheit über die skandalösen Zustände, die in der Lehrstellenlenkung und in der Reduzierung von Studienplätzen ihren Ausdruck fanden. Innerhalb der evangelischen Kirche bildeten sich Bürgerrechts-, Ökologie- und Friedensgruppen. Jährlich versuchten Tausende in die Bundesrepublik überzusiedeln, was unter gewissen Bedingungen und einem hohen juristischen und bürokratischen Aufwand möglich war. 1985 bildete sich die „Initiative für Frieden und Menschenrechte“. Sie war die Antwort auf die Ablehnung der SED von ***Perestroika*** und ***Glasnost,*** welche den neuen sowjetischen Reformkurs unter Gorbatschow kennzeichneten.

Protest- und Fluchtbewegung

Die SED blieb bei ihrem reformfeindlichen Kurs und geriet damit in Gegensatz zur Reformpolitik der Sowjetunion und anderer sozialistischer Staaten (Polen, Ungarn). Um den wachsenden Unmut der Bevölkerung kontrollieren zu können, wurde die STASI weiter ausgebaut und das Überwachungssystem perfektioniert. Vollends ins politische Abseits geriet die DDR, als die Sowjetunion die ***Breschnew-Doktrin*** aufgab und den sozialistischen Staaten außerhalb der Sowjetunion die Selbstständigkeit garantierte.
Der 40ste Jahrestag der DDR-Gründung im Oktober 1989 sollte groß gefeiert werden. Aber bereits im Sommer des Jahres 1989 geriet die DDR unter Druck. Im Juli und August wurden die Botschaften der Bundesrepublik in Prag, Warschau und Buda-

pest von Tausenden von DDR-Bürgern besetzt. Um die Feierlichkeiten nicht zu gefährden, aber auch weil ihr die Möglichkeiten fehlten, die sozialistischen Nachbarstaaten an ihre Seite zu zwingen, gestattete die DDR-Führung die Ausreise.

Der Weg zu einer solch erstaunlichen Entwicklung war durch eine Opposition geebnet, die sich seit März 1989 in den Großstädten gebildet hatte, durch Demonstrationen auf die Missstände aufmerksam machte und Meinungsfreiheit und Demokratisierung einforderte. Die Opposition hatte es auch gewagt, die Fälschungen der Wahlergebnisse bei den Kommunalwahlen im Mai anzuzeigen. Bürgerbewegungen ***(Demokratie jetzt, Neues Forum)*** entstanden. Im Oktober kam es zur Gründung der SDP, der späteren SPD, und „Demokratischer Aufbruch". In Leipzig wurden die sogenannten ***Montagsdemonstrationen*** zur Regel. Die Feiern zum 40-jährigen Jahrestag der DDR waren von Demonstrationen begleitet. Unter diesen Voraussetzungen wurde Generalsekretär ***Honecker*** am 17. 10. 1989 von der SED durch ***Egon Krenz*** ersetzt, der unter dem Druck der Ereignisse eine Demokratisierung in Aussicht stellte. Die immer größer werdenden Demonstrationen hatten den Rücktritt des DDR-Ministerrates und des SED-Politbüros zur Folge. Am 9. 11. wurde vom DDR-Staatsrat die Einführung der allgemeinen Reisefreiheit verkündet. Als sich daraufhin Tausende an das Brandenburger Tor begaben und den Zugang zum Westen forderten, wurden Übergänge von den Grenzbeamten geöffnet.

Im November (13. 11.) wurde ***Hans Modrow*** von der Volkskammer zum neuen Ministerpräsidenten gewählt. An einem „runden Tisch" wurde von den Blockparteien, dem FDGB, den Kirchen und den Oppositionsgruppierungen eine neue Verfassung erarbeitet. Die ***SED*** verlor ihre bisher von der Verfassung eingeräumte Führungsposition. Egon Krenz musste als Vorsitzender der SED zurücktreten und wurde durch Gregor Gysi ersetzt. Die SED erhielt eine neue Struktur und wurde in PDS (Partei des demokratischen Sozialismus) umbenannt; aus dem demokratischen Block schied sie aus. Inzwischen bahnte sich der Pluralis-

mus der Parteien an: die SDP benannte sich in SPD um, der „Demokratische Aufbruch“ und die DSU (Deutsche Soziale Union) konstituierten sich als Parteien.
Der Weg zur deutschen Einheit war innenpolitisch geebnet, aber es gab zwei Lager. Während CDU und CSU und der „Bund der deutschen Demokraten“ die Einheit durch einen schnellen Beitritt zur Bundesrepublik forderten, wollten SPD und Bündnis 90 (Neues Forum, Demokratie jetzt) zuerst eine neue gemeinsame Verfassung erarbeiten. In den Wahlen am 18. 3. (erste freie Wahlen nach 58 Jahren) gewannen CDU/DSU die Mehrheit (40,9 %). Die neue Volkskammer wählte den Vorsitzenden der CDU ***Lothar de Maizière*** zum Ministerpräsidenten der DDR. Er trieb nun den raschen Beitritt zur Bundesrepublik voran.

Die Entwicklung der deutschen Frage

19

19.1 Wiedervereinigungsangebote und faktische Spaltung (1949–1955)

Die Bundesrepublik erhob den Alleinvertretungsanspruch für Gesamtdeutschland. Sie sah sich im staats- und völkerrechtlichen Sinn als Rechtsnachfolger (mit allen Pflichten und Rechten) des Deutschen Reiches und als staatliches Provisorium. Da ein unvollständiges Deutschland als nicht handlungsfähig angesehen wurde, wurde als primäres Staatsziel im Grundgesetz die nationale Einheit als Ziel formuliert.
Die DDR sah sich als Kern eines neuen Deutschlands. Auch sie vertrat den Standpunkt der Einheit der deutschen Nation mit einer Staatsbürgerschaft. Die Sowjetunion betrieb zunächst eine offensive Deutschlandpolitik, um die Integration der Bundesrepublik in den Westen zu verhindern.
1952 bot Stalin in einer Note den Westmächten an (Stalinnote):

- Einheit des deutschen Staates und das Ende der Spaltung
- Abzug der Besatzungsmächte aus Deutschland
- Demokratische Rechte für das deutsche Volk
- Aufhebung von wirtschaftlichen Beschränkungen
- Nationale Streitkräfte
- Aufnahme Deutschlands in die UNO

Im Gegenzug forderte Stalin

- Verzicht auf deutsche Militärbündnisse und außenpolitische Koalitionen
- Gültigkeit der territorialen Bestimmungen des Potsdamer Abkommens

Die Westmächte und die Bundesrepublik lehnten das Angebot ab, da sie ihm die Absicht unterstellten, die Westintegration der Bundesrepublik verhindern zu wollen.
1954, 15.1.–18.2. Auf der Berliner Außenministerkonferenz standen der Plan des britischen Außenministers ***Eden*** dem seines sowjetischen Kollegen ***Molotow*** gegenüber.
Edens Plan beinhaltete:
- Freie Wahlen in ganz Deutschland
- Einberufung einer aus diesen Wahlen hervorgegangenen Nationalversammlung
- Ausarbeitung einer Verfassung und Vorbereitung von Friedensverhandlungen
- Annahme der Verfassung und die Bildung einer gesamtdeutschen Regierung
- Unterzeichnung und Inkrafttreten des Friedensvertrages
- Das nach westlichen Prinzipien konstituierte Gesamtdeutschland sollte in das westliche Bündnissystem einbezogen werden.

Der Plan Molotows sah vor:
- Bildung einer gesamtdeutschen Regierung durch die Parlamente der beiden deutschen Staaten unter „breiter Teilnahme demokratischer Organisationen“
- Vorbereitung und Durchführung gesamtdeutscher Wahlen
- Einhaltung eines Aufgabenkatalogs durch die Regierung (z. B. Wahrung der Neutralität)
- Die sozialistischen Strukturen Ostdeutschlands sollten erhalten bleiben und die Neutralität eines vereinten Deutschlands sichergestellt werden.
- Beide Regierungen sollten mit der Bildung einer gesamtdeutschen Regierung unverzüglich beginnen.

An den grundsätzlichen Meinungsverschiedenheiten scheiterten schließlich die Gespräche bezüglich der Deutschlandfrage.

19.2 Abgrenzungspolitik von DDR und Bundesrepublik (1955–1963)

Die DDR übernahm ab 1950 von der Sowjetunion die These von der Zweistaatlichkeit Deutschlands, die sich unter der Parole „Zwei Staaten – eine Nation" zusammenfassen ließ. Sie versuchte die staatliche Anerkennung zu erreichen – dies gelang ihr jedoch nur innerhalb des Ostblocks. Gleichzeitig versuchte sich die DDR von der Bundesrepublik abzugrenzen, indem sie 1959 z. B. eine eigene Staatsflagge (Einfügung von Hammer, Zirkel und Ähre auf schwarz-rot-goldenem Grund) annahm.
Dem gegenüber stand der von dem Staatssekretär im Auswärtigen Amt, Walter Hallstein, 1955 in der sogenannten ***Hallstein-Doktrin*** formulierte ***Alleinvertretungsanspruch*** der Bundesrepublik. Nur ihr war es nach dieser Vorstellung erlaubt, Gesamtdeutschland zu vertreten. Man drohte, alle Kontakte mit Staaten zu beenden, die die DDR völkerrechtlich anerkannten; dies geschah mit Jugoslawien (1957) und Kuba (1963). Eine Wiedervereinigung glaubte man mit einer „Politik der Stärke" erreichen zu können. Schon bald aber zeigte sich, dass durch die Anerkennung, die die DDR im Ostblock erfuhr und durch deren zunehmende wirtschaftliche Bedeutung die Hallstein-Doktrin die Gefahr der Selbstisolation für die Bundesrepublik brachte. Gleichzeitig arbeitete man an Plänen für eine Konföderation von Bundesrepublik und DDR, die aber nie verwirklicht wurden.
Eine Wiedervereinigung Deutschlands wurde auf der Genfer Gipfelkonferenz (1955) und auf der Genfer Außenministerkonferenz (1959) von den Alliierten zur Sprache gebracht; Verhandlungen im Rahmen der Vorstellungen der Berliner Außenministerkonferenz von 1954 scheiterten aber an den bereits dort zutage getretenen Meinungsverschiedenheiten. Eine wirkliche Annäherung zwischen den beiden deutschen Staaten von 1955 bis 1963 wurden schon aufgrund der divergierenden, kontroversen Interessen der östlichen und westlichen Bündnissysteme verhindert.

1956, 30.12. Trotz eigener Abgrenzungspolitik gegen die Bundesrepublik trug Ulbricht den Gedanken einer Konföderation beider deutscher Staaten vor.

1957 Im Februar modifizierte Ulbricht den Vorschlag: Eine „Annäherung der beiden Staaten" bedeute eine Annäherung der Bundesrepublik an die DDR.

Der Vorschlag verlangte:

- Austritt der Bundesrepublik aus der NATO
- Abschaffung der Wehrpflicht
- Ausschaltung „militaristischer und imperialistischer Kräfte"
- „Liquidierung der Monopole" als Voraussetzung für die Bildung eines Gesamtdeutschen Rates

Der Ministerrat der DDR wiederholte die Forderungen Ulbrichts am 27.7. erneut, wenn auch modifiziert.

1958 forderte Chruschtschow die Umwandlung West-Berlins in eine „entmilitarisierte" freie Stadt und die Beendigung des Viermächtestatus (Drei-Staaten-Theorie). Damit löste er eine dreijährige Krise aus, die zwar den Verbleib Westberlins bei der Bundesrepublik sicherte, gleichzeitig aber auch seine staatsrechtliche Sonderstellung betonte.

1961, 13.8. Die Berlinkrise führte zusammen mit anderen Faktoren zum Bau der Mauer.

19.3 Entspannung der Beziehungen (1963–1970)

Im Zuge der Entspannungspolitik und im Bewusstsein ihrer Verantwortung für alle Deutschen war die Bundesrepublik seit den 60er-Jahren um eine Normalisierung des Verhältnisses mit der DDR bestrebt, die auch darauf einging. Sie hatte jedoch ihr Vorhaben, unter günstigen Umständen Gesamtdeutschland unter sozialistischer Führung zu einen, noch nicht aufgegeben. Mit einer Politik der „kleinen Schritte" versuchte die Bundesrepublik der Realität des DDR-Staates Rechnung zu tragen.

1963 Das Berliner Passierscheinabkommen sicherte erstmals seit 1961 Besuche von West-Berlin nach Ost-Berlin zu.

1964 DDR-Rentnern wurden Verwandtenbesuche in der Bundesrepublik eingeräumt; im Gegenzug wurde der Zwangsumtausch eingeführt.

1966, 25.3. Mit einer Friedensnote an alle Staaten, mit denen sie diplomatische Beziehungen unterhielt, wollte die Regierung Erhard den Weg zu neuen außenpolitischen Positionen eröffnen, die bisher eher starren Positionen lockern und zeigen, dass die Bundesrepublik keine revanchistische Politik betreiben will.

1966 Mit der Großen Koalition (1966–69) unter Bundeskanzler Kurt Georg Kiesinger und Außenminister Willy Brandt deutete sich eine neue außenpolitische Konzeption an. Unabhängig von den Rechtspositionen sollten die staatlichen, kulturellen und menschlichen Beziehungen beider deutscher Staaten nachdrücklich verbessert werden.

1967 Die Außenminister der Warschauer-Pakt-Staaten einigten sich in der Ulbricht-Doktrin darauf, dass kein Pakt-Mitglied vor der DDR sein Verhältnis zur Bundesrepublik normalisieren solle. Es wurden jedoch Handelsvertretungen der Bundesrepublik in der CSSR (1967) und eine westdeutsche Botschaft in Rumänien (1967) eingerichtet. Die Hallstein-Doktrin wurde aufgegeben.

1967, 13.6. Kurt Georg Kiesinger beantwortet als erster Bundeskanzler einen Brief des DDR-Ministerpräsidenten.

1969 Die ***sozialliberale Koalition*** aus SPD und FDP verhalf der neuen Außenpolitik endgültig zum Durchbruch: einerseits Gewaltverzicht und Anerkennung der Grenzen, andererseits Garantie des Vier-Mächte-Status von Berlin sowie humanitäre Erleichterungen in der DDR.

1967–1969 Zahlreiche Kontakte zwischen dem Außenminister der Großen Koalition und dem sowjetischen Außenminister Gromyko.

19.4 Normalisierung der Beziehungen zwischen Bundesrepublik und DDR (1970–1989)

Parallel zur Entspannungspolitik der 70er- und 80er-Jahre versuchte die DDR eine eigene staatliche Identität zu gewinnen. Sie ging nun von der Existenz zweier deutscher Staaten und zweier deutscher Nationen aus. In der DDR-Verfassung von 1971 wurde das Wiedervereinigungsgebot gestrichen.
In den 80er-Jahren standen der dramatische wirtschaftliche Abstieg und die damit einhergehende Einschränkung im außenpolitischen Handeln im Gegensatz zum wachsenden Selbstbewusstsein der DDR. Zudem gelang es der Führungselite nicht, die Mehrheit ihrer Bürger von dem DDR-System zu überzeugen.

- **1970** Der Moskauer und Warschauer Vertrag schufen die Voraussetzung für das Vier-Mächte-Abkommen.
- **1971,** 3.9. Das Vier-Mächte-Abkommen bestätigte die Verantwortlichkeiten und Rechte der vier Alliierten und legte fest, dass die bestehende Lage nicht einseitig verändert werden sollte.
- **1972, 17.–12.** Das ***Transit-Abkommen*** (Berlin-Abkommen) stellte die deutsch-deutsche Ergänzung zum Vier-Mächte-Abkommen dar und regelte die zügige Abfertigung von Reisenden und Gütern im Transitverkehr. Der Verkehrsvertrag traf Abmachungen über den gegenseitigen Wechsel- und Transitverkehr.
- **1972, 21.–12.** Unterzeichnung des Grundlagenvertrags: Einrichtung von Ständigen Vertretungen (statt Botschaften) in Bonn und Ost-Berlin sowie Reiseerleichterungen zwischen beiden deutschen Staaten (1974 verwirklicht)
- **1975–1988** Weitere Verkehrsvereinbarungen werden getroffen.
- **1978** Unterzeichnung des Grenzprotokolls
- **1979** Erweiterung des „kleinen Grenzverkehrs“

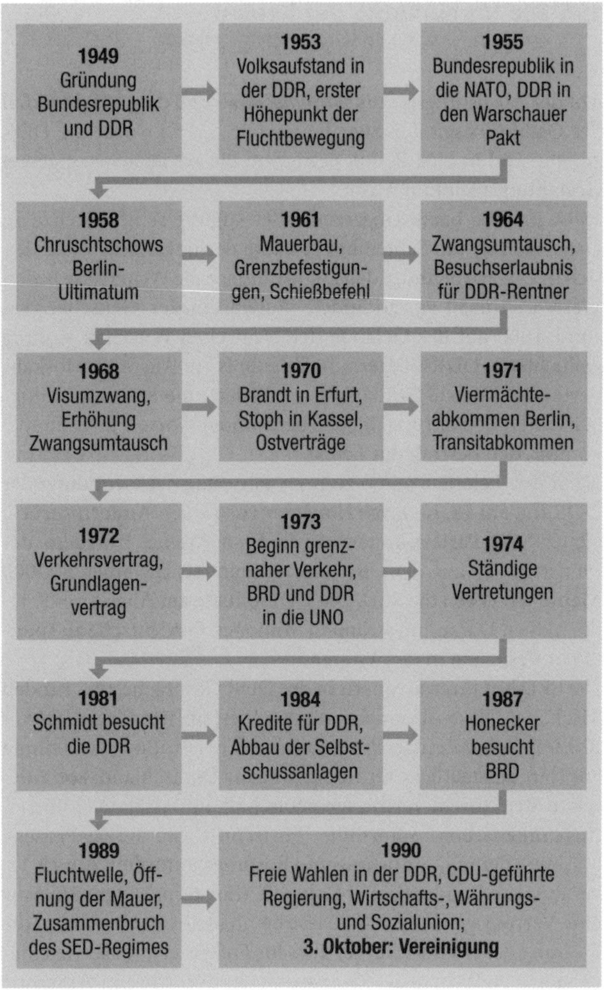

Die Entwicklung in Deutschland von 1949–1990

19.5 Die Vereinigung der beiden deutschen Staaten (1989–1990)

Mit der Abrüstungspolitik ***Gorbatschows*** und dem Machtverfall des Ostblocks seit den 80er-Jahren (▸ S. 217 f.) wurde die DDR zunehmend in eine Politik getrieben, die ihr jeglichen eigenen Gestaltungspielraum nahm.
1989, im Mai baute Ungarn die Befestigung seiner Grenze zu Österreich ab. Im September erlaubte der ungarische Staat den sich in Ungarn befindenden DDR-Bürgern die Weiterreise in den Westen. Am 30. 9. verkündete Außenminister Genscher den rund 6 000 auf das Gelände der Deutschen Botschaft in Prag geflüchteten DDR-Bürgern die Erlaubnis zur Ausreise. Moskaus Parteichef Michail Gorbatschow kritisierte die Reformunwilligkeit der DDR-Führung mit den berühmten Worten: „Wer zu spät kommt, den bestraft das Leben."
Nach den Feierlichkeiten zum 40. Jahrestag der Gründung der DDR trat am 18. 10. ***Erich Honecker*** von seinen Ämtern zurück. Neuer SED-Parteisekretär wurde ***Egon Krenz***. Trotzdem demonstrierten auf dem Berliner Alexanderplatz über 500 000 Menschen gegen die SED. Die DDR öffnete am Abend des 9. 11. die Mauer. Daraufhin strömten Millionen Ostdeutsche zu spontanen Besuchen in den Westen.
Die SED bot ihren Gegnern in der DDR Gespräche am „runden Tisch" an. Ohne Absprache mit den Westalliierten legte ***Helmut Kohl*** ein Zehn-Punkte-Programm zur Überwindung der Teilung vor (bundesstaatliche Ordnung für ganz Deutschland, konföderative Strukturen, Vertragsgemeinschaft, umfassende Hilfe und Zusammenarbeit, Soforthilfe, Fortschritte im KSZE-Prozess, Stärkung der EG, Abrüstung und Rüstungskontrolle). Am 19. 12. verabredete Bundeskanzler Kohl mit Ministerpräsident ***Modrow*** eine Vertragsgemeinschaft. Diese beinhaltete unter anderem die Öffnung des Brandenburger Tors für Fußgänger, Reiseerleichterungen, den Wegfall des Zwangsumtauschs sowie eine Amnestie für politische Gefangene.

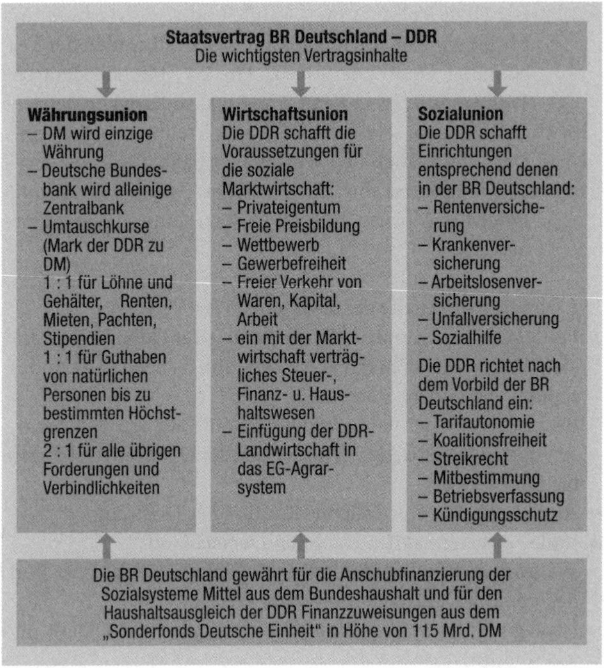

Staatsvertrag BR Deutschland – DDR

1990

9./11.2. Bundeskanzler Kohl und Außenminister Genscher erhielten in Moskau Gorbatschows Einverständnis zur Vereinigung der beiden deutschen Staaten.

12./14.2. Gemeinsame Konferenz der Außenminister der NATO- und Warschauer-Pakt-Staaten in Ottawa. Einigung über die Formel Zwei-plus-Vier: Die zwei deutschen Staaten und die vier Mächte (USA, Sowjetunion, Frankreich, Großbritannien) verhandelten über die außenpolitische Seite der deutschen Vereinigung.

12.4. Die DDR-Volkskammer wählte Lothar de Maizière zum Ministerpräsidenten. Die EU-Staaten stimmten der Vereinigung Deutschlands zu. Am 1.7. trat die deutsche ***Währungsunion*** in Kraft. Um 8 000 volkseigene Betriebe aufzufangen, setzte die DDR eine Treuhandanstalt ein.

24.9. Die DDR verließ den Warschauer Pakt.

11./12.9. Vierte und abschließende ***Zwei-plus-Vier-Verhandlungen*** in Moskau, danach Unterzeichnung der Vereinbarungen

Die wichtigsten Inhalte des Zwei-plus-Vier-Vertrags:

- Festlegung der Grenzen (Anerkennung der ***Oder-Neiße-Linie*** als Westgrenze Polens); keine Gebietsansprüche der Bundesrepublik an andere Staaten
- Beschränkung der deutschen Streitkräfte auf 370 000 Mann
- Abzug der sowjetischen Truppen aus der DDR und Ost-Berlin bis Ende 1994
- Aufhebung der Vier-Mächte-Rechte über Deutschland
- Volle Souveränität des vereinten Deutschlands
- Währungs-, Wirtschafts- und Sozialunion zwischen der Bundesrepublik Deutschland und der DDR (1.7.)
- Festlegung des Staatsgebiets (Bundesrepublik, die DDR und ganz Berlin)
- Bekenntnis der Bundesrepublik zum Frieden und Verzicht auf ABC-Waffen
- Nach 1994 dürfen NATO-Angehörige und deutsche Truppen, aber weder ausländische Streitkräfte, Atomwaffen oder Atomwaffenträger auf ostdeutschem Gebiet stationiert sein.

3.10. Vereinigung Deutschlands durch den Beitritt der DDR zur Bundesrepublik

2.12. Erste gesamtdeutsche Bundestagswahlen, die die christdemokratisch-liberale Koalition bestätigten

1991, 15.3. Durch den Zwei-plus-Vier-Vertrag wurde die deutsche Einheit völkerrechtlich wirksam

Die Europäische Union 20

20.1 Europaidee

Geschichte des Begriffs „Europa"

Als Synonyme für Europa wechseln sich die Begriffe Okzident, Hesperia und Westen ab. Schon im antiken Griechenland suchte man nach den geografischen Grenzen Europas, versuchte so den mythologischen Deutungsversuch zu relativieren und sah einen Gegensatz zwischen Europa und Asien.

Mythologischer Ursprung

Europa ist in der griechischen Mythologie die Tochter des Königs von Phönizien. Zeus verliebte sich in die Königstochter und entführte sie in Gestalt eines Stiers nach Kreta. Europa findet sich erstmals bei Herodot (8. Jh. v. Chr.) erwähnt, der zwischen Okzident und Orient unterscheidet: Die Königstochter wird von Osten (Orient) nach Westen (Okzident) gebracht. Herodot stellt den Gegensatz zwischen Westen und Osten als den zwischen Freiheit und Despotie dar. Warum unser Kontinent den Namen Europa trägt, bleibt aber letztlich ungeklärt.

Geografische Erklärung

Europa ist eigentlich ein Westteil Asiens – im Osten abgegrenzt durch das Gebirge und den Fluss Ural sowie das Kaspische Meer, im Osten durch den Atlantik, im Norden durch die Randmeere des Atlantiks, im Westen durch den Atlantik, im Süden durch das Mittelmeer.

Antike

Das Römische Reich erstreckte sich über Europa, Afrika und Asien, geeint durch die griechisch-römische Kultur und in der Spätantike durch den christlichen Glauben sowie die daraus entstehende Kultur. Aus dem System der geografischen Dreiteilung des Römischen Reiches dringt der Name Europa als geografische Bezeichnung in das Bewusstsein der Zeitgenossen.
Seine christliche Ausprägung erfährt der Begriff in der Spätantike durch die Deutung der Genesis-Stelle 9,27, in der die drei Noah-Söhne Sem, Ham und Japhet die Erde unter sich aufteilen. Dabei fällt Europa, ohne Nennung des Namens, dem jüngsten Sohn Japhet zu.

Mittelalter

Die Teilung des Römischen Reiches in Ost- und Weströmisches Reich bereitet die Verlagerung des vagen Begriffs Europa auf den Okzident im Mittelalter vor. Durch den Zusammenprall von Arabern und Christen im 8. Jh. zerbricht die Vorstellung von der Einheit des spätrömischen Reiches vollends. Der Begriff Europa bezieht sich immer mehr auf das westeuropäische Reich Karls des Großen, der als Herr Europas bezeichnet wird. In Konkurrenz dazu steht der Anspruch des byzantinischen Kaisers auf die Nachfolge des Römischen Reiches.
Die Karl dem Großen nachfolgenden Dynastien der Ottonen, Salier und Staufer verwenden den Begriff Europa kaum. Die Idee von einem christlich geprägten Abendland wird zum Mythos. Dazu trägt auch die spanische Reconquista bei. Der Westen und Osten Europas sind bedroht durch die Araber, die Mongolen und Türken, Teile befinden sich auch in deren Besitz. Die Vorstellung vom christlichen Abendland verschweigt die ausgedehnten islamischen Herrschaftsgebiete in Spanien, die Juden und jüdischen Gemeinden im Europa des Mittelalters, den Einfluss der Araber in Sizilien und Unteritalien und den regen Kulturaustausch im Mittelmeerraum.

20.2 Erste Schritte zur europäischen Einheit

Die Idee einer europäischen Einheit hat eine lange Tradition. Vorstellungen von einer europäischen oder einer sogar über Europa hinausreichenden staatlichen Einheit stützten sich meist auf den Gedanken einer zentralen oder hegemonialen Macht eines Herrschers, eines Staates oder auch Staatsvolkes innerhalb eines Verbandes verschiedener staatlicher Einheiten. Ansätze solchen Denkens fanden sich in der römischen Kaiserzeit, unter der Herrschaft Karls des Großen, der Ottonen oder Staufer, unter dem Habsburger Karl V. im 16. Jh., bei Napoleon, aber auch unter dem Nationalsozialismus.

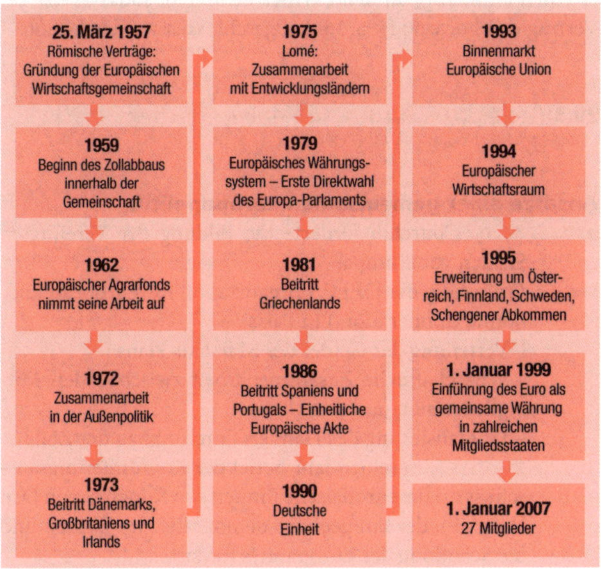

Etappen der europäischen Einigung

Den Einigungsbestrebungen der 20erJahre des 20. Jh.s lag die Einsicht zugrunde, dass der 1. Weltkrieg durch die egoistische Politik der Nationalstaaten maßgeblich verursacht wurde; nur die Überwindung des Nationalstaates und ein friedliches und wirtschaftlich leistungsfähiges, geeintes Europa könne eine positive Zukunft gewährleisten.
1924 gründet Graf Coudenhoeve-Kalergie die Pan-Europa-Union. 1929 machte der französische Premierminister ***Aristide Briand*** vor der Versammlung des Völkerbundes in Genf den Vorschlag, Europa zu einen. Briand konnte zu diesem Zeitpunkt auf eine erfolgreiche Ausgleichspolitik mit Deutschland zurückgreifen. In dem deutschen Außenminister ***Gustav Stresemann*** hatte er einen ähnlich gesinnten Partner gefunden, sodass 1925 der Vertrag von Locarno (▶ S. 164) abgeschlossen werden konnte.

20.3 Die Entwicklung des europäischen Zusammenschlusses nach 1945

Ansätze einer gemeinsamen Europapolitik

1946, 19.9. Churchill forderte die Bildung der Vereinigten Staaten von Europa.

1948 Gründung der OEEC (Organization for European Economic Cooperation) in Paris
- Verteilung der Gelder des Marshall-Plans
- Wirtschaftliche Zusammenarbeit zwischen den Mitgliedstaaten und den USA
- Liberalisierung des Handels durch Abbau der Zölle

1948, 8.–10.5. Im selben Jahr berief der Koordinierungsausschuss für die europäische Einheit den Kongress von Den Haag ein, der ein geeintes demokratisches Europa und die Schaffung des Europarates forderte.

1949, 5.5. In London wurde der Europarat mit Sitz in Straßburg gegründet. Sein Ziel bestand unter anderem in der Förderung von Verhandlungen über Abkommen. Als seine größte Leistung galt die Verabschiedung der „Europäischen Konvention zum Schutz der Menschenrechte und Grundfreiheiten" (3.9.1953).

1950 9.5. Der französische Außenminister Robert Schuman schlug die Gründung der Europäischen Gemeinschaft für Kohle und Stahl (EGKS, Montanunion) vor.

1951 18.4. Der Vertrag zur Gründung der EGKS (Pariser Vertrag) zwischen Belgien, der Bundesrepublik Deutschland, Frankreich, Italien, Luxemburg und den Niederlanden wurde unterzeichnet.

20.4 Von der EWG zur EU

Die *EWG* (Europäische Wirtschaftsgemeinschaft) kann man als Vorläufer der Europäischen Union bezeichnen. In den Römischen Verträgen von 1957 (25.3.) einigten sich die Benelux-Staaten, Italien, Frankreich und die Bundesrepublik auf die Errichtung eines gemeinsamen Marktes (= Gemeinschaft der Sechs). Die Römischen Verträge traten 1958 in Kraft. Ihre Ziele:

- Errichtung einer Zollunion
- Schaffung eines gemeinsamen Marktes
- Harmonisierung der nationalen Wirtschafts-, Sozial- und Steuerpolitik in den Mitgliedstaaten

Die EWG wurde durch zwei weitere Gemeinschaften ergänzt:

- EGKS (Europäische Gemeinschaft für Kohle und Stahl)
- Die *EGKS* diente der Stabilisierung des Friedens zwischen Frankreich und der Bundesrepublik und der Sicherung der Produktion zu gleichen Bedingungen.
- Euratom (Europäische Atomgemeinschaft)
- Sie sollte die Entwicklung der Kernindustrie zu friedlichen Zwecken beschleunigen und die Versorgung mit spaltbarem Material sichern.

1967 wurden die drei Organisationen EWG, EGKS und die Europäische Atomgemeinschaft *(EURATOM)* unter einem Dach vereint. Die Bezeichnung Europäische Gemeinschaft *(EG)* wurde zum Sammelbegriff für alle drei Gemeinschaften, die 1967 mit Jean Rey den ersten Kommissionspräsidenten erhielt.

1968 wurde die Zollunion vollendet, die Binnenzölle abgeschafft und ein gemeinsamer Außenzoll beschlossen.

1969 Beim Treffen der Staats- und Regierungschefs in Den Haag waren die dominierenden Themen die Vollendung des Binnenmarktes, Vertiefung der Integration und Erweiterung der EG. Sie fassten einen Beschluss zur beschleunigten Integration, zur stufenweisen Einführung der Wirtschafts- und Währungsunion (WWU) bis 1980 und zur politischen Zusammenarbeit.

1973 Dänemark, Großbritannien und Irland traten der EG bei (Gemeinschaft der Neun).

1979 Das Europäische Währungssystem (EWS) verband die europäischen Währungen untereinander. Im selben Jahr fand die erste Direktwahl des Europäischen Parlaments statt.

1981 Beitritt Griechenlands (Gemeinschaft der Zehn)

1984 Das Europäische Parlament nahm den Entwurf eines Vertrages zur Gründung der Europäischen Union an.

1986 Beitritt Portugals und Spaniens (Gemeinschaft der Zwölf)

1989 Wahl des Europäischen Parlaments (zum 3. Mal)

1990 Vereinigung Deutschlands

1991 Der Vertrag über eine stärkere Integration der Europäischen Gemeinschaft (EU), der eine gemeinsame Währung vorsieht, wurde in Maastricht unterzeichnet.

1993 Der Vertrag über die Europäische Union trat in Kraft.

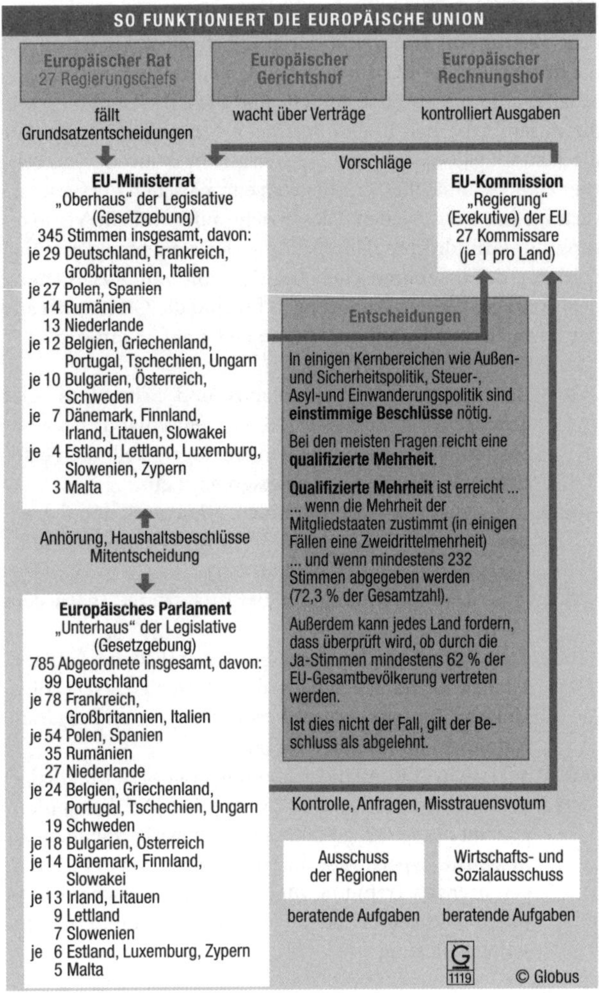

Die Organe der Europäischen Union

Die Bezeichnung EG – Europäische Gemeinschaft – wurde mit dem ***Vertrag von Maastricht*** durch EU abgelöst. Dieser sah als die drei Säulen der EU die bestehenden europäischen Gemeinschaften, die gemeinsame Außen- und Sicherheitspolitik sowie die Zusammenarbeit in den Bereichen Inneres und Justiz. Für die Zukunft galt es, den vom EU-Verfassungskonvent (von Februar 2002 bis Juni 2003) erarbeiteten europäischen Verfassungsvertrags zu verabschieden. Dieser zielte auf rechtliche Verankerung der Grundrechte, Überprüfung der Kompetenzordnung, Stärkung der demokratischen Legitimation und Ausarbeitung der Verträge. Weitere Änderungen brachte die Osterweiterung der Europäischen Union um 10 Mitglieder auf 25 mit sich.

1995 Beitritt Österreichs, Finnlands und Schwedens. Das ***Schengener Abkommen*** (26. 3., Deutschland, Benelux-Staaten, Frankreich, Spanien, Portugal) stellt die Personenkontrollen an den Landesgrenzen ein.

1999, 1.1. Außer in Großbritannien, Dänemark und Schweden wird als gemeinsame Währung der Euro eingeführt (Griechenland führt ihn 2001 ein).

2003, 1.4. Unterzeichnung der Beitrittsverträge (nach dem Vertrag von Nizza 2000)

2004, 1.5. Aufnahme der 10 neuen Staaten (Estland, Lettland, Litauen, Malta, Polen, Slowakei, Slowenien, Tschechien, Ungarn, Zypern); weitere Verhandlungen mit Bulgarien, Rumänien und mit der Türkei.

2007, 1.1. Beitritt Rumäniens und Bulgariens (27 Mitglieder)

2013, 1.7. Beitritt Kroatiens als 28. Mitglied. Die Verhandlungen mit der Türkei gestalten sich schwierig, vor allem die ungelöste Zypernfrage und die Abkehr von der bisherigen strengen Trennung von Staat und islamischer Kirche unter Ministerpräsident Erdogan verhindern eine schnelle Lösung.

20.5 Das Ringen um eine europäische Verfassung

Der Versuch, eine gemeinsame europäische Verfassung zu erarbeiten und zu erstellen, hat seinen Ursprung im Dezember 2001, als die Regierungschefs der EU-Staaten einen Konvent, bestehend aus Parlamentariern und Regierungsvertretern, beauftragten, einen Europavertrag auszuarbeiten. Den Konvent leitete der frühere französische Staatspräsident Valéry Giscard d'Estaing.

2003 Fertigstellung des Vertrags

2004 (29.10.) Unterzeichnung des Vertrags durch die Regierungschefs, mit dem Ziel des Inkrafttretens am 1. November 2006, nach der Ratifizierung durch die 25 Mitgliedsstaaten

2004 Aufgrund des Scheiterns der Volksabstimmungen zur Ratifizierung des Vertrags in Frankreich und den Niederlanden kann der Termin nicht eingehalten werden.

2006 Auf Beschluss des Europäischen Rates Verlängerung der Ratifizierungsphase bis Mitte des Jahres 2007

2007 Vertrag von Lissabon (ursprünglich Grundlagenvertrag, geschlossen zwischen den 27 Mitgliedsstaaten der EU). Da einige Mitgliedstaaten Vorbehalte haben, verzögert sich die Unterzeichnung.

2009 (1.12.) Der Vertrag von Lissabon tritt in Kraft.

Der ***Vertrag von Lissabon*** reformiert den Vertrag zur Europäischen Union und den EG-Vertrag. Inhalte:

- Fusion von EU und EG
- Stärkung des europäischen Parlaments: Kompetenzerweiterung hinsichtlich Gesetzgebung, Haushalt und internationaler Übereinkommen
- Stärkere Mitentscheidung der nationalen Parlamente
- Reduktion der Vetorechte einzelner Mitgliedsstaaten

- Einführung europäischer Bürgerinitiativen: Die Kommission kann aufgefordert werden, neue politische Vorschläge zu unterbreiten.
- Aufwertung des Hohen Vertreters der EU für Außen- und Sicherheitspolitik
- Rechtsverbindlichkeit der EU-Grundrechtecharta
- Erstmals ist die Möglichkeit vorgesehen, dass Mitgliedsstaaten aus der Union austreten können.
- Der Vertrag sieht u. a. zwei neue Ämter vor: das eines hauptamtlichen „Präsidenten des Europäischen Rates“ (Herman Van Rompuy, 2009; Donald Tusk, 2014) mit einer Amtszeit von fünf Jahren und des Hohen Vertreters der EU für Außen- und Sicherheitspolitik (Catherine Ashton, 2009, Federica Mogherini, 2014) der die europäische Außenpolitik koordiniert. Zudem wird die Gesetzgebung durch die Einschränkung des Vetorechts gestärkt. Seit 2014 wird die qualifizierte Mehrheit nach der doppelten Mehrheit von Mitgliedsstaaten und Bevölkerung berechnet. Eine doppelte Mehrheit gilt als erreicht, wenn 55 % der Mitgliedsstaaten zustimmen. Diese müssen gemeinsam mindestens 65 % der europäischen Bevölkerung auf sich vereinen.
- Der europäische Staatenverband ist von der politischen Systemtheorie nicht einfach zu bestimmen: Er stellt eine Mischform aus parlamentarischer Demokratie und Exekutivföderalismus dar. Auch wird über die Finalität, das Endziel des Einigungsprozesses, diskutiert. So wollen die Verfechter nationaler Souveränitätsvorbehalte Entscheidungen auf der jeweils niedrigsten Ebene, der der einzelnen Mitgliedsstaaten, behandeln. Die Anhänger einer politischen Union streben einen europäischen Bundesstaat an. Als Lösungsmodell wird ein Europa der unterschiedlichen Geschwindigkeiten vorgeschlagen. Bei der Haushaltskrise Griechenlands (2010) bewährte sich die Währungsunion der Euro-Länder. Durch die Stützung Griechenlands und dessen radikale Haushaltssanierung wurde das Vertrauen in den Euro wiederhergestellt.

Wenn auch ein rechtlicher Rahmen besteht, der Umgang mit Asylsuchenden und deren Verteilung auf EU-Länder, bleibt eine Aufgabe für die kommenden Jahre.
- 2012 wurde der EU für Ihre Verdienste um Frieden, Versöhnung, Demokratie und Menschenrechte der Friedensnobelpreis verliehen.

Diskutiert wird, ob die EU noch erweitert werden soll, beispielsweise um die Türkei. Dahinter steht u. a. auch die Frage, ob die Türkei den östlichsten Staat der EU darstellen soll und inwieweit sie die Anforderungen für eine Aufnahme in die EU, auch hinsichtlich des Umgangs mit Menschenrechten und Demokratie unter Präsident Erdogan erfüllt.

Herausforderungen für die Europäische Union

Standen für die EU bis 2013 vor allem die Erweiterung, Verfassungsfragen sowie die Wirtschafts- und Sozialpolitik im Mittelpunkt ihres politischen Handels, so sah sie sich (seit 2009) zunehmend mit Tendenzen konfrontiert, die dem Prozess einer politischen Ausweitung und einer Erweiterung der Eurozone entgegenstanden. Dies waren Ereignisse wie

- die Schuldenkrise in Griechenland ab 2010 – aber auch in Zypern, Portugal und Irland – und die damit verbundene Frage nach der Zukunft des Euro als gemeinsamer Währung.
- die ethische und politische Destabilisierung durch antidemokratische Entwicklungen innerhalb der EU in Ungarn (seit 2010) und in Polen (seit 2015)
- die Infragestellung der Erweiterungspläne der EU um die Türkei unter Präsident R. T. Erdogan infolge einer Politik, die präsidiale Macht ausweitet und Menschenrechte ignoriert, indem z. B. kritische in- und ausländische Journalisten verfolgt werden
- rechtspopulistische und europakritische Bewegungen, vor allem in Frankreich, den Niederlanden und Spanien
- Unabhängigkeitsbestrebungen in Katalonien gegenüber der spanischen Regierung im Jahr 2017

- die Einleitung der auf zwei Jahre (bis 2019) geplanten Austrittsverhandlungen Großbritanniens aus der EU im März 2017 durch Premierministerin T. May; erstmals machte ein EU-Staat von dem im Vertrag von Lissabon niedergelegten Austrittsmöglichkeiten Gebrauch
- der Zuzug von Flüchtlingen, vor allem über das Mittelmeer und zeitweise über die Balkanroute, sowie ihre Verteilung auf die EU-Länder. 2015 und 2016 suchten jeweils ca. 1,3 Millionen Menschen um Asyl oder ein Bleiberecht nach. Die Route über das Mittelmeer (Herkunftsländer: insbesondere nordafrikanische Länder sowie Eritrea, Nigeria, Somalia) nach Italien und Spanien sowie die Balkanroute (Herkunftsländer: Westbalkanstaaten, Syrien, Irak, Afghanistan) stellten für die EU-Länder eine bislang nicht gekannte Herausforderung dar.

Die EU erwies sich in der Krisenbewältigung durchaus erfolgreich, wesentlich erfolgreicher als von Kritikern eingestanden, auch wenn nicht alle Probleme gelöst werden konnten:

- Sie verhinderte 2010 den Verfall des Euro durch die Einrichtung des Euro-Rettungsschirms. Zypern, Portugal und Irland konnten den Rettungsschirm inzwischen wieder verlassen. In Griechenland hat sich die wirtschaftliche Situation deutlich verbessert. Allerdings forderten die notwendigen Reformen Steuererhöhungen, Kürzung der Gehälter des Öffentlichen Dienstes, der Renten und Pensionen, was das Einkommen der Bevölkerung deutlich und spürbar senkte. Nach wie vor haften auch Einzelstaaten wie die Bundesrepublik mit hohen Bürgschaften im Falle der Zahlungsunfähigkeit Griechenlands.
- Die EU versucht nicht ohne Erfolg, mithilfe des im Rahmen des EU-Rechts vorgesehenen Maßnahmenkatalogs den antidemokratischen Bewegungen Grenzen zu setzen.
- 2017 brachten die Wahlen in Frankreich und in den Niederlanden keine Mehrheit für die Rechtspopulisten. In Frankreich wurde mit E. Macron ein erklärter EU-Anhänger zum Staats-

präsidenten gewählt, der auch eine Reform der EU zum Ziel hat.

- Spanien erkannte im Oktober 2017 den Austritt Kataloniens aus dem Staatsverband nicht an. Eine für beide Seiten tragfähige Lösung wurde bislang nicht gefunden.
- Die Austrittverhandlungen Großbritanniens mit der EU gestalten sich angesichts der unterschiedlichen Konzepte schwierig und langwierig. Nach Vorstellung der EU soll für Großbritannien dann der Zugang zum Europäischen Binnenmarkt gewährleistet sein, wenn der freie Verkehr von Gütern, Kapital, Dienstleistungen und Personen erhalten bleibt und beträchtliche finanzielle Forderungen beglichen werden (weicher Brexit). Großbritannien hingegen möchte ohne substanzielle Zugeständnisse den Zugang zum europäischen Markt beibehalten, die Freizügigkeit und Zollvereinbarungen aufheben und neu verhandeln (harter Brexit).
- An den Beitrittsverhandlungen mit der Türkei wird offiziell festgehalten, obwohl das Verhältnis zwischen der EU und insbesondere zwischen der Bundesrepublik und der Türkei durch gegenseitige Vorwürfe belastet ist.

Stichwortverzeichnis

Die Bedeutung des antiken Griechenland für Europa

- Entwicklung eines Basis-Demokratie-Modells für die griechischen Poleis (Stadtstaaten).
- Grundlage waren die Prinzipien der Isonomie (gleiches Recht für alle Staatsbürger) und Autonomie (Unabhängigkeit aufgrund eigener Gesetze). Jeder Vollbürger war Mitglied der Volksversammlung, die an Gesetzgebung und Rechtsprechung mitwirkte. Außerdem musste jeder Bürger im Heer dienen.
- Die Vorstellung vom selbstbestimmten Individuum, das in der Gemeinschaft fest verankert ist.
- Die Entwicklung einer Philosophie, die das Denken im Abendland bis heute mitbestimmt.
- Der Mythos von Griechenland als Ursprungsland der europäischen Kultur in Abwehr gegen die Perser.
- Die kulturelle Blüte in Baukunst, bildender Kunst und Literatur, die bis in die heutige Zeit unterschiedlich rezipiert wird (z. B. im Mittelalter, in der Renaissance, in Aufklärung und Klassizismus).

Grenzen des attischen Demokratiemodells

Nur 10 % der Bewohner Athens verfügten über die umfänglichen politischen Rechte; die Idee von unveräußerlichen Menschenrechten war in der Antike unbekannt. Lediglich innerhalb der Polis war der Vollbürger frei. Das basisdemokratische Modell förderte Manipulationen und politische Instabilität.

Erstellen Sie eine Tabelle, in der Sie eine repräsentative Demokratie mit der attischen Demokratie vergleichen.

▶ Vgl. 14 ff, 64 ff, 245 ff

Das Römische Reich – Vorbild für Europa

Das *Imperium Romanum* vereinigte auf seinem Höhepunkt große Teile Europas, der nordafrikanischen Mittelmeerländer und Teile Asiens unter seiner Herrschaft als einen Bund von Städten, Regionen und Völkern. Zentrum war Rom; weitere Herrschaftszentren (wie Konstantinopel und Trier) traten im 4. und 5. Jh. dazu. Gemeinschafts- und identitätsbildende Faktoren:

- das in Provinzen gegliederte Staatsgebiet
- das römische Recht (kodifiziert durch Kaiser Justinian)
- der römische Kaiserkult
- die lateinische Sprache als globales Verständigungsmedium im Bereich des Rechts, der Verwaltung, der Staatlichkeit sowie einer völkerübergreifenden Kommunikation
- die Pax Romana: Förderung einer weitgehend einheitlichen Kultur

Diese Kennzeichen machten das Imperium Romanum zum territorial nie erreichten Vorbild für die Reiche des Mittelalters und der Neuzeit. Die Übernahme des Christentums durch das spätrömische Reich war die Voraussetzung für die Herausbildung einer abendländisch-christlichen Kultur, die auch durch die jüdischen Gemeinden und den Einfluss des Islam, insbesondere in Spanien, geprägt wurde. Bei allen Gemeinsamkeiten erbitterte Kultur- und Glaubensstreitigkeiten, wechselseitige Herrschafts- und Gebietsansprüche sowie verlustreiche Kriege nicht verhindert werden.

Die Gewinnung der Unabhängigkeit durch die Vereinigten Staaten von Amerika

1765: Der Interkontinentale Kongress in New York fordert die Abschaffung der Stempelsteuer.
1770: Neue Einfuhrzölle auf Farben, Papier und Tee.
1773: Boston Tea Party (Versenkung einer Teeladung im Meer): Einzug der Freibriefe für Massachusetts durch England, Einsetzung eines königlichen Rates in Boston; Schließung des Hafens in Boston.
1774: Der 1. Kontinentalkongress (Philadelphia) beschließt die Beendigung des Handels mit England.
1775: König George III. und das englische Parlament stellen den Widerstand der Kolonien amtlich fest.
Mai 1775: Der 2. Kontinentalkongress in Philadelphia (65 Delegierte aller Kolonien) übernimmt Regierungsfunktion; G. Washington wird Oberbefehlshaber der noch nicht existenten Streitkräfte.
4. Juli 1776: Annahme der von T. Jefferson entworfenen Unabhängigkeitserklärung durch Kongress; Berufen auf Menschenrechte: Gleichheit, Recht auf Leben, Freiheit, Streben nach Glück (und Wohlstand).
1776–1783: Unabhängigkeitskrieg: Sieg der amerikanischen Truppen, Kapitulation Englands (1781).
1778: Anerkennung der Vereinigten Staaten durch Frankreich; Kriegseintritt Frankreichs aufseiten der Kolonien.
1783: Friede von Paris. Selbstständigkeit der Vereinigten Staaten; Rückgabe Floridas; England behält Kanada.
1787: Verfassungsentwurf in Philadelphia durch B. Franklin, J. Madison, G. Washington.
1789: (4. 3.) Die Verfassung tritt in Kraft.
bis 1804 Abschaffung der Sklaverei in den Nord-, nicht aber in den Südstaaten (dort 1865).

Die Industriegesellschaft der Kaiserzeit – Eliten

Im Kaiserreich teilten sich als Elite Großgrundbesitzer (meist Adlige) und vermögende Industrielle die politische und wirtschaftliche Macht, aber diese gingen nicht ineinander auf. An der Spitze stand der Kaiser (Wilhelm I., Wilhelm II.), der vor allem die Wertvorstellungen und prägenden Ideologien repräsentierte.

- Der **Adel** war privilegiert, stellte den größten Teil der Großgrundbesitzer, besetzte administrative, militärische und politische Führungspositionen, war aber zum Teil aufgrund des Strukturwandels in der Landwirtschaft und aufgrund des aufwendigen Lebensstils wirtschaftlich gefährdet.
- Das **Besitz- und Großbürgertum** war ursprünglich Vorkämpfer des liberalen Gedankens, überrundete den Adel in Einkommen und Sozialprestige. Es trug als Unternehmerschaft die Hochindustrialisierung in ihren verschiedenen Phasen, sonderte sich vom übrigen Bürgertum ab, orientierte sich an der aristokratischen Lebensart und zeigte eine staatsloyale und konservative Einstellung. Auch erwarb es Großgrundbesitz.
- Das **Militär** versuchte seit 1848, die Armee von liberal-bürgerlichen, später von sozialistisch-proletarischen Tendenzen frei zu halten. Bei der Vergabe der Offiziersposten, vor allem der Generalstabsstellen und hohen Offiziere, wurde der Adel bevorzugt. Das Militär vertrat weit über den 1. Weltkrieg hinaus konservativ, bisweilen reaktionär ausgerichtete Staatsideen.
- Die **hohe Beamtenschaft** rekrutierte sich überwiegend aus dem Adel und einer „Verwaltungsaristokratie“. Sie verfolgte seit der Regierung Bismarcks einen konservativen Kurs, zeigte Loyalität gegenüber Kaiser und Staat.

Die Arbeiterschaft im 19. Jh.

Die neu entstehende Industriearbeiterschaft fand **Arbeitsbedingungen** vor, die geprägt waren durch

- die im ländlichen und handwerklichen Bereich unbekannte Trennung von Arbeitsplatz und Haushalt,
- einen unerbittlichen Arbeitstakt, der den Ablauf der Zeit unabhängig von den Jahreszeiten bestimmte,
- Arbeitszeiten von 15 bis 17 Stunden in der Frühphase der Industrialisierung bzw. durchschnittlich 11 Stunden am Tag um 1900,
- sukzessive Einführung der Kranken-, Invaliditäts- und Arbeitslosenversicherung sowie Altersversorgung in den 1880er-Jahren,
- sehr unterschiedliche Löhne aufgrund der Differenzierung in Spezialisten (z. B. Lokführer, Maschinisten), Facharbeiter und Ungelernte: Am besten bezahlt waren Arbeiter aus gelernten Handwerksberufen. Als billige, aber leistungsfähige Arbeitskräfte galten Kinder und Frauen, die vor allem in der Textilindustrie beschäftigt waren. Die in die Ballungszentren migrierte Landbevölkerung fand kaum Arbeit.

Aufgrund ihrer Eigentumslosigkeit wurden die Industriearbeiter **„Proletarier“** genannt, in Anlehnung an diejenigen Bürger im antiken Rom, deren einziger Besitz Nachkommen (lat.: proles) waren. Bald entwickelten die Industriearbeiter ein eigenes Bewusstsein und eine eigene Kultur, die sich in der Bildung von Parteien und Gewerkschaften sowie in der Errichtung von Hilfseinrichtungen und Bildungsanstalten niederschlug. „Proletarier“ wurde nicht länger als Schimpfwort empfunden, sondern mit Stolz verwendet.

Deutscher Imperialismus

Gründe für den Erwerb von Kolonien durch das Deutsche Reich waren

- der gestiegene Bedarf an industriellen Rohstoffen und an Nahrungsmitteln,
- der Wille, den Ruf des Deutschen Reiches als Großmacht zu demonstrieren, und das Gefühl der Zurücksetzung gegenüber den Kolonialmächten England und Frankreich,
- die Hoffnung auf Belebung des Handels und des Exports sowie,
- eine Lösungsmöglichkeit für Überbevölkerung durch die Gewinnung von Siedlungsraum,
- Hinzu kam ein national bedingtes, übersteigertes Sendungsbewusstsein.

Zunächst durch private Kolonialgesellschaften und -vereine erworben, wurden die Kolonien (z. B. Kamerun) ab 1884 unter „deutschen Schutz" gesellt. Ein Generalgouverneur verwaltete die jeweilige Kolonie mithilfe von Beamten und Soldaten. Ziel war eine effektive wirtschaftliche Nutzung. Doch die Gebiete konnten die in sie gesetzten Erwartungen nicht erfüllen; sie hatten nur geringe Bedeutung für den Außenhandel. Zudem lösten weitere Gebietsansprüche von deutscher Seite Konflikte mit England und Frankreich aus. Der steigende Widerstand der Eingeborenen führte zu Aufständen, z. B. dem Herero-Aufstand in Deutsch-Südwestafrika 1904, die blutig niedergeschlagen wurden. In den Versailler Verträgen (1919) wurden die deutschen Kolonien zwischen England, Frankreich und den USA aufgeteilt bzw. unter das Mandat des Völkerbunds gestellt.

Nationale Mythen: Arminius der Cherusker

Im Bewusstsein von Nationen spielen bestimmte historische Personen oder Ereignisse eine besondere Rolle. Sie repräsentieren als Mythen die kollektiv empfundene Geschichte und verleihen ihr anscheinend Sinn. Die Frage nach der historischen Realität tritt in den Hintergrund.

Im Jahr 9 n. Chr. wurden drei römische Legionen unter dem Kommando des erfahrenen Feldherrn Varus auf dem Rückmarsch in die Winterlager, wohl im Umkreis des Teutoburger Waldes (vielleicht auch Kalkriese), von einem germanischen Heer unter der Führung eines Cheruskerfürsten (Verbündeter und römischer Offizier), dessen Namen mit *Arminius* (dt. Hermann) überliefert ist, überfallen und vernichtet. Trotz Strafaktionen unter Germanicus, dem Enkel des Kaisers Augustus, konnte das Gebiet rechts des Rheins (zunächst bis 16 n. Chr.) nicht zurückerobert werden. Die weit gediehenen Pläne für die Bildung einer rechtsrheinischen Provinz mussten fallen gelassen werden.

Obwohl zu diesem Zeitpunkt weder ein deutsches Reich existierte noch die germanischen Stämme als direkte Vorfahren des deutschen Staates betrachtet werden können, wurde der Sieg der Germanen im 19. Jh. von deutscher Seite als Sieg eines deutschen Vorstaates über die Römer betrachtet. Er habe eine Romanisierung Germaniens verhindert und die Freiheit gesichert; im Gegensatz hierzu stehe die Eroberung Galliens durch die Römer. In Denkmälern (z. B. bei Detmold), Dramen (C. D. Grabbe, *Die Hermannsschlacht*) und historischen Darstellungen wurde Arminius als nationaler Freiheitskämpfer stilisiert, ohne dass die historischen Realitäten beachtet wurden. Spekulativ ist auch die Identifikation von Arminius mit Siegfried, dem Drachentöter aus der Nibelungensage.

Migration

Migration wird als räumliche Bewegung von Menschen definiert; man unterscheidet zwischen Ab- und Zuwanderung bzw. Aus-und Einwanderung. Die Folgen für die Lebensverläufe der Wandernden sowie für deren soziale Position, aber auch für die betroffenen Zielländer und ihre Bevölkerung können gravierend sein. Große Migrationsbewegungen haben in verschiedenen Epochen der Menschheitsgeschichte stattgefunden. Die Ursachen können in wirtschaftlichen, sozialen, politischen und religiösen Bedingungen liegen, ferner in politisch, rassistisch, religiös oder ethnisch motivierter Gewalterfahrung. Deportation und Verschleppung beraubten seit der Antike Millionen von Menschen ihrer angestammten Heimat.

Beispiele für Migration (vgl. Karte 20)

Bekannte Beispiele sind die nach der Entdeckung Amerikas einsetzenden Auswanderungswellen aus Europa, Migration im Zuge des Kolonialismus des 19. Jh.s oder die Flucht vor Gewalt im Zuge der beiden Weltkriege wie z. B. die Flucht von 1,4 Millionen Belgiern vor den deutschen Angriffen im Jahr 1914 (zwischen 1939 und 1944 belief sich die Zahl der Flüchtlinge, Vertriebenen und Deportierten allein in Europa auf ca. 30 Millionen). In den 50er-Jahren flüchteten jährlich zwischen 150 000 und 230 000 Menschen aus der DDR in die Bundesrepublik. Die Kriege in Korea (1950–53), Vietnam (1961–75), Afghanistan (1979–89) und Syrien (ab 2011) verursachten u. a. Migrationsbewegungen in bislang nicht gekanntem Ausmaß. Klimakatastrophen in Afrika und Asien sowie die Anziehungskraft von in Megacitys wie Mexiko-Stadt, Lagos oder Bombay sind ebenfalls verantwortlich für Migration.

Stationen und Methoden bei der Monopolisierung der politischen Macht im NS-Staat

- Notverordnungen zum Schutz von Volk und Staat anlässlich des Reichstagsbrandes (Reichstags-Brandverordnung vom 28. 2. 1933): Beschränkungen der persönlichen Freiheiten, wie z. B. Meinungsäußerung.
- Gesetz zur Behebung der Not von Volk und Staat (Ermächtigungsgesetz vom 24. 3. 1933): diktatorische Machtbefugnisse für Hitler.
- Verbot der Sozialdemokratischen Partei (22. 6. 1933): Ausschaltung der mächtigsten gegnerischen Partei.
- Gesetz gegen die Neubildung von Parteien (14. 7. 1933): Beseitigung des Mehrparteiensystems.
- Gesetz zur Sicherung der Einheit von Partei und Staat (1. 12. 1933): Abschluss des Einparteienstaates.
- Gesetz über den Neubau des Reiches (30. 1. 1934) und über die Aufhebung des Reichsrates (30. 1. 1934): Beseitigung der föderalistischen Struktur des Staates und Gleichschaltung der Länder.
- Hitler als „Oberster Gerichtsherr“ (4. 7. 1934): Stellung Hitlers als Person über die Judikative.
- Gesetz über das Staatsoberhaupt des Deutschen Reiches (1. 8. 1934) nach dem Tod des Reichspräsidenten P. von Hindenburg: Übertragung der Kompetenzen des Reichspräsidenten auf den Reichskanzler.
- Vereidigung der Wehrmacht auf die Person Hitlers (2. 8. 1934).

Erläutern Sie die Erringung der drei Gewalten durch Hitler sowie den offiziellen Titel „Führer und Reichskanzler“.

Die Vereinigung der beiden deutschen Staaten (1989–1990)

1989: Erlaubnis zur Weiterreise von DDR-Bürgern durch Ungarn (September) sowie zur Ausreise der auf das Gelände der Deutschen Botschaft in Prag geflüchteten DDR-Bürger (30.9). Rücktritt E. Honeckers (18.10.); E. Krenz neuer SED-Chef. Öffnung der Berliner Mauer (9.11.) und der Grenze zwischen Bundesrepublik und DDR. Zehn-Punkte-Programm von Bundeskanzler H. Kohl (28.11.). Vereinbarung einer Vertragsgemeinschaft zwischen H. Kohl und Ministerpräsident H. Modrow (19.12.).

1990: Bundeskanzler H. Kohl und Außenminister H.-D. Genscher erhalten in Moskau M. Gorbatschows Einverständnis zur Vereinigung der beiden deutschen Staaten (9./11.2.). Gemeinsame Konferenz der Außenminister der NATO- und Warschauer-Pakt-Staaten in Ottawa (12.–14.2.). Wahl L. de Maizières zum Ministerpräsidenten durch die DDR-Volkskammer (12.4.). Die EU-Staaten befürworten die Vereinigung Deutschlands (Dublin, 28.4.). Deutsche Währungsunion (1.7.). Einigung über die Formel Zwei-plus-Vier: Verhandlungen der zwei deutschen Staaten und der vier Mächte USA, Sowjetunion, Frankreich, Großbritannien über die außenpolitische Seite der deutschen Vereinigung: Unterzeichnung der Vereinbarungen (11./12.9.; völkerrechtliche Wirksamkeit am 15.3.1991). Ausscheiden der DDR aus dem Warschauer Pakt (24.9.). Vereinigung Deutschlands durch Beitritt der DDR zur Bundesrepublik (3.10.). Erste gesamtdeutsche Bundestagswahlen (1.12.): Bestätigung der christdemokratisch-liberalen Koalition.

Informieren Sie sich über den Inhalt der Zwei-plus-Vier-Verhandlungen. ▶ Vgl. S. 286 ff

Der Europa-Begriff und die Vorstellung vom christlichen Abendland

Der Name „Europa“ geht auf die griechische Mythologie zurück: Europa war die Tochter des Königs von Phönizien, in die sich Zeus verliebte. Er entführte sie in der Gestalt eines Stiers vom Osten in den Westen, nach Kreta. Der Historiker Herodot (8. Jh. v. Chr.) erwähnt Europa und behauptet den Gegensatz zwischen Europa und Asien, Westen und Osten als einen zwischen Freiheit und Despotie.

Geografisch ist Europa der westliche Teil Asiens. In der Antike vereinigte das Römische Reich Teile Europas, Afrikas und Asiens, zusammengehalten durch die griechisch-römische Kultur, in der Spätantike auch durch den christlichen Glauben. Die in die Provinzen eindringenden germanischen Völker, aber auch politische und gesellschaftliche Krisen ließen das inzwischen fragile spätrömische Reich zusammenbrechen. Nun wurde unter „Europa“ zunehmend das Frankenreich Karls des Großen (768–814 n. Chr.) verstanden, welches das heutige Westeuropa (ohne Spanien) umfasste. In Konkurrenz hierzu stand der Anspruch des byzantinischen Kaisers auf die Nachfolge des Römische Reichs. Bei den Nachfolgern der Karolinger spielte der Begriff „Europa“ keine große Rolle.

Die Idee von einem christlich geprägten Abendland wurde zum Mythos, der die islamischen Herrschaftsgebiete in Spanien, die jüdischen Gemeinden in Europa, den Einfluss der Araber in Sizilien sowie den regen Kulturaustausch in Kleinasien zur Zeit der Kreuzzüge verschweigt. Im 20. Jh. entwickelte sich nach den Erfahrungen aus den beiden Weltkriegen die Idee eines geeinten, demokratischen und wirtschaftsstarken Europas. Sie fand in der 1992 gegründeten Europäischen Union ihren Ausdruck. 2012 wurde die EU für ihre Verdienste um Frieden und Versöhnung mit dem Friedensnobelpreis ausgezeichnet.

Zehn Gründe für das Scheitern der Weimarer Republik

1. Die ökonomische Deutung, die in der Wirtschaftskrise und der Massenarbeitslosigkeit den Boden für Hitlers Erfolg sieht.
2. Die verheerende Erfahrung mit der Inflation von 1923 und die Angst vor einer Wiederholung.
3. Die Schwäche der Verfassung mit dem Dualismus von parlamentarischer Reichsregierung und plebiszitär gewähltem Reichspräsidenten sowie die Verantwortungsscheu der demokratischen Parteien.
4. Die außerordentlichen Belastungen in der Folge der Versailler Verträge.
5. Die autoritäre Tradition des deutschen Staatsdenkens und der ideologische Antiliberalismus sowie der rassistische Antisemitismus.
6. Die Nicht-Akzeptanz der Republik, so wie sie aus der Revolution von 1918/19 hervorgegangen war.
7. Die Spaltung des linken Flügels der Parteienlandschaft.
8. Die Bürgerkriegsstimmung zwischen Links- und Rechtsradikalen und die daraus resultierende Verunsicherung der Bevölkerung.
9. Die neue Rolle der Propaganda in der Massendemokratie in Zeiten sozialer Entwurzelung großen Ausmaßes nach dem Ersten Weltkrieg und in Folge der Weltwirtschaftskrise.
10. Die Rolle der intrigierenden und entscheidenden Personen in der Krise von 1930 bis 1933.

(Quelle: Bericht über das Ergebnis einer Tagung der Historischen Kommission zu Berlin des Instituts für Zeitgeschichte, München, in: SZ vom 17. 1. 1983)

Europäische Union – EU-Rettungsschirm für Griechenland

Seit Oktober 2009 belastet die griechische Staatsschuldenkrise nicht nur die griechische Volkswirtschaft und Gesellschaft, sondern auch das Verhältnis zwischen der Europäischen Union und Griechenland. Als Folge der internationalen Bankenkrise (2007), einer Wirtschaftsrezession, hoher Staatsverschuldung (2009: 129,7 %) und eines überkommenen Verwaltungssystems sah sich die EU veranlasst, den Euro-Rettungsschirm in Form von Notbürgschaften und Notkrediten einzurichten (**1. Hilfspaket**). Da die erforderlichen Reformen wie Steuererhöhungen, Kürzung der Gehälter des Öffentlichen Dienstes, der Renten und Pensionen sowie die Reform der Verwaltung aus EU-Sicht nicht in der gebotenen Geschwindigkeit durchgesetzt werden konnten, wurde 2011 nach langwierigen Verhandlungen das **2. Hilfspaket** beschlossen. Die Rückzahlung der Kredite durch Griechenland erfolgte phasenweise mit Verzögerung und war mit der Forderung nach Krediterlassen verbunden (**3. Hilfspaket 2015**). Der Austritt Griechenlands aus der Eurozone stand zur Diskussion.

Dem Verhandlungsgeschick der Regierungunter Ministerpräsident A. Tsypras (seit 2015), den immensen Lohn-, Gehalts- und Renteneinbußen der griechischen Bevölkerung und einer streng wirtschaftlich orientierten Verhandlungsstrategie der EU und der Bundesrepublik unter Kanzlerin A. Merkel und Finanzminister W. Schäuble war es zu verdanken, dass tragfähige Kompromisse erarbeitet wurden, die Voraussetzung für Erholung und Wachstum der griechischen Wirtschaft sind. Akuten Haushaltskrisen in Irland, Spanien und Portugal (seit 2011) wurde mit Haushaltsdisziplin und Hilfskrediten vorerst erfolgreich begegnet.

Europäische Union – Austritt des Vereinigten Königreichs aus der EU

Die Möglichkeit, dass ein Mitglied aus der EU austritt, ist im Vertrag von Lissabon (1. 12. 2009; Art. 50) geregelt. Der Fall trat am 23. Juni 2016 ein, als 51,89 % der Wähler des Vereinigten Königreichs (Wahlbeteiligung 37,44 %) in einem Referendum für den Austritt votierten. Grund dafür war die tiefe Unzufriedenheit in Teilen der britischen Bevölkerung mit den zentralen Regulierungen der EU-Institutionen und den damit einher gehenden faktischen Einschränkungen der staatlichen Souveränität. Der britische Premierminister D. Cameron trat nach dem Referendum zurück, T. May wurde seine Nachfolgerin. Am 27. März 2017 wurde der Europäische Rat offiziell vom Austritt Großbritanniens aus dem europäischen Binnenmarkt, der Zollunion und dem Europäischen Gerichtshof benachrichtigt. Innerhalb von zwei Jahren soll der Austritt vollzogen sein.

Zwei Modelle stehen einander idealtypisch gegenüber: nach Vorstellung der EU soll Großbritannien dann der Zugang zum Europäischen Binnenmarkt gewährleistet sein, wenn der freie Verkehr von Gütern, Kapital, Dienstleistungen und Personen erhalten bleibt und beträchtliche finanzielle Forderungen beglichen werden (**weicher Brexit**). Großbritannien möchte hingegen ohne substanzielle Zugeständnisse den Zugang zum europäischen Markt beibehalten, die Freizügigkeit und Zollvereinbarungen aufheben und neu verhandeln (**harter Brexit**).

Die Reduzierung des Austritts auf wirtschaftliche Fragen schwächt den Europäischen Gedanken. Bei den Wahlen 2017 in Österreich, den Niederlanden und Frankreich zeigte sich, dass rechtspopulistisch gestützte Bewegungen, die ebenfalls einen Austritt ihres Landes befürworten, erfolglos blieben.

Europäische Union – Beziehungen zur Türkei

Die innenpolitische Entwicklung der Türkei bremst die Verhandlungen über einen Beitritt des Landes zur Europäischen Union. Ursachen sind einerseits die Kritik am Umgang der türkischen Regierung mit den Menschenrechten und andererseits die Bestrebungen des türkischen Präsidenten R. T. Erdogan (Ministerpräsident 2003–14, ab 2014 Präsident), seine Macht auszubauen. Kritisiert wird das Vorgehen der türkischen Regierung u. a. gegen die kurdische Minderheit, die Gülen-Bewegung – eine internationale islamische Reformbewegung unter F. Gülen, die des Sektierertums bezichtigt wird –, gegen Beamte und Militärs (Putschversuch 2016) sowie türkische und ausländische Journalisten. Grund für das restriktive Vorgehen sind die Bestrebungen Erdogans, das parlamentarische Regierungssystem in ein mit weitreichenden Machtkompetenzen versehenes Präsidialsystem unter seiner Führung umzubauen. Zur Bundesrepublik haben sich die Beziehungen u. a. wegen Fragen der Menschen- und Bürgerrechte verschlechtert. Trotz aller Probleme sind die wirtschaftlichen und politischen Beziehungen zwischen der EU und der Türkei sehr stabil. Die Türkei ist ein wichtiger Handelspartner und gilt grundsätzlich als verlässlicher Partner, auch in politischen Fragen. In Deutschland leben ca. 3 Millionen Menschen türkischer Abstammung; allein daraus ergibt sich eine besondere Beziehung. Aufgrund des bestehenden EU-Türkei-Abkommens (18. 3. 2016) konnte der unkontrollierte Flüchtlingsstrom über die Balkanroute gestoppt werden.

Europäische Union – Flüchtlingskrise und Asylpolitik

Eine große Herausforderung für die EU ist der Zuzug von Flüchtlingen, vor allem über das Mittelmeer und zeitweise über die Balkanroute, sowie die Verteilung von Flüchtlingen und Asylsuchenden auf die EU-Länder. 2015 und 2016 suchten jeweils ca. 1,3 Millionen Menschen um Asyl oder ein Bleiberecht nach. Vor allem die Route über das Mittelmeer (Herkunftsländer: insbesondere nordafrikanische Länder sowie Eritrea, Nigeria, Somalia) nach Italien und Spanien sowie die Balkanroute (Herkunftsländer: Westbalkanstaaten, Syrien, Irak, Afghanistan) brachten für die EU bislang nicht gekannte Herausforderungen. Deutschland war ein vorrangiges Ziel der Flüchtlinge. Die Begrenzung und Organisation der Flüchtlingsströme wurden vom Winter 2015 an schrittweise in Angriff genommen und umgesetzt.

Angesichts der in die Millionen gehenden Zahl der Flüchtlinge steht die Politik vor dem Problem, die Aufnahmeverfahren und die Feststellung der Asylberechtigung sowie eine gerechte Verteilung auf die EU-Länder effektiv zu organisieren. Daneben sind die Integration sowie die Rückführung von abgelehnten Asylbewerbern dringliche Aufgaben. Zu den Maßnahmen der EU gehören die Einrichtung einer Koordinierungsstelle für die Bekämpfung der Fluchtursachen (z. B. finanzielle Hilfen für Herkunftsländer), die Stärkung des Grenzschutzes (z. B. Bekämpfung von Schleuserbanden, militärische Überwachung der Mittelmeerroute), eine Begrenzung von Einreisen (z. B. EU-Türkei-Abkommen vom 18. 3. 2016) sowie humanitäre Hilfe an den Außengrenzen.

▶ **Vergleichen Sie Karte 12**